イラスト地図で登る

長野県の名峰百選

上

はじめに

日本の屋根と言われる信州、長野県には登山愛好者の憧れの名峰がたくさんありますが、それらは同時に地域の人々の生活とも切り離せない関係にあります。

県内外の多くの山に登山して、備忘のために描き貯めておいた手書きのイラスト地図をまとめ、平成25年から順次「信州山歩き地図」Ⅰ～Ⅳを上梓し、里山を含めて285山350コースを紹介しました。しかし掲載できなかったり未踏の山も数多くあったことから地図の作成を続け、この度、私なりに長野県を代表する百山を選定し、「長野県の名峰百選」を出版しました。長野県内には国土地理院の2万5000分の1地形図に山名が載っている山だけでも900以上ありますが、この中から百山を選定するのは容易ではありませんでした。選定に当たっては、清水栄一氏の「信州百名山」を参考に、選定基準も「標高1000m以上であること、自分でその頂に立ち、記憶に残る山行ができたこと、地域に親しまれ、登山道があること」などとしました。

選定した山の多くは、既刊の「信州山歩き地図」で紹介した山と重複していますが、これらについてはそのまま、あるいは補正して掲載しました。できるだけ正確に作成するよう努めましたが、登山日が古いものは、現状と変わっている所もあると思いますので、2万5000分の1地形図などと合わせてご覧ください。

今回は上巻として50山71コースを紹介しましたが、「信州百名山」から選外になった山については、付録に掲載し、さらに遭難事故防止等の観点から長野県の「信州山のグレーディング一覧表」を掲載しました。

出版や講演のせいでしょうか、最近、登山道などで「中嶋さん」と声をかけていただく機会が多くなりましたが、山を通じて大勢の皆さんとの「縁」が広がれば、それはそれでいいのかなと思います。

これから先、健康面や体力面で、なかなか思うように山歩きができなくなるかもしれませんが、今後も楽しく安全に山歩きやマップ作りを続けたいと思います。

前作「信州山歩き地図」に続き、題字の揮毫をお願いした驥山館館長の川村龍洲先生に深く感謝を申し上げますとともに、同行したり応援していただいた山仲間に心から感謝いたします。

また、「信州山歩き地図」に続き、本書を手にとっていただき誠にありがとうございます。この本が皆さんの安全登山や思い出づくりの一助になれば幸いです。

平成30年（2018年）7月
なかじま ゆたか

※「信州百名山」は、長野市の清水栄一氏（1918～1993）の随筆『わが遍歴の信州百名山』、及び『決定版信州百名山』の著書で選定された山をいいます。

◆本書を読まれる前に

1 地図が読める方は2万5000分の1地形図とコンパスの持参を

本書（上巻）は、長野県内の50山71コースについて、イラストマップと解説を掲載したものです。マップ作成に当たっては、道に迷ったり遭難しないよう、危険箇所や分かりにくい場所はそれなりに注意書きするなど気を配りましたが、所詮広大な山の状況をＢ４やＡ３サイズの用紙に記載するには無理があります。くれぐれも登山の回想や、山行の参考としてご覧いただき、地図が読める方は国土地理院の２万５０００分の１地形図とコンパスを持参してください。

2 状況の変化にご理解を

本書を出版するに当たり、できるだけ再度登山して確認することにしましたが、中には、先に出版しました「信州山歩き地図Ⅰ～Ⅳ」と同じ内容を掲載しているものもあります。したがって登山日が古いものや、新しいものでも災害や標識の老朽化、樹木の成長などによって登山道や案内標識、見晴らしの具合などに変化が生じている所もあるかと思います。そうした山については、コースの見どころや注意事項などを参考にご覧いただければと思います。

3 掲載した登山コースについて

多くの山には頂上に達する登山コースが何本かありますが、その全てを掲載することができませんでしたので、山毎に多くの登山者が利用する一般的なコースや、筆者お薦めのコース、中には比較的登山者の少ない静かなコースなどをランダムに掲載しました。皆さん自身の体力や技術に応じて選定し楽しんでいただきたいと思います。なおコースタイムについては個人差がありますので参考程度にしてください。

◆「グレーディング」について

長野県が体力度と技術的難易度を評価した「信州 山のグレーディング」（県ホームページで公開中）対象の山については情報掲載しました。詳細は本書7、164ページの一覧表（県山岳総合センター作成）をご覧いただき、山行計画づくりの参考にしてください。評価対象外の山につきましては、登山道の様子や歩行時間などから初・中・上級で区分しています。登山者の経験や人数、体調、また天候などによっても差がありますので、目安とお考えください。

◆「立ち寄り湯」情報について

登山後に立ち寄れる温泉情報を掲載しました。最寄の施設の中から選んだあくまで一例です。ホームページ等も参考にしていますが、営業時間や休館日は季節により変動したり、祝日との兼ね合いで変則的な場合もあります。料金は大人（おおむね中学生以上）の料金を掲載しています。ご利用にあたりましては各施設に問い合わせいただくのが確実です。

長野県地図
N
ホーイ
⑩雨飾山 1963m
⑪金山(天狗原山) 2245m (2197m)
付⑤大渚山 1566m
⑫鍋倉山 1289m
新潟
JR飯山線
鳥甲山⑮ 2038m
⑯苗場山 2145m
堂津岳④ 1929m
高妻山② 2353m
⑥黒姫山 2053m
⑬斑尾山 1382m
白馬岳 2932m ㊶
杓子岳 2812m
白馬鑓ヶ岳 2903m
東山⑤ 1849m
①戸隠山 1904m
⑭高社山 1351m
佐武流山⑰ 2192m
③西岳 2053m
⑱岩菅山 2295m
白砂山 2140m 付⑦
信州中野I.C
㊷唐松岳 2696m
⑦飯綱山 1917m
⑧砂鉢山 1432m
志賀山 2037m 付①
富山
㊸五龍岳 2814m
笠ヶ岳 付③
付② 横手山 2307m
⑨虫倉山 1378m
JR長野駅
須坂・長野東I.C
⑲御飯岳 2160m
㊹鹿島槍ヶ岳 2889m
㊺爺ヶ岳 2670m
長野I.C
㊻針ノ木岳 2821m
㊼蓮華岳 2799m
更埴JCT
⑳四阿山 2354m
聖山 付④ 1447m
群馬
㊽鍬ノ峰 1623m
㉒冠着山 1252m
㊾餓鬼岳 2647m
四阿屋山㉑ 1387m
㉔太郎山 1164m
烏帽子岳 ㉘ 2066m
黒斑山 ㉚ 2405m
上田I.C
㉓大林山 1077m
篭ノ登山 ㉙
㉜鼻曲山 1654m
㊿有明山 2268m
㉕子檀嶺岳 1223m
㉛浅間山 2568m
JR大糸線
長野自動車道
小諸I.C
上信越自動車道
㉖独鈷山 1266m
しなの鉄道
佐久I.C
軽井沢I.C
㉗美ヶ原(王ヶ頭) 2034m
長野県の名峰百選
イラストマップ
上
中部横断自動車道
㉝荒船山 1423m
霧ヶ峰(車山) 1296m 付⑥
八千穂高原I.C
㉞茂来山 1718m
JR小海線
㉟御座山 2112m
天狗山(男山)㊱ 1882m (1851m)
埼玉
㊵小川山 2418m
㊲甲武信ヶ岳 2475m
山梨
㊳国師ヶ岳 2592m
金峰山㊴ 2599m
2018

付録 信州百名山の山々

作成：長野県山岳総合センター　監修：長野県山岳遭難防止対策協会

しあわせ信州

信州 山のグレーディング

〜無雪期・天気良好時の「登山ルート別 難易度評価」〜

長野県内の一般的な登山ルート（123ルート）を、体力度と登山道の技術的難易度で評価しました。

体力度 数字が大きくなるほど体力が必要

技術的難易度 右になるほど難易度が増す

日程	体力度	A	B	C	D	E
2〜3泊以上が適当	10			2 [縦]裏銀座（高瀬ダム・上高地）	68 [縦]聖岳→赤石岳（聖光小屋・椹島）＜兎岳・大沢岳・小赤石岳往復＞	
	9			5 [縦]表銀座（中房温泉・上高地）	63 [縦]塩見岳→北岳（鳥倉・広河原） 60 [縦]荒川岳（前岳）→荒川岳（東岳）（鳥倉・椹島）	26 [周]大キレット（上高地）＜北穂→槍＞
	8			58 [縦]将棋頭→空木（桂小場・駒ヶ根高原） 23 [縦]白馬→朝日（猿倉・蓮華温泉） 44 槍ヶ岳（上高地）		
1〜2泊以上が適当	7	※必要体力レベルについては、鹿屋体育大学 山本正嘉教授の研究成果を元に評価しました。詳しくは長野県山岳総合センターのホームページ	51 木曽駒ヶ岳（伊那スキーリゾート） 107 [縦]金峰山・甲武信ヶ岳（廻り目平・毛木平）＜十文字峠＞ 42 真砂岳（高瀬ダム）＜湯俣＞ 30 [縦]燕→常念（中房温泉・一ノ沢） 32 [周]鳴沢岳・スバリ岳・針ノ木岳（扇沢）	4 奥穂高岳（上高地）＜涸沢＞	48 [周]空木→越百（今朝沢橋） 37 [縦]八峰キレット（アルプス平駅・大谷原） 64 塩見岳（鳥倉） 17 北穂高岳（上高地）＜涸沢＞	40 [周]穂高縦走（上高地）＜北穂→前穂＞
	6		11 鹿島槍ヶ岳（扇沢） 27 [縦]蝶ヶ岳・常念（上高地・一ノ沢）＜長塀尾根＞ 39 船窪岳（七倉） 67 光岳（易老渡） 66 茶臼岳（易老渡）	9 [縦]鹿島・爺（大谷原・扇沢） 69 聖岳（聖光小屋） 10 鹿島槍ヶ岳（大谷原） 45 鑓ヶ岳（猿倉）＜鑓温泉＞ 55 [縦]木曽駒→空木（千畳敷・駒ヶ根高原） 47 空木岳（駒ヶ根高原）	6 [縦]不帰キレット（猿倉・八方池山荘） 59 南駒ヶ岳（今朝沢橋）	
1泊以上が適当	5	90 [周]双子山・大岳・北横岳・縞枯山・茶臼山（大河原峠）	16 北葛岳（七倉） 28 [縦]蝶ヶ岳・常念（三股・一ノ沢） 52 木曽駒ヶ岳（桂小場） 53 木曽駒ヶ岳（コガラ）＜木曽福島B＞ 22 常念岳（三股） 25 白馬岳（栂池） 13 涸沢（上高地） 80 硫黄岳（麦草峠）	50 木曽駒ヶ岳（アルプス山荘）＜上松A＞ 12 霞沢岳（上高地） 91 横岳（稲子湯） 112 佐武流山（ドロノ木平） 14 [縦]唐松・五竜（八方池山荘・アルプス平駅） 7 餓鬼岳（白沢登山口） 18 五竜岳（アルプス平駅）	33 西穂高岳（上高地） 82 [縦]権現→赤岳（観音平・美濃戸）	
	4	56 経ケ岳（仲仙寺）	121 前掛山（浅間登山口）※1※3 46 蓮華岳（扇沢） 21 常念岳（一ノ沢） 38 針ノ木岳（扇沢） 111 [周]甲武信ヶ岳（毛木平）＜甲武信ヶ岳→十文字峠＞ 20 爺ケ岳（扇沢） 78 硫黄岳（本沢温泉） 122 前掛山（車坂峠）※1　※3 19 小蓮華岳（栂池） 31 燕岳（中房温泉） 34 [縦]乗鞍岳（鈴蘭橋・畳平） 61 奥茶臼山（しらびそ峠）※1 29 蝶ケ岳（三股）	24 白馬岳（猿倉） 74 [周]赤岳・横岳・硫黄（美濃戸） 3 烏帽子岳（高瀬ダム）＜ブナ立尾根＞ 89 天狗岳（本沢温泉） 72 赤岳（杣添登山口） 76 阿弥陀岳（舟山十字路） 71 赤岳（美濃戸）＜北沢・地蔵尾根＞ 83 権現岳（観音平）	41 前穂高岳（上高地）＜重太郎新道＞ 113 高妻山（戸隠キャンプ場）※1 114 [周]高妻山（戸隠キャンプ場）※1 70 赤岳（県界登山口） 117 [縦]鳥甲山（ムジナ平・屋敷）	
日帰りが可能	3	106 [周]霧ヶ峰（八島湿原）＜鷲ヶ峰→蝶々深山・車山肩＞	79 硫黄岳（美濃戸）＜北沢＞ 94 四阿山（峰の原） 92 四阿山（菅平牧場）＜根子岳＞ 93 四阿山（鳥居峠） 109 黒姫山（大橋登山口） 49 恵那山（峰越林道ゲート）＜広河原登山口＞ 98 岩菅山（岩菅山登山口） 15 唐松岳（八方池山荘） 108 金峰山（廻り目平） 88 天狗岳（渋ノ湯） 118 苗場山（小赤沢三合目） 8 風吹岳（風吹登山口） 87 天狗岳（唐沢鉱泉）＜西尾根＞ 57 三ノ沢岳（千畳敷） 35 白馬大池（栂池） 104 御嶽山（田の原）※3 77 硫黄岳（桜平） 103 御嶽山（飯森高原駅）※3	105 金山（金山登山口） 73 赤岳（美濃戸）＜南沢・文三郎＞ 65 仙丈ヶ岳（北沢峠）※2 75 阿弥陀岳（美濃戸）＜南沢＞ 62 甲斐駒ヶ岳（北沢峠）※2 95 雨飾山（小谷温泉） 1 有明山（中房）	115 [縦]戸隠山（奥社駐車場・戸隠キャンプ場） 116 戸隠山（奥社駐車場）	
	2	119 根子岳（菅平牧場） 100 烏帽子岳（地蔵峠） 124 高尾山（表参道） 110 黒斑山（車坂峠）※3 96 [周]荒船山（荒船不動）＜艫岩往復＞ 125 高尾山（琵琶滝）	43 焼岳（新中ノ湯登山口）※3 97 飯縄山（一ノ鳥居苑地） 86 蓼科山（女神茶屋） 99 [周]美ヶ原（三城牧場）＜ダテ河原→塩くれ場・広小場＞ 36 白馬乗鞍岳（栂池） 102 御座山（栗生登山口） 120 根子岳（峰の原） 85 蓼科山（七合目登山口） 84 蓼科山（大河原峠） 54 木曽駒ヶ岳（千畳敷）			
	1	123 湯ノ丸山（地蔵峠） 101 大渚山（湯峠） 81 北横岳（ロープウェイ）				

(C)2005 石塚真一／小学館
長野県山岳総合センター
特任講師　島崎三歩

[凡例]

●北アルプス　●南アルプス　●中央アルプス
●八ヶ岳　●その他の山域　●県外の山

（ ）	登山口
＜＞	山名と登山口だけでは経路が特定できない場合の経由地
[縦]	入山口と下山口が異なる縦走ルート
→	縦走の順
[周]	入山口と下山口は同じだが途中の経路が異なる周回ルート
数字	別紙「信州 山のグレーディング一覧表」の番号（五十音順）

	A	B	C	D	E
登山道	◇概ね整備済 ◇転んだ場合でも転落・滑落の可能性は低い。 ◇道迷いの心配は少ない。	◇沢、崖、場所により雪渓などを通過 ◇急な登下降がある。 ◇道が分かりにくい所がある。 ◇転んだ場合の転落・滑落事故につながる場所がある。	◇ハシゴ・くさり場、また、場所により雪渓や渡渉箇所がある。 ◇ミスをすると転落・滑落などの事故になる場所がある。 ◇案内標識が不十分な箇所も含まれる。	◇厳しい岩稜や不安定なガレ場、ハシゴ・くさり場、藪漕ぎを必要とする箇所、場所により雪渓や渡渉箇所がある。 ◇手を使う急な登下降がある。 ◇ハシゴ・くさり場や案内標識などの人工的な補助は限定的で、転落・滑落の危険箇所が多い。	◇緊張を強いられる厳しい岩稜の登下降が続き、転落・滑落の危険箇所が連続する。 ◇深い藪漕ぎを必要とする箇所が連続する場合がある。
技術・能力	◇登山の装備が必要	◇登山経験が必要 ◇地図読み能力があることが望ましい。	◇地図読み能力、ハシゴ・くさり場などを通過できる身体能力が必要	◇地図読み能力、岩場、雪渓を安定して通過できるバランス能力や技術が必要 ◇ルートファインディングの技術が必要	◇地図読み能力、岩場、雪渓を安定して通過できるバランス能力や技術が必要 ◇ルートファインディングの技術、高度な判断力が必要 ◇登山者によってはロープを使わないと危険な場所もある

【用語説明】

○地図読み能力　「地図を見て自分の位置を知ることができ、目的地へのルートを識別できる能力」
○ルートファインディング「登山道のついていないところ、また分かりづらいところで、一番安全に通過できるルートを識別すること」
○藪漕ぎ　「笹や低木などが密生する藪を手でかき分けながら進むこと」

（注）※1　当該ルートは体力度４（１泊以上が適当）ですが、ルート中に宿泊できる小屋やテント場がありませんので、登山者によっては日没までに下山できなくなる恐れがありますのでご注意ください。
※2　当該ルートは体力度３（日帰りが可能）ですが、登山口までのアクセスに時間を要するため、日帰りが困難な場合があります。宿泊を前提にした計画をお勧めします。
※3　当該ルートは火山またはその周辺の山です。登山前に火山情報を確認しその指示にしたがってください。

＜使用上の注意＞
1　この表は、無雪期・大気良好の条件のもと、ルート固有の地形的な特徴について体力度と難易度を評価したものです。実際の登山では、体力度、難易度以外に悪天候、残雪、体調、その他偶発的な要因による様々なリスクがあるので、それらにも配慮した計画を立てることが必要です。
2　多くの登山者が利用する一般的な登山ルートにあたらない特に条件の厳しい登山ルートは評価の対象としませんでした。
【例】西穂高岳〜奥穂高岳（北アルプス）　北鎌尾根（北アルプス）　鋸岳（南アルプス）　赤石岳（南アルプス）など
3　地震や崩落、雪崩などにより、登山道の通行規制や付け替えがありますので、登山の際には、事前に山小屋や近くの警察署などに登山道の状況等を確認することをお勧めします。

信州の山

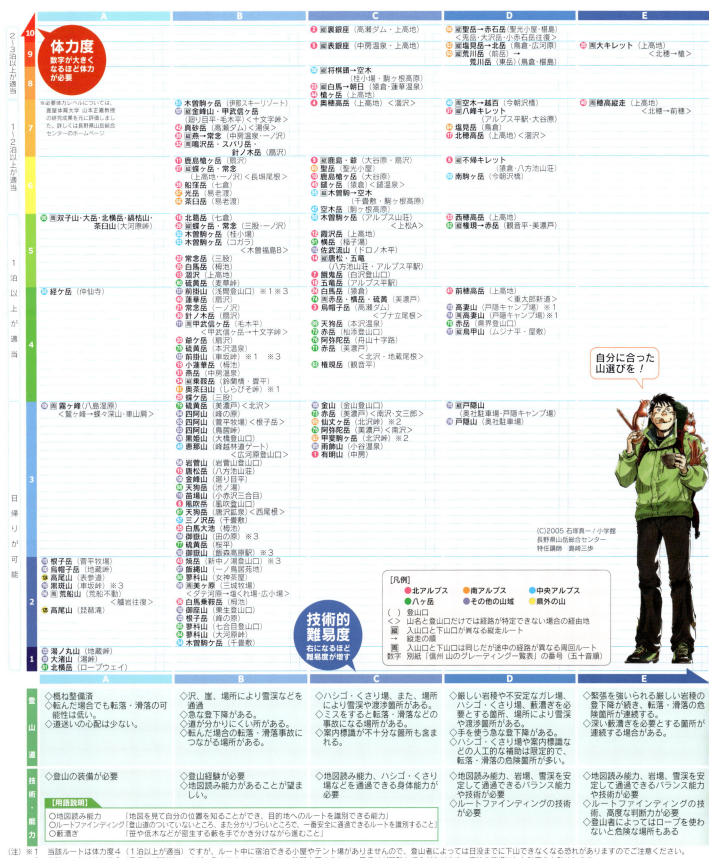

コースタイム

上り:2時間45分　下り:2時間20分

［上り］奥社入口（30分）→奥社（50分）→五十間長屋（1時間20分）→八方睨（5分）→戸隠山頂上

［下り］頂上（5分）→八方睨（1時間10分）→五十間長屋（35分）→奥社（30分）→奥社入口

参考地図

【2万5千分の1地形図】高妻山

奥社登山口の案内板

岩場を上がる

1-1 戸隠山

とがくしやま　長野市

八方睨《はっぽうにらみ》コース

1,904m

グレーディング

体力度　1 2 **3** 4 5 6 7 8 9 10

技術的難易度　A B C **D** E

見どころ

- 五十間長屋、百間長屋の様子
- 天狗の露地から上部の岩や、蟻の塔渡りなどの岩場
- 頂上や八方睨からの展望

いざ、蟻の塔渡りに

凝灰角礫岩の岩場

戸隠連峰は一般的に、北端の乙妻山から一不動までを裏山、一不動から八方睨の間を表山、八方睨から一夜山までを西岳と呼び、これらを総称して「戸隠連峰」と呼んでいる。古くから北信濃三大修験道場（戸隠・小菅・飯綱神社）の一つとして知られているが、戸隠は最も急峻で険しいとされている。また一帯の地質は、凝灰《ぎょうかい》角礫岩《かくれきがん》（火山岩塊と多量の火山灰とからなる岩石）で形成され、もろく軟らかい岩質のため地表や岩肌が雨水に浸食されたり風化によって削られ、屏風のように急峻な岩壁があらわになっている。

神秘的な奥社参道を歩く

奥社入口から奥社に続く参道の両側には、樹齢400年以上の立派な杉並木が続いている。途中にある茅葺き屋根の随神門をくぐったとたん、聖域に踏み入ったような空気の変化を感じる。吉永小百合さんによるJRのキャンペーンの影響で「パワースポット」の称号を手にした戸隠神社は、休日には早朝から観光客が絶えない。

奥社参道の杉並木と随神門

戸隠山の登山口は、奥社の社務所の裏側にあるが、登山口には遭難防止を呼び掛ける案内板があるので、一読し登山届を提出してほしい。登山道はいきなりの急登で始まり、1時間足らずで五十間長屋に着くので、ここで休憩しても良し、すぐ先の百間長屋で休憩してもいい。この先はクサリ場が続き、岩場も滑り易いので、ストックをたたみ三点確保で乗り越える。

スリル百点満点の岩稜

戸隠山への登路は一不動側からもあるが、ほとんどの人が奥社から登っている。

この山の最大のポイントは、スリル百点満点の岩登りで、中でも胸突き岩、蟻の塔渡り、剣の刃渡りの岩場は、経験者でもかなり厳しく、毎年のように滑落などの事故が発生している。過去には蟻の塔渡りを見て、腰を抜かして救助された女性もいるほどだ。若い時には立って渡ったものだが、今ではとても無理だ。つまずいたり、バランスを崩したらそれこそ墜落なのだ。やせ我慢せず、ここは馬乗りで渡るか、クサリを伝って右下に巻いて通過する。

下りは特に慎重に

やっと上がった所が八方睨でほぼ360度の展望が開ける。ここで下山してもいいが、戸隠山の頂上はちょっと先、稜線を5分程アップダウンすると、高妻山がよく見える頂上に着く。気分的にはホッとする場所だが、帰りのことを考えるととても気が休まらない。下山には蟻の塔渡りの岩場以上に、ほぼ垂直に下る胸突き岩のクサリ場で転落しないように注意が必要だ。このコースはいつ来ても手に汗握るスリル満点の登山が楽しめるが、しばらくは登りたくないと感じる山でもある。

蟻の塔渡りの岩場

立ち寄り湯　戸隠神告げ温泉 湯行館　長野市戸隠3182　☎026-254-1126　営 10:00～20:00　料 600円

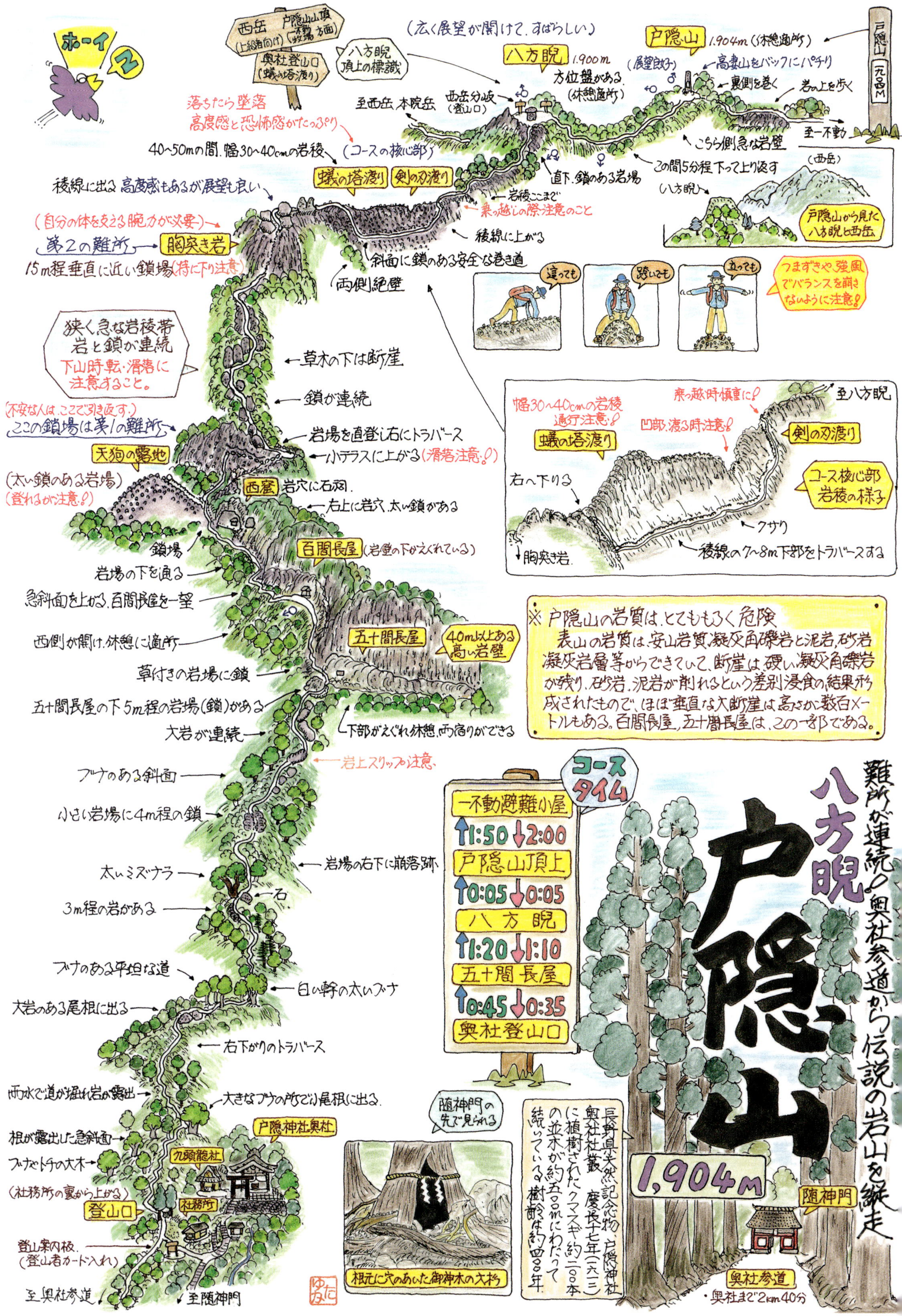
ホーイ 2
八方睨 戸隠山
難所が連続！奥社参道から伝説の岩山を縦走
1,904m
西岳 戸隠山山頂
(上級者向け) (一不動方面)
奥社登山口
(蟻の塔渡り)
八方睨 頂上の標識
(広く展望が開けて、すばらしい)
八方睨 1,900m 方位盤がある(休憩適所)
戸隠山 1,904m (休憩適所)
(展望良好)
高妻山をバックにパチリ
裏側を巻く
岩の上を歩く
戸隠山 一九〇四M
至一不動
こちら側急な岩壁
この間5分程下って上り返す
直下、鎖のある岩場
至西岳 本院岳
西岳分岐 (登山口)
落ちたら墜落
高度感と恐怖感がたっぷり
(コースの核心部)
40~50mの間、幅30~40cmの岩稜
蟻の塔渡り
剣の刃渡り
岩稜ここまで
乗っ越しの際注意のこと
稜線に上がる
稜線に出る 高度感もあるが展望も良い
(自分の体を支える腕力が必要)
第2の難所
胸突き岩
15m程垂直に近い鎖場(特に下り注意)
斜面に鎖のある安全な巻き道
西側絶壁
(西岳)
(八方睨)
戸隠山から見た八方睨と西岳
這っても
跨いでも
立っても
つまずきや強風でバランスを崩さないように注意！
狭く急な岩稜帯 岩と鎖が連続
下山時転・滑落に注意すること。
草木の下は断崖
鎖が連続
(不安な人は、ここで引き返す。)
ここの鎖場は第1の難所
岩場を直登し右にトラバース
小テラスに上がる(滑落注意！)
天狗の露地
(太い鎖のある岩場)
(登れるか注意！)
西窟 岩穴に石祠。
右上に岩穴、太い鎖がある
鎖場
岩場の下を通る
百間長屋(岩壁の下がえぐれている)
急斜面を上がる、百間長屋を一望
西側が開け、休憩に適所
五十間長屋
40m以上ある高い岩壁
草付きの岩場に鎖
五十間長屋の下5m程の岩場(鎖)がある
大岩が連続
下部がえぐれ休憩、雨宿りができる
岩上スリップ注意
乗っ越時慎重に！
幅30~40cmの岩稜通行注意！
凹部、渡る時注意！
至八方睨
蟻の塔渡り
剣の刃渡り
右へ下りる
コース核心部 岩稜の様子
クサリ
胸突き岩
稜線の7~8m下部をトラバースする
※戸隠山の岩質は、とてももろく危険
表山の岩質は、安山岩質凝灰角礫岩と泥岩、砂岩凝灰岩層等からできていて、断崖は、硬い凝灰角礫岩が残り、砂岩、泥岩が削れるという差別浸食の結果形成されたもので、ほぼ垂直な大断崖は高さが数百メートルもある。百間長屋、五十間長屋は、この一部である。
ブナのある斜面
小さい岩場に4m程の鎖
岩場の右下に崩落跡
太いミズナラ
石
3m程の岩がある
ブナのある平坦な道
白い幹の太いブナ
大岩のある尾根に出る
右下がりのトラバース
雨水で道が掘れ岩が露出
大きなブナの所で小尾根に出る。
根が露出した急斜面
ブナやトチの大木
(社務所の裏から上がる)
登山口
登山案内板
(登山者カード入れ)
至奥社参道
至随神門
戸隠神社奥社
九頭龍社
社務所
コースタイム
一不動避難小屋
↑1:50 ↓2:00
戸隠山頂上
↑0:05 ↓0:05
八方睨
↑1:20 ↓1:10
五十間長屋
↑0:45 ↓0:35
奥社登山口
随神門の先で見られる
根元に穴のあいた御神木の大杉
長野県天然記念物、戸隠神社奥社社叢 慶長十七年(一六一二)に植樹されたクマスギ約二〇〇本の並木が約五〇〇mにわたって続いている。樹齢は約四〇〇年。
随神門
奥社参道
・奥社まで2km40分
ゆた

コースタイム

上り:4時間30分　下り:3時間50分

［上り］高妻山登山者駐車場（25分）→戸隠牧場外れの登山口（2時間）→一不動避難小屋（1時間10分）→九頭龍山（50分）→戸隠山（5分）→八方睨

［下り］八方睨（5分）→戸隠山（50分）→九頭龍山（1時間）→一不動避難小屋（1時間30分）→戸隠牧場（25分）→高妻山登山者駐車場

参考地図

【2万5千分の1地形図】高妻山　（戸隠牧場から一不動までは「高妻山」を参照）

1-2

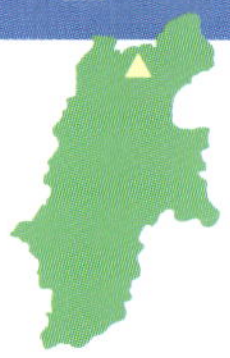

戸隠山

とがくしやま

長野市

一不動コース

1,904m

グレーディング

体力度　1 2 **3** 4 5 6 7 8 9 10

技術的難易度　A B C **D** E

見どころ

大洞沢沿いの登山道、帯岩、不動滝、一不動避難小屋

稜線上の絶壁、展望

ダケカンバなどの樹形、稜線に咲く花々

大洞沢から一不動に上がる

西岳から続く戸隠連峰の前山稜線を右方に辿っていって、ガクンとへこんでいる最低鞍部が一不動で、ブロック造りでかまぼこ形の避難小屋がある。登山道は戸隠牧場から大洞《おおぼら》沢沿いに上がるもので、稜線に出る最短のコースとして主に高妻山への往復に利用されたり、奥社から蟻の塔渡り経由で牧場に下るコースに利用されている。大雨の後などには増水や倒木などで道が荒れて、登山者泣かせのコースでもあるため、高妻山へは戸隠牧場の外れから取り付く弥勒尾根を利用する人が多い。ただ、大洞沢を詰める方が断然面白いと思う。牧場の外れからは、大洞沢を何度も渡ったり急なV字の沢の中も歩く。途中、滑滝や帯岩、不動滝を越えて、氷清水を過ぎると鞍部の一不動に着く。

蟻の塔渡りを通らずに戸隠山へ登る

戸隠山の頂上はどこなのかピント来ない人もいるかもしれない。奥社から蟻の塔渡りを越えて上がった先のピークが八方睨（標高1900m）だが、ここで引き返してしまう人も多い。それもそのはず、八方睨の方が展望も良く方位盤もあって雰囲気的にも頂上らしく見える。戸隠山の標高は八方睨より4m高い1904mで、凝灰角礫岩の急峻な岩場と絶景が売りの山でもある。一不動からは、稜線伝いに小さくアップダウンしながら、急峻な岩壁の縁を歩くが、北側には三角に尖った高妻山や、白馬連峰が望め、南側には戸隠の樹林帯と大きな飯縄山を望める。南・東側は深く切れ落ちた断崖絶壁なので滑落しないように注意して歩く。途中で九頭龍山のピークに立ち、さらにアップダウンし、ロープがある深く掘れた急斜面を上がると戸隠山の頂上に着く。

好天の日に登山する

戸隠の表山は、蟻の塔渡りと剣の刃渡りという難所があるが、初心者も怖いもの見たさに奥社から八方睨に向けて登っている。普通だと日帰りが十分可能で、5～6時間見ておけばいいだろうが、雨や雪、強風などの荒天時は岩が滑るうえ、強風でバランスを崩したり、断崖絶壁の縁を歩く際の高度感も加わってとても厳しい環境になる。この山は好天の日に登山することをお薦めする。

滑滝は右側を上がる

戸隠キャンプ場から望む戸隠山

戸隠山の絶壁屏風岩

九頭竜山1883mの頂上

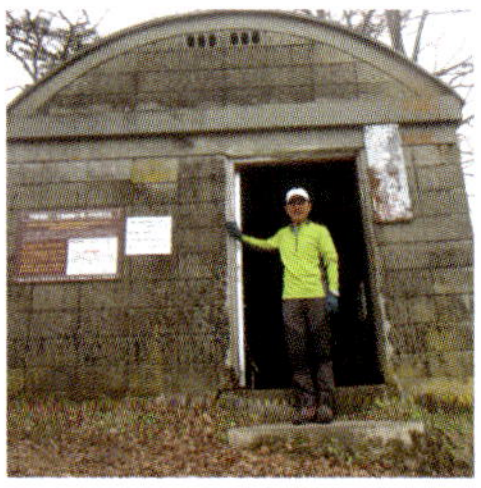
一不動避難小屋前にて

戸隠山の核心部蟻の塔渡りと剣の刃渡り

帯岩の不動滝

一不動から九頭龍山を越えて
戸隠山
八方睨
1904M
断崖絶壁の稜線を歩く
ホーイ
2
西岳・戸隠山頂
(上級者向け)
(一不動 牧場方面)
奥社登山口
(蟻の塔渡り)
八方睨 頂上の標識
奥社登山口
1:45
2:05
八方睨頂上
0:05
0:05
戸隠山頂上
0:50
0:50
九頭龍山頂上
1:10
1:00
一不動避難小屋前
2:00
1:30
戸隠牧場入口
ふつうのコースタイム
高妻山頂上
上り 2:50
下り 2:00
表山の縦走路は東側、南側が断崖絶壁であり、縦走路全体に高度感があるので十分注意のこと
奥社に至る
蟻の塔渡り
剣の刃渡り
八方睨頂上
360度の展望
1,900m
胎蔵
西岳の展望
上級者コース
至西岳
断崖絶壁の縁を歩く
急斜面
大岩の間を通る
戸隠山頂上
1,904m
(休憩適地)
奥社参道の杉並木が見える
高妻山の展望が良い
岩の隙間のある小鞍部を巻いて上がる
石祠の屋根が残る小ピーク
わずかだがミニミニ蟻の塔渡りの岩場
40mのロープのある急斜面
断崖の縁を歩く
岩場
カンバのある上り
掘れた急な上り
30m程下り
急な下り40m
絶壁
鞍部にカンバの林
大きく下る
絶壁の岩場
小さくアップダウンする
断崖絶壁
右下に下る
岩
飯綱山、浅間山など展望が開ける
九頭龍山
1,883m
(頂上は休憩適所)
2m位の岩
鞍部
大きなカンバ
右下に下る
ダケカンバの林
砂れきの斜面を回り込む
頂上の標識
九頭龍山
標高1883m
崖のふちを通る
(上り)
直角に右に曲がる
チシマザサの斜面をトラバース、コースは整備されている
見事な断崖絶壁
小ピークから10m程の下り
高妻山見える
かなりの急斜面、岩場に5m・10m程のクサリ(下り要注意)
黒姫山、野尻湖見える
稜線の右下、小さくアップダウン
笹のある下り、鞍部に湿地
右側急斜面
大きなカンバの木が目立つ
イワカガミ(岩鏡)
樹間に白馬岳が見えて来る
小さくアップダウンする
コメツガ
春から夏に登山道脇に群生しているのが見られる
登山道にある1m程の岩を越える
マイヅルソウ(舞鶴草)
平坦に近い緩い上りから小さくアップダウン
五地蔵への尾根が見える
コメツガの大木がある
小さく折り返して急斜面を上がる
こちら側急斜面
ミツバオウレン(三葉黄連)
黒姫山を展望
一不動避難小屋とトイレブース
(広場は休憩適地)
一不動の石祠
平坦地、湿地、ぬかるみあり
至五地蔵山・高妻山
一不動
(黒姫山の展望あり)
至大洞沢から戸隠牧場
頂上から高妻山を望む
戸隠山(一九〇四M)

長野
高妻山
弥勒尾根から急登を越えて好展望のピークへ
2,353M
※現在は新しい標板が設置されている。
六弥勒
Roku-Miroku
道にある石祠（五地蔵から十阿弥陀）
ここは六弥勒
七薬師
八観音
九勢至
十阿弥陀
北アルプスの展望すばらしい
高妻山頂上 2353m
ここで稜線に出る
大岩の上を歩く
至乙妻山（1時間）
ダケカンバ
小さい岩場、下山時滑落注意！
急な岩場の斜面
落石注意！
頂上前のこの斜面、残雪期に滑落事故多発。
笹の中の登山道、深く掘れている
上部まで深い笹の斜面
（頂上方向の展望が開ける）
鞍部から頂上まで急登
鞍部のまん中に石祠がある
鞍部
シラネアオイ
一旦下って上り返す
稜線上をアップダウンする
根が滑るので注意！
鞍部
野尻湖、斑尾山、飯縄山などを望む
五地蔵山 1998m
五地蔵
小岩場
展望の良い尾根道
太いナナカマドの木
ダケカンバのある急な斜面
クサリ場
複雑に曲ったカンバの木が多い
複雑に枝を張ったカンバの大木
クサリのある急斜面通行注意
斜面に大きなカンバ
30m程気持ちよい平坦な道
シラネアオイ
ふり向けば大きく景色が広がる
展望すばらしく富士山が見える
高木少なく、急な登りが続く（ロープがある）
弥勒尾根
コースタイム
緩い傾斜の快適な道
所々に大きなダケカンバ
倒木のある鞍部
ぬかるみ笹が滑る
両側に2m以上のチシマザサ
この先右下がりの斜面を下る
幅広い快適なS字の道
太いカンバ、林床はササ
左斜面をトラバースする
気持ちの良いブナの林
尾根上にヒノキの大木がある
ヒノキの大木
こちら側急斜面
複雑に露出したヒノキの根を跨ぐ
根上がりのヒノキもある。
などの紅葉がとてもきれい
根が露出
曲がったブナの木を跨ぐ
ブナの大木「ブナ仙人」
ブナ
左へ上がる
ブナ、ミズナラの斜面
150m程まっすぐの急坂
登山口
沢を飛び石で渡る
戸隠牧場（草地）
高妻山 Takatsuma
五地蔵山 Gojizo
弥勒尾根入口
ホーイ
高妻山 2353m
※長丁場でアップダウン、急登の多い健脚向きのコース。
※時間に余裕を持って行動しましょう。
アクセスマップ
高妻山 2,353m
一不動避難小屋
五地蔵山
六弥勒
至戸隠山
一不動
牧場出入口
登山口
ゲート
牧場管理棟（牧場入場者のみ有料）登山者は無料
戸隠キャンプ場
キャンプ場管理棟
牧場駐車場
至奥社
牧場入口
至黒姫山登山口
登山者用駐車場（無料）

蕎麦畑から望む戸隠山と高妻山

四普賢にて

ヒノキの大木の根を越えて進む

飯縄山から望む高妻山

コースタイム

上り:4時間50分　下り:4時間

[上り] 戸隠牧場(20分)→弥勒尾根登山口(2時間40分)→六弥勒(50分)→九勢至(1時間)→高妻山頂上

[下り] 高妻山頂上(40分)→九勢至(40分)→六弥勒(2時間20分)→弥勒尾根登山口(20分)→戸隠牧場

参考地図

【2万5千分の1地形図】高妻山

登山口

2

高妻山

たかつまやま　長野市

弥勒尾根《みろくおね》・一不動コース

2,353m

グレーディング

体力度　1 2 3 **4** 5 6 7 8 9 10

技術的難易度　A B C **D** E

見どころ

帯岩、一不動避難小屋と一不動からの石祠

九勢至上部の上りと頂上からの展望、

春先のシラネアオイの群生と鮮やかな紅葉

増水や滑落の危険が少ない弥勒尾根

これまで一般的だった牧場から大洞沢を上がる一不動経由のコースとともに弥勒尾根のコースが知られるようになった。従来の一不動コースは、増水する大洞沢や、滑りやすい「帯岩《おびいわ》」があり、コースも荒れていることが多いし、一不動から五地蔵山までは急な登りの稜線を歩くが、それに比べると弥勒尾根コースは、やや急な斜面があるものの、ブナ仙人やヒノキの大木、奇妙に曲がった太いカンバの樹林を歩く展望の良い比較的安全なコースだ。両コースは稜線の六弥勒で合流するが、行き帰りで別コースを選択する楽しみもある。

急登を我慢して登る

五地蔵山の頂上は、六弥勒と五地蔵の中間辺りに位置していて、六弥勒から5分程戻るだけだからちょっと足を延ばしてもいい。これといった特徴がある訳ではないが、頂上からは、左方から妙高山、黒姫山、飯縄山等が望める。二つの石祠が並ぶ「六弥勒」の木陰で一息入れてから一旦下って上り返した小ピークに「七薬師」がある。再び鞍部に下って上り返すと展望の効かない「八観音」。「九勢至」の祠のある小さな乗越からは正面が開けて、頂上に続く急な笹の斜面が一望できる。この辺りにはシラネアオイが見られるが、花の時期でも頂上直下の急斜面には雪渓が残っていて、毎年のように事故が起きているので、下山時には特に滑落しないように注意が必要だ。「九勢至」の先の八丁ダルミから頂上までは、すぐそこに見えても約1時間かかる、笹薮の中の道は急斜面なので、先行者がいる場合は落石にも注意が必要だ。

頂上の岩上からは360度の展望が広がる

やや左方向にトラバース気味に上がって稜線に出ると周囲が開けて、北アルプス全体が特に大きく見渡せる。大岩が積み重なった岩場には十阿弥陀の石祠があり、大きな岩を越えて100mほど進むとさらに展望の良い頂上に着く。弥勒尾根コースができたお陰でさほど疲労感がなく登頂できたが、高妻山はコースが長くてアップダウンも多く、頂上直下の斜面も急なので時間に余裕を持って登ることが必要だ。頂上から先へ一端大きく下って乙妻山まで行く元気が残っていないので、いつも高妻山で引き返しているが、次は、好天の日にシラネアオイの咲く頃を狙って、時間をかけてゆっくり歩いてみたいと思う。

高妻山頂上

弥勒尾根から八ヶ岳・富士山を望む

弥勒尾根から妙高連山を望む

九勢至付近から頂上を望む

十阿弥陀の石祠

弥勒尾根の「ブナ仙人」

花との出会いを求めて

登山の楽しみの一つに、花との出会いがあります。厳しい冬が終わり雪渓から水滴が落ち始めると、すぐに草花の芽吹きが始まります。雪渓の脇に芽を出す植物を見ると生命力の凄さ、強さ、そして造形美のすばらしさを感じます。山に咲く花は、その時期にその場所に行かなければ見ることができない、言うなれば苦労してたどり着いた人だけに与えられるご褒美のようなものです。小さな可愛い花ですが、きっと見る人に感動を与えるものと思います。

先日、八ヶ岳にツクモグサを見に行きました。稜線の風の強い急峻な岩場に可愛い花を見つけた時の感動は最高で、疲れが吹き飛んでしまいました。おまけに美濃戸では、苔の中に可憐に咲くホテイランを見ることができました。「山をやってて良かったなあ」と感じた一日でした。山に咲く貴重な植物は、私たちの手で守っていかなければなりません。山を愛するように、可憐な山の草花も愛して欲しいと思います。
私の好きな花たちをご紹介します。

（五十音順）

イチヨウラン　（一葉蘭）南ア・北沢峠

イワウチワ　（岩団扇）飯田風越山

イワギキョウ　（岩桔梗）穂高涸沢

ウラジロヨウラク　（裏白瓔珞）八方尾根

クルマユリ　（車百合）穂高涸沢

コマクサ　（駒草）北ア・燕岳

シラネアオイ　（白根葵）東山

ツクモグサ　（九十九草）八ヶ岳・日ノ岳

ハクサンコザクラ　（白山小桜）火打山

ハクサンフウロ　（白山風露）穂高涸沢

ヒメウスユキソウ　（姫薄雪草）中ア・宝剣岳

ホテイラン　（布袋蘭）八ヶ岳・美濃戸

コースタイム

上り:5時間10分　下り:5時間25分

[上り] 奥社入口(30分)→奥社(2時間)→八方睨(稜線)(2時間)→本院岳(40分)→西岳頂上

[下り] 西岳頂上(30分)→P1弁慶岳(3時間30分)→徒渉①地点(40分)→鏡池登山口(5分)→鏡池(40分)→奥社入口

(19P地図下)

参考地図

【2万5千分の1地形図】**高妻山・戸隠**　※このコースは急峻な岩場、クサリ場が連続する上級者向きのコースです。またコースタイムも10時間以上要しますので、初・中級者の方は経験者に同行してください。

3 戸隠西岳《とがくしにしだけ》

長野市

2,053m

グレーディング

● 対象外　**上級**

見どころ

▲ P1尾根など厳しい岩峰、登下降とスリル

▲ 6月のシラネアオイ、オオバギボウシの群生、紅葉

▲ 西岳頂上や稜線からの展望

一般コースとは言えない

戸隠山の西側に稜線続きで荒々しい山容を見せる西岳。特に鏡池に映って見える様子からは人を寄せ付けない険しさ、厳しさが感じ取れる。稜線の右に尖って見えるピークが本院岳で西岳の頂上はその左奥になる。位置によって鋸の歯形の見え方が違うので、分かりづらいが、今回は、戸隠の奥社から八方睨に上がって稜線伝いに縦走し、通称P1《ピーワン》尾根を下ることにした。P1尾根は、下りよりも上りがお薦めだが、往復するとなるとどちらも大変。ルートにクサリが設置されているとは言え、垂直に近い険しい岩場が連続しているので、多少なりとも岩登りや、ザイル操作などの経験があった方がいい。経験者の同行やヘルメットも必携だ。

奥社からのコースも厳しい

天気予報の晴れを信じて早朝に出発したものの、前夜の雨で地面が濡れている。いやな予感がしたのだが、回復を期待して奥社の参道を早足で通過して登山を開始。このコースには、五十間長屋、百間長屋、天狗の露地、蟻の塔渡り、剣の刃渡りなどの難所がある。現役時代ならやせ我慢して立って渡ったものだが、六十過ぎのジジイにはそんな勇気は無い。上を歩くのが嫌なら右下に巻くルートもある。

八方睨からは未知の領域へ

八方睨から草付きの急斜面を鞍部まで下り、稜線を西に向かう。折から草露で足元はすぐにびしょ濡れ、下山後に靴を脱いだら足が白くふやけていた。斜面にはオオバギボウシが群生し、丈の長い草地には、アザミやクガイソウ、ニッコウキスゲなどが咲いている。緊張したのは西岳直下の鞍部から20m程の所、急なクサリ場の上りだが、落ちたら谷底に真っ逆さまで、思わず真剣に登ってしまった。苦労した割に頂上の様子は殺風景で拍子抜けしたが、大変なのはP1尾根の下りで、厳しい高度感に気を抜くことができない。西岳は一人では少し危ない。転落したらまず助からないし、いつまで経っても発見してもらえない。P1尾根の下方も鏡池登山口までかなり長距離で、岩場を過ぎても深い樹林帯が続くのでペース配分も考える必要がある。

P1尾根鎖場

東山から西岳北側を望む

八方睨から西岳を望む

P1尾根のペイント

P1尾根ハシゴ場

立ち寄り湯

戸隠神告げ温泉 湯行館　長野市戸隠3102　☎026-254-1126　営 10:00〜20:00　料 600円

森林雅子　長野市戸隠祖山31-1　☎026-252-2810　営 10:00〜20:00　休 水曜日/年末年始　料 410円

タイムコース
鏡池 0:05 登山口 0:30 / 0:40 徒渉① 4:30 / 3:30 P1弁慶岳 0:30 西岳頂上 0:40 本院岳 1:30 / 2:00 八方睨 2:20 / 1:50 奥社 0:40 奥社駐車場
奥社駐車場へ40分
鏡池へ40分
八方睨までは、戸隠山のマップを参照
ホッと一息、休憩適地
八方睨 1,900m
戸隠山 1,904m
難コースの割には質素で地味な頂上
西岳頂上 2053m
転落・滑落に十分注意
本院岳 2,030m
(シラネアオイ、オオバギボウシ、ニッコウキスゲ、クガイソウなど群生)
本院岳・八方睨間約2時間、転滑落に十分注意(熟達者向きコース)
西岳アタックは時間に余裕を持って
北側急登70mで頂上へ
登山道は明瞭だが草ヤブもあるので足元に注意!
アップダウンのくり返し
○稜線上の核心部
(ダケカンバ・ブナ)
30m急登
小ピーク
15mの大岩(ブナ・カンバ・ササ)
稜線上緩急をくり返しアップダウン
急斜面100m程(所々にロープあり)
倒れた木
至一不動 高妻山
稜線を下る
凹部
やせ尾根
草ヤブの中アップダウン
岩場
通称でピーワンと言います
この間、緩急のアップダウンのくり返し
稜線上、最も注意を要する垂直なクサリ場 約20m間
(絶壁が続く)
3mの岩
岩が滑る
南側、断崖の縁を歩くので転落に注意!
(倒れたり曲がった木が多くある)
○コースの核心部
剣の刃渡り
蟻の戸渡
大岩
南側の展望がすばらしい。
西岳第一峰(P1) 弁慶岳 1989m
常にこちら南側に落ちないよう注意!
凝灰角礫岩の岩場
急峻な岩場にクサリが連続 転落に注意!
ホーイ
P1尾根上部
ロープで下る
笹ヤブを切り開き
50m程急なクサリ場
ここはP1
P1尾根下り口の標示
P1尾根最大の難所
垂直のクサリ場 上りも下りも腕力が必要
○コースの核心部
深い谷間
クサリ
垂直の岩場
深く急峻な谷間
岩場をつなぐ橋のような狭い岩場(P1尾根の蟻の戸渡り)
両側絶壁
P1尾根上部全体に展望が良い
至奥社
戸隠 西岳 —八方睨・P1尾根—
クサリとロープが連続、高度感あふれる熟達者向きの難コース
2,053m
○コースの核心部
無念の峰
急斜面、クサリ、ロープが連続
水がしたたる岩場 スリップに注意!
下山時スリップ注意
岩場の急斜面を横に移動する
岩場・クサリ40m
下り
上り
コース唯一のハシゴ場
狭い10段の垂直の階段
場所の目安に
ここは熊の遊場 戸隠地区遭対協
熊の遊場
クサリ
こちら絶壁
のっこし
見上げると大きな岩場が見える
やせ尾根をアップダウンする
P1尾根下部のクサリ場
やせ尾根のアップダウン通行注意!
ヒノキの大木
緩い傾斜長くほぼまっすぐ
ブナ、シラカバ、ミズナラの快適な林中を歩く
林中のまっすぐな道(省略)
遊歩道、随神門・自然園
周回コースがある
P1尾根下部のクサリ場
クサリとロープを伝って歩く
登山道の標識
不動沢
鏡池
西岳・戸隠山の展望すばらしい
車道
天狗平の広い採草地(草原の端を歩く)
道幅狭く急斜面、下り滑落に注意!
至中社・奥社
どんぐりハウス(そば・実・ミヌ)
休憩所・トイレ
上楠川橋へ40分
配管がある
徒渉③
徒渉②
※行き止まり
楠川林道
広い駐車場
登山口にある案内板の注意
※沢の徒渉3回 増水時スリップに注意する!
杉林
400m 約5分
※県登山条例に基づく指定登山
戸隠神社奥社登山口
登山者のみなさんへ
一 この戸隠連峰は非常に危険度が高く毎年遭難事故が多発しておりますので注意して登山をお楽しみください。
一 山の天気は非常に変わりやすいことから、雨具などの装備をもう一度点検してください。
一 あなたの生命は、あなた自身が守ってください。
戸隠地区遭対協
登山道の標識
林道を横切る
登山時はここから下って川を渡る。
徒渉①
鏡池 西岳
カラマツ林
鏡池・楠川林道横登山口 標高約1,200m
宝光社 鏡池
30分
40分
林道入口
登山時、沢に沿って緩く下る
楠川
※登山届を提出しましょう
至宝光社

鏡池から西岳を望む

コースタイム

上り:5時間20分　下り:4時間40分

[上り] 観光センター駐車場(40分)→休憩舎登山口(1時間20分)→落合(稜線)(1時間20分)→奥西山(2時間)→堂津岳頂上

[下り] 堂津岳頂上(1時間50分)→奥西山(1時間20分)→落合(50分)→休憩舎登山口(40分)→観光センター駐車場

参考地図

【2万5千分の1地形図】高妻山・雨中

4 堂津岳

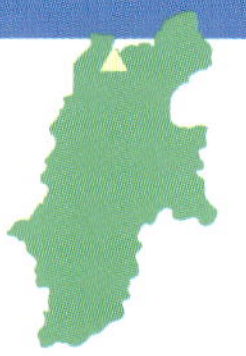

どうつだけ

長野市

1,927m

グレーディング

●対象外
中級

見どころ

- 奥裾花自然園のブナや水芭蕉、紅葉
- 稜線の笹藪とブナやダケカンバの大木
- シラネアオイなど稜線の草花、頂上からの展望

残雪の稜線を堂津岳に向かって歩く

さすがに手強い笹藪の山

積雪期以外は登山は困難だと聞いていたので、ゴールデンウィークの初日を狙って登山した。数年前から地元の有志が夏道を整備しているとのことだが、稜線上のチシマザサは、普通の笹よりも太く、丈も2m以上で、何よりその生え方が密集している。さすがにこの稜線までネマガリダケを採りには来る人はいないようで荒れ放題の藪状態だが、確かに目印のテープや笹を切って登山道を整備したような形跡はある。長距離、笹藪を切り開き、その後も登山道を維持するのは並大抵のことではないと思う。笹藪に人手を入れるよりも、残雪期のみ登山ができる秘境の山として残しておく、というのも一つの手かもしれない。

奥裾花自然園から堂津岳（中央）望む

稜線の登山道

頂上から火打山、妙高山などの山々を望む

根強い人気の山

奥裾花に通じる道路は、土砂崩落などでよく通行止になる。春の開通は、毎年4月29日ころだが、この頃には積雪期を狙って登山者が多くやってくる。堂津岳は、笹などの藪コギが強いられ、時間もかかる山だが、意外に人気の山でもある。また、同じ稜線上の中西山辺りには、6月にシラネアオイを見に来る登山者も多い。奥裾花自然園からの登山道は、稜線の落合でT字分岐になり、左が中西山、東山方面で、堂津岳は右に下り気味に進む。初めて登った日に行き会った登山者は4パーティ14人。ほとんどが県外者で、中には落合にテントを張っているパーティもあった。

核心部は頂上手前の狭い岩稜

コースの見所は、登山口からすぐの所のブナ林。春には水芭蕉も見られる。5月下旬から6月、稜線に上がると足元には群生するニリンソウ、サンカヨウ、ツバメオモト、マイヅルソウ、シラネアオイなどが見られ、樹間からは戸隠、妙高、後立山連峰などが望める。登山道のある稜線上は、笹藪の上に積もった雪渓を歩くが、平坦でかなり幅広い地形なので目印の赤テープを確認して方向を定める必要がある。密生した笹藪に迷い込むと脱出するのが難しくなる。また、雪渓上では踏み抜きが多いのも疲労の原因になるのでスノーシューは必携だ。頂上手前の狭い岩稜の先に真っ白な広い頂上が待っている。頂上で展望を楽しんだら下山だ。稜線のアップダウンは苦しいが、所々にあるブナやダケカンバの大木が気持ちを和らげてくれる。

立ち寄り湯　奥裾花温泉 鬼無里の湯　長野市鬼無里日影8855　☎026-256-2140　営 10:00～20:00　料 大人510円

笹を漕いで登る鬼無里の奥山

堂津岳《どうつ》 1927m

奥西山 1616m

※三角点標高1926.5m

5 東山《ひがしやま》

長野市

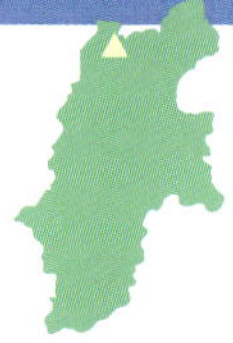

1,849m

グレーディング
● 対象外
中級

見どころ
▲ブナやダケカンバの紅葉
▲天狗の鼻や稜線からの展望
▲シラネアオイの群生、ムラサキヤシオツツジ

コースタイム

上り:4時間35分　下り:3時間40分

［上り］観光センター駐車場（40分）→休憩舎登山口（1時間20分）→落合（稜線）（25分）→中西山（2時間10分）→東山頂上
［下り］東山頂上（1時間50分）→中西山（20分）→落合（50分）→休憩舎登山口（40分）→観光センター駐車場

参考地図

【2万5千分の1地形図】雨中

稜線から頂上を望む（右から二つ目のピーク）

東山（右が頂上）

稜線上の中西山頂上

堂津岳から東山を望む

辛うじて残る頂上標識

シラネアオイを見に行こう

4月に堂津岳に登山した後、稜線上に未踏で残った東山。決してメジャーな山ではないが稜線上からの展望と雪解けの後、最初に咲くシラネアオイ（白根葵）の花が見所の山でもある。折角なら花の時期がいいだろうと5月29日に登山を計画した。この年は例年になく降雪が少なく、稜線の雪渓も消えていて、季節も10日程前倒しのようだ。シラネアオイは、6月初めころに咲くのだが、既に盛りを過ぎ、強い日差しのせいで多くの花はしおれていたが、それでも薄紫の花は清楚で美しかった。

天狗の鼻の展望は素晴らしい

登山コースは、堂津岳や中西山と同じ。休憩舎登山口から、ブナ林を抜けて稜線の落合まで上がったら、左へ進み中西山頂上を通過する。鞍部に下る途中からシラネアオイの花が見え始める。鞍部から緩く上り返し、稜線上に突起している天狗の鼻の上では360度の展望が開け、白馬連峰や西岳から高妻山のほか、西側には鞍部を隔てて目指す東山が見える。天狗の鼻の北側の20m程の急斜面には、ロープが付けられているが、下る際にはスリップに注意が必要だ。

稜線から白馬連峰を望む

歩き通したという満足感

天狗の鼻から先は一旦大きく下る。背の高い笹藪の間を急に下って痩せた稜線を進み、急斜面に取り付いて、さらに笹を刈って歩きにくい道を上がっていく。だいぶ時間を掛けて小ピークを過ぎ、さらに一旦下って上り返して右方向に曲がった先が頂上。苦労してたどり着いた割には頂上の標柱もなく、ポツンと三角点があるだけの殺風景な頂上だった。東山は頂上よりも稜線からの展望の方が素晴らしかったが、東山まで歩いて来たという満足感は十分に味わうことができた。それにしても登山道脇のシラネアオイとムラサキヤシオツツジは、疲れを癒やしてくれるに十分な美しさだった。

シラネアオイの珍しい二輪咲き

立ち寄り湯
奥裾花温泉 鬼無里の湯　長野市鬼無里日影8855　☎026-256-2140　営 10:00〜20:00　料 510円
森林雛子　長野市戸隠祖山31-1　☎026-252-2810　営 10:00〜20:00　休 水曜日　料 410円

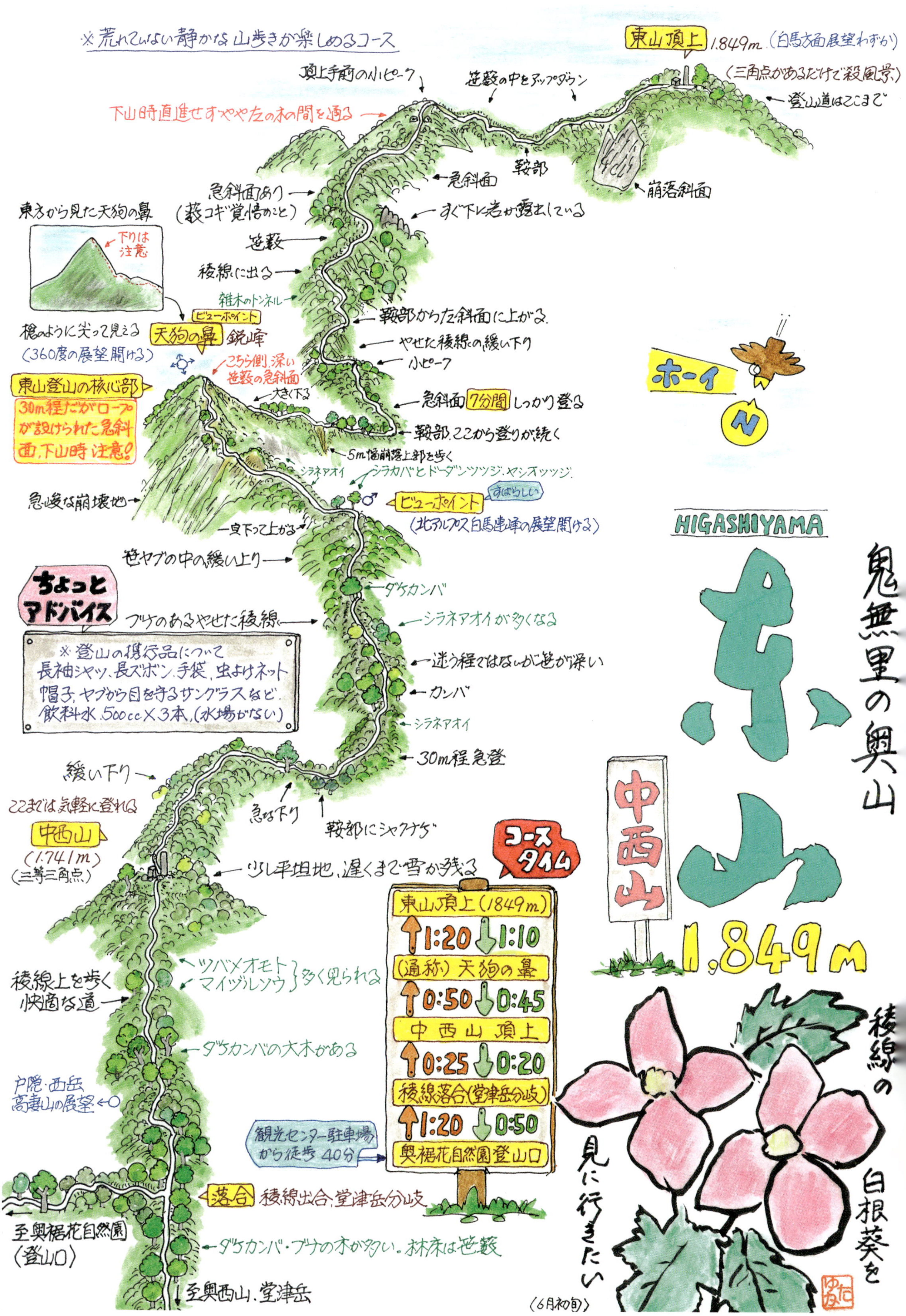
※荒れていない静かな山歩きが楽しめるコース
東山頂上 1,849m（白馬方面展望わずか）
（三角点があるだけで殺風景）
登山道はここまで
頂上手前の小ピーク
笹藪の中をアップダウン
下山時直進せずやや左の木の間を通る
鞍部
崩落斜面
急斜面
急斜面あり（藪コギ覚悟のこと）
すぐ下に岩が露出している
笹藪
稜線に出る
雑木のトンネル
東方から見た天狗の鼻
下りは注意
鞍部からた斜面に上がる
やせた稜線の緩い下り
小ピーク
槍のように尖って見える
ビューポイント
天狗の鼻
鋭峰
（360度の展望開ける）
こちら側、深い笹藪の急斜面
東山登山の核心部
30m程だがロープが設けられた急斜面、下山時注意！
大きく下る
急斜面 7分間 しっかり登る
鞍部、ここから登りが続く
5m幅崩落上部を歩く
シラネアオイ
シラカバとドーダンツツジ、ヤシオツツジ
ホーイ
N
急峻な崩壊地
ビューポイント
すばらしい
（北アルプス白馬連峰の展望開ける）
一旦下って上がる
HIGASHIYAMA
鬼無里の奥山
東山
1,849m
笹ヤブの中の緩い上り
ダケカンバ
ちょっとアドバイス
ブナのあるやせた稜線
シラネアオイが多くなる
※登山の携行品について
長袖シャツ、長ズボン、手袋、虫よけネット
帽子、ヤブから目を守るサングラスなど
飲料水、500cc×3本、（水場がない）
迷う程ではないが笹が深い
カンバ
シラネアオイ
30m程急登
緩い下り
ここまでは気軽に登れる
急な下り
鞍部にシャクナゲ
中西山
中西山
（1,741m）
（三等三角点）
少し平坦地、遅くまで雪が残る
コースタイム
東山頂上（1849m）
↑1:20 ↓1:10
（通称）天狗の鼻
↑0:50 ↓0:45
中西山頂上
↑0:25 ↓0:20
稜線落合（堂津岳分岐）
↑1:20 ↓0:50
奥裾花自然園登山口
観光センター駐車場から徒歩40分
ツバメオモト
マイヅルソウ
多く見られる
稜線上を歩く
快適な道
ダケカンバの大木がある
稜線の
白根葵を
見に行きたい
（6月初旬）
戸隠・西岳
高妻山の展望
落合
稜線出合、堂津岳分岐
至奥裾花自然園（登山口）
ダケカンバ・ブナの木が多い。林床は笹藪
至奥西山、堂津岳
ゆたか

コースタイム （西新道から西登山道周回）

上り:3時間25分　下り:①4時間35分　②3時間

［上り］古池コース登山口（1時間30分）→西新道分岐（1時間15分）→しらたま平（30分）～大池分岐（10分）→黒姫山頂上

［下り］①頂上（10分）→表登山道分岐（40分）→黒姫乗越（35分）→火口平原（1時間10分）→笹ヶ峰分岐（50分）→西新道分岐（1時間10分）→大橋林道入口登山口

②頂上（40分）→しらたま平（1時間5分）→西新道分岐（1時間15分）→古池コース登山口

参考地図

【2万5千分の1地形図】高妻山・信濃柏原

火口原の様子

高妻山の弥勒新道から黒姫山を望む

6

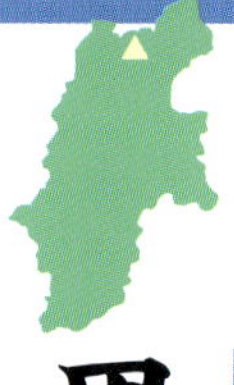

くろひめやま

黒姫山

信濃町

古池コース

2,053m

グレーディング

体力度 1 2 3 4 5 6 7 8 9 10

技術的難易度 A B C D E

見どころ

外輪山からの展望
火口原の風景
ブナ林やダケカンバの林の風景

最高点は外輪山に

黒姫山は、標高2053mの成層火山で、四方に大きく裾野を広げているが、その姿から「信濃富士」とも呼ばれている。また、斑尾山、妙高山、戸隠山、飯縄山とともに、「北信五岳」の一山として親しまれている。現在の中央火口丘である御巣鷹山（小黒姫山）は深い樹林に覆われていて登頂できないが、標高は2046mで、外輪山にある最高点よりも7m低い。眼下には広々とした火口原が広がり、七ツ池や峰の大池などがある。

久々に黒姫山へ

自分は雨男では無いと思っているのだが、夏場でも秋でも、予報は晴れだというのに黒姫山に登るときスカッと晴れたためしがない。ところで黒姫山登山は、記録を見たらなんと18年ぶりになる。月日が流れるのは早いものだ。しかし、ありがたいことに登山道や地形はほとんど昔のまま、木々の成長のほか、唯一変わったことと言えば、西新道分岐の真ん中に立っていた大きなブナの木が無くなっていたことくらいだろうか。

植生や根に感動

今回は大橋林道からでなく、種池、古池に上がる登山口から歩いたが、このコースでは古池まではカラマツ林、古池の先からはミズナラ、ブナ林で、標高が上がるにしたがってダケカンバ、コメツガ、シラビソと変わっていく。ブナ林には、結構な大木があって見応えがある。また、ダケカンバが雪の重みに耐えている証《あかし》が幹枝の曲がり具合に見て取れる。下を向いてばかりでなく、顔を上げて上方の枝葉にも目を向けてほしいものだ。また、途中のシナノキの他、根が地表に網の目のように張り出していて、その模様は芸術的とも言える。張り出した根に、つまずいたりスリップしないように十分な注意が必要だ。

大池と御巣鷹山

登山口に近い種池

頂上にて

火口原がお薦め

チシマザサに囲まれた登山道を上がり、しらたま平から外輪山の渕の部分を歩いて最高地点の頂上に達するが、頂上からは南側の展望が開ける。折角だから黒姫乗越に下ってから、火口原に降りて見るのがお薦め。広々とした平原から周囲を見上げてみるのもいい感じだ。下山は火口原から笹ヶ峰方向に下るが、登山道には大きな岩が重なった天狗岩があるし、ダケカンバの林なども見所の一つだ。また火口原からは、大池手前で頂上直下の大池分岐に上り返して、往路を下山しても良い。黒姫山は、その図体の大きさから、とても存在感のある山である。

頂上から野尻湖を望む

地表に張り出したシナノキの根

立ち寄り湯　戸隠神告げ温泉 湯行館　長野市戸隠3182　☎026-254-1126　営10:00～20:00　料600円

北信五岳 信濃町 黒姫《くろひめ》山

外輪山と中央火口丘の御巣鷹山からなる二重式火山
緑豊かなブナ林と広々とした火口原を楽しむ

コースタイム

上り:2時間35分　下り:2時間15分～2時間45分

［上り］一の鳥居駐車場（15分）→南登山道登山口（40分）→駒つなぎの場（30分）→天狗の硯石（40分）→西登山道分岐（20分）→南峰頂上（10分）→北峰頂上

［下り］北峰頂上（2時間～2時間30分）→南登山道登山口（15分）→一の鳥居駐車場

参考地図

【2万5千分の1地形図】**戸隠・若槻**

7-1

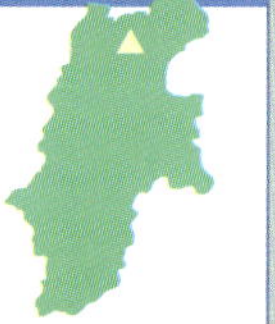

飯縄（綱）山

いいづなやま

長野市戸隠

南登山道コース

1,917m

グレーディング

体力度 1 **2** 3 4 5 6 7 8 9 10

技術的難易度 A **B** C D E

見どころ

途中で聞こえる小鳥の鳴き声
南峰頂上の赤い屋根の飯縄神社
北峰頂上の方位盤と大展望

頂上に続く笹の道

戸隠から飯縄山を望む

神の井戸の様子

登山口の奥宮一の鳥居

外観が改修された飯縄神社

飯縄山頂への登山道

長野市民の山と称される飯縄山の登山道は、南登山道一の鳥居コースなど5コースがあるが、登山者が多いのは一の鳥居コース。登山口に駐車場ができて15台位は駐車できるが、早い者勝ちなので満車の場合は一の鳥居苑地駐車場から、カラマツ林の中の緩やかな道を約1km、15分程歩く。登山口にある奥宮一の鳥居をくぐり、雑木林の中を上がって林道を横切ると大きな鳥居がある。登山道は、以前は笹の根や腐葉土でクッションが効いていて歩き易かったが、近年の登山道の荒れ方は尋常ではなく、雨水で浸食されて根や岩石がゴロゴロと転がる道になってしまった。

十三佛の石仏

一の鳥居から僅か上がると、大きな杉の下に「旧奥宮一の鳥居跡地」の標識がある。沓石が一つ見当たらないが以前はここに鳥居があった。そのすぐ先には、十三佛の説明板と第一不動明王の石仏が祀られている。この南登山道には、ここから天狗の硯石上部の間に都合13の石仏が祀られていて目印になっている。説明には「十三佛は、死者の七七日の至る三十三回忌を司る佛なり」とある。この先は釈迦如来、三文殊、四普賢の順にお参りし11番の阿閦《あしゅく》如来で「駒つなぎの場」に着く。途中、十阿弥陀の後には、頭上に馬の顔を載せた馬頭観音があるが、これは番外。駒つなぎの場は、縦横7～5mの広場で休憩に適地。この先、夏道なら右方向に斜面をトラバース気味に進むが、積雪期は駒つなぎの場から急斜面を直登し大狗の硯石の手前に出る。積雪期は輪かんじきかスノーシューが必携だ。

駒つなぎ場から南峰へ

駒つなぎの場から右方向に100m程斜面を横切ってから、左斜面に取り付きジグザグに上がると右手に水場がある。付近の斜面の所々にはモミやミズナラの大木が大きく枝を広げている。水場のすぐ先には大岩があって3m程のクサリが下がっている。大きく左、右と曲がると、右に「天狗の硯石」がある。中社から上がってきた西登山道との分岐に出ると、周囲に高木がなくなり展望が開けてくる。岩が露出した急斜面を真っ直ぐ上がると、飯縄大明神の鳥居や石祠を祀った平坦地があり、右上にわずかで南峰の頂上に着く。鳥居から大岩の左を通って斜面を水平に横切ると「神の井戸」の標識の脇に石祠と水が溜まった井戸があるが、道はその先で飯縄神社に出る。

大きな頂上の方位盤

5月連休辺りでは、南峰、北峰の間は快適に雪渓上を歩けるし、6月には神社の脇で薄いピンク色の山桜が満開になる。市街地の近くにあって短時間で登頂が可能な山なので多くの皆さんに登ってほしい一押しの山である。頂上には、2008年の飯綱高原イヤーに監修を依頼された大きな方位盤がある。名前のプレートも付いているので、是非見ていただきたい。

2008年監修した方位盤

立ち寄り湯　むれ温泉 天狗の館　長野県上水内郡飯綱町川上2755-345　☎026-253-3740　営 10:00～21:00　休 第3火曜日（祝日の場合は翌日）　料 600円

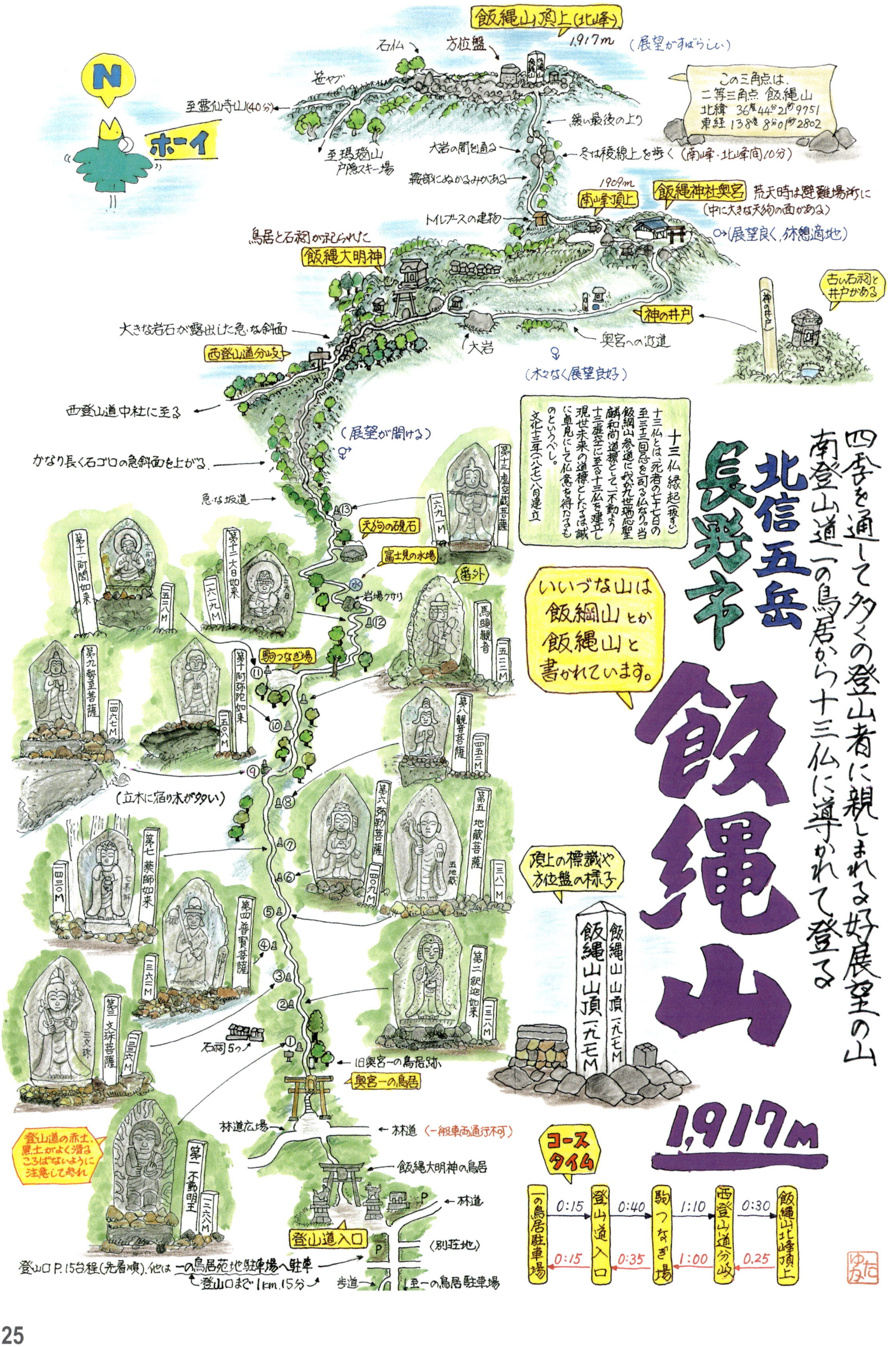

四季を通して多くの登山者に親しまれる好展望の山
南登山道一の鳥居から十三仏に導かれて登る
北信五岳
長野市
飯縄山
1,917M
飯縄山頂上(北峰)
1,917m
(展望がすばらしい)
石仏
方位盤
笹ヤブ
至霊仙寺山(40分)
至瑪瑙山 戸隠スキー場
N
ホーイ
この三角点は、
二等三角点 飯縄山
北緯 36度44分21秒9751
東経 138度8分01秒2802
緩い最後の上り
大岩の間を通る
冬は稜線上を歩く(南峰・北峰間10分)
鞍部にぬかるみがある
1909m
南峰頂上
飯縄神社奥宮
荒天時は避難場所に
(中に大きな天狗の面がある)
(展望良く、休憩適地)
トイレブースの建物
鳥居と石祠が祀られた
飯縄大明神
古い石祠と井戸がある
神の井戸
大きな岩石が露出した急な斜面
西登山道分岐
大岩
奥宮への近道
(木々なく展望良好)
西登山道中社に至る
(展望が開ける)
かなり長く石ゴロの急斜面を上がる
急な坂道
十三仏縁起(抜すい)
十三仏とは、死者の七十七日の至三十三回忌を司る仏なり。当飯綱山参道に我が九世瑞応聖麟和尚道標として、一不動より十三虚空に至る十三仏を建立し現世未来の道標としたるは誠に卓見にして仏意を得たるものというべし。
文化十三年(一八一六)八月建立
いいづな山は
飯綱山とか
飯縄山と
書かれています。
第十三 虚空蔵菩薩 一六九一M
天狗の硯石
富士見の水場
番外 馬頭観音 一五二二M
岩場つかり
第十一 阿閦如来 一五二八M
第十二 大日如来 一六一九M
駒つなぎ場
第九 勢至菩薩 一四六七M
第十 阿弥陀如来 一五〇八M
第八 観音菩薩 一四五二M
(立木に宿り木が多い)
第六 弥勒菩薩 一四〇九M
第五 地蔵菩薩 一三八一M
頂上の標識や方位盤の様子
飯縄山山頂 一九一七M
飯縄山山頂 一九一七M
第七 薬師如来 一四三〇M
第四 普賢菩薩 一三六二M
第二 釈迦如来 一三一八M
第三 文殊菩薩 一三三六M
石祠5つ
旧奥宮一の鳥居跡
奥宮一の鳥居
登山道の赤土、黒土がよく滑る ころばないように注意して登れ
第一 不動明王 一三〇六M
林道広場
林道(一般車両通行不可)
飯縄大明神の鳥居
林道
登山道入口
(別荘地)
登山口P. 15台程(先着順)。他は一の鳥居苑地駐車場へ駐車
登山口まで1km、15分
歩道
至一の鳥居駐車場
コースタイム
一の鳥居駐車場 0:15 登山道入口 0:40 駒つなぎ場 1:10 西登山道分岐 0:30 飯縄山北峰頂上
飯縄山北峰頂上 0.25 西登山道分岐 1:00 駒つなぎ場 0:35 登山道入口 0:15 一の鳥居駐車場
ゆたか

コースタイム

上り:2時間20分　下り:2時間10分

［上り］西登山道入口（30分）→萱ノ宮（1時間20分）→南登山道分岐（20分）→南峰頂上（10分）→北峰頂上

［下り］北峰頂上（1時間）→瑪瑙山（30分）→怪無山鞍部（40分）→中社スキー場登山口

参考地図

【2万5千分の1地形図】**戸隠・若槻**

左から　コバノコゴメグサ
西登山道にある祠
西登山口の様子

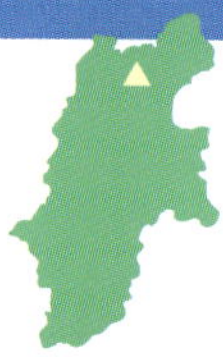

7-2 飯縄（綱）山

いいづなやま

長野市戸隠

西登山道・瑪瑙山コース

1,917m

グレーディング

●対象外
初級

見どころ

- 用水沿いの歩道の様子
- シラカバやブナの紅葉が見られるゲレンデの様子
- 瑪瑙山からの展望

西登山道から瑪瑙山経由で周回

飯縄山登山は、南登山道の一の鳥居コースが一番人気で、登山道も良く整備されているし、難易度も低いので登山者も多いが、中社側から林道を入って、西登山道を上がるコースもあるし、頂上から北側の瑪瑙山に下って、スキー場のゲレンデを通って怪無《けなし》山経由で下山する登山者も多くなってきた。

戸隠スキー場から逆コースで上がる

戸隠スキー場から歩くコースは、だいぶ前に飯縄山から瑪瑙山経由で下ったことがある。ゲレンデを怪無山の鞍部まで下って左の林に入ったまでは良かったが、当時は登山道も整備されておらず、道に迷い、藪コギをして西新道登山口横に下山した思い出がある。その時のマップは描きかけのままだったが、これを完成させるべく、中社の戸隠スキー場側から怪無山の鞍部を目指すことにした。

龍のように残る頂上への雪渓

細い用水に沿って歩く

スキー場の駐車場からトイレの脇を通ってゲレンデの右端の道を上がっていく。ゲレンデはススキが一面に繁っている。まるで迷路の中を歩いているようだが、しばらくで用水に突き当たるので右に曲がる。幅広い平坦な道は用水に沿って続いているが、周囲には御柱にも使えそうなモミの大木が何本も見られる。やや右に駆け上がると標識がある十字路に出る。左折して、緩い傾斜を上がっていくと怪無山のゲレンデに出る。秋にはゲレンデ脇のシラカバやブナの紅葉が青空に映えてきれいだ。瑪瑙山の頂上まではゲレンデを歩き、頂上の手前で右に上がる。このコースはかなり距離も長く急坂なので、西登山道を上って瑪瑙山に下る方がいいかもしれない。

瑪瑙山頂上（後方は飯縄山）

瑪瑙山から飯縄山に向かう登山道

中社のスキー場を歩く

西登山道に一つだけある地蔵の石仏

怪無山頂上へゲレンデの中を歩く

瑪瑙山経由で登る
好展望の山
長野市
飯縄山
一九一七M
飯綱山(北峰)
1917m
10分
南峰
1909m
双峰とも高木なく、展望良好
分岐
メノウ山
霊仙寺山
1875m
0:50
飯縄大権現
樹間から黒姫山見える
携帯トイレブース
石祠
鳥居と石祠がある
飯縄大明神
大きな尾根上の急な道を上がる
石露出の急坂
南登山道分岐
大きい岩が露出している
至一の鳥居
1:30
石仏
頂上へ1時間
岩まで急な登り
平坦な尾根 快適に歩ける
林中に岩が重なっている
瑪瑙山
1748m
展望良好
最低鞍部
展望が開ける
まん中に大石がある
頂上からまっすぐ下る
(下りは、スリップ注意!)
リフト終点
戸隠連峰の展望
ゲレンデから右へ入る
ゲレンデをリフト終点まで歩いてもよい
石が露出した緩急の道
幅広いゲレンデの中を歩く
ブナやミズナラ、紅葉が良い
瑪瑙山まで上り50分
北峰頂上まで約1時間40分
冬期閉設のそば屋
スキー場の標識
瑪瑙山メノウ
1748m
怪無山鞍部
ホーイ
スキー場ゲレンデ
ネマガリダケの藪
萱ノ宮
緩く上がる(上り)
標識
鳥居と祠がある
太いブナ
岩
ブナの大木
モミの大木
登山口から30分
ゲレンデを歩いても スキー場入口に下れる
駐車場へ40分
怪無山
1549m
幅約3mの林道と交差
分岐
沢を渡る
幅4mの沢を飛び石で渡る
大きなモミの木
用水に沿って平坦な道を歩く
笹ヤブの中の道300mまっすぐ
秋はすごい 背丈以上の ススキの斜面
展望開ける
リフト
杉林
カラマツ
幅広い緩い上り
戸隠スキー場 リフト乗り場
登山口
ゲレンデの右側を歩く
車道を歩く
60m上がった上の分岐
至中社
P
チビッ子忍者村
¥500 4月～11月 9:00～17:00
戸隠神告げ温泉
¥600 9:00～21:00
西登山道登山口
駐車場はスキー場のを借用します。
路肩に駐車可

コースタイム

上り:2時間20分　下り:2時間

［上り］紅葉の岩屋登山口（5分）→安堵が峰（1時間5分）→霧見岳頂上（1時間10分）→砂鉢山頂上

［下り］砂鉢山頂上（1時間）→霧見岳頂上（5分）→石仏のあるピーク（45分）→安堵が峰（5分）→紅葉の岩屋（5分）→登山道入口

参考地図

【2万5千分の1地形図】戸隠

8-1

砂鉢山《すなはちやま》（荒倉山）

長野市戸隠

紅葉の岩屋コース

1,432m

グレーディング

対象外　初級

見どころ

紅葉の岩屋の様子
霧見岳展望台からの戸隠方面の展望、千手観音
稜線に点在する大きな岩場の様子
頂上からの展望とブナの新緑、紅葉

紅葉の岩屋

木の根を掴んで上がる

丸山晴弘さんと初めて歩いたコース

見晴台から戸隠を望む

戸隠から望む

登山コースは3コース

荒倉山は、砂鉢山を最高峰とする山塊であり、旧戸隠村と旧鬼無里村に跨がっていたが、合併後は長野市になった。位置的には南の裾花水系と北側の戸隠側の間に屏風のように広がっている。登山道は、鬼無里側からの大沢コース、戸隠側からは紅葉橋と紅葉の岩屋から霧見岳を経由するコース、そして古道を復活させ、最短で登頂できるようになった尾倉沢古道コースの3コースがあって、いずれも最高峰の砂鉢山に続いている。これら3コースについては、毎年、鬼無里や戸隠の皆さんが登山道に手を入れている。紅葉の岩屋コースは、急な岩場にクサリやロープがあり、大きな岩場が出現したり、ブナの大木に出会えるなど変化に富んでいて面白い。

安堵が峰からは小尾根伝いに

登山口は、荒倉キャンプ場から上がった先にある龍虎隧道入口左脇と、北側の紅葉橋にあるが、安堵が峰までなら龍虎隧道側から上がった方が近い。隧道脇の空き地に駐車し「紅葉の岩屋」の標識から林に入ると50m程で紅葉の岩屋への分岐がある。岩屋は帰りに見物することにして、右に折れると僅かで峠のような安堵が峰に着く。ここまできて安堵したから安堵が峰だとの説明板がある。ここは登山道が十字に交差していて、右は竜光山、真っ直ぐは紅葉橋へ、砂鉢山は標識を見て左の急な小尾根を上がる。痩せた小尾根は急にアップダウンしているので、特に2カ所目の下りはスリップに注意。尾根伝いに進むとやがて鞍部から20m程で急な岩場になる。長いクサリ場は、適当に張り出している根を掴んで上がるが、ここは下りの方がやっかいな場所だ。

大岩の下を巻いて頂上へ

クサリ場を上がった先が霧見岳展望台で、十六夜の文字が刻まれた千手観音の先で、右側に戸隠連山や高妻山が見渡せる。三角点のある霧見岳の頂上は10分程先だが、樹木で展望はないので、ここで小休止。登山道は、稜線上を適当にアップダウンしているが、大きな岩場では一端右の急斜面に下り、岩場の下部の急斜面を横切る。岩場にはダイモンジソウが見られる。左の大きな岩場の右を巻いて前岳への分岐に出たら、左方向に30m程急斜面を上がって稜線に出る。左斜面がブナ林に変わり、ブナの大木が見え始めたら頂上はすぐそこで、5本のブナの先に頂上がある。戸隠連峰や、飯縄山、虫倉山、そして北アルプスを眺めながらお昼にしよう。

見晴台の千手観音

立ち寄り湯　森林囃子　長野市戸隠祖山31-1　☎026-252-2810　営 10:00～20:00　休 水曜日/年末年始　料 410円

戸隠 鬼無里

荒倉山塊最高峰

鬼女紅葉の伝説の山 砂鉢山 1432m

紅葉の岩屋コース

コースタイム

上り:2時間30分　下り:1時間25分

［上り］登山道入口(20分)→一の川橋(1時間30分)→地蔵峠(40分)→砂鉢山頂上

［下り］砂鉢山頂上(20分)→地蔵峠(50分)→一の川橋(15分)→登山道入口

参考地図

【2万5千分の1地形図】戸隠

フタリシズカ

8-2

砂鉢山（荒倉山）

すなはちやま

長野市戸隠

尾倉沢古道コース

1,432m

グレーディング

対象外
初級

見どころ

- 春先の芽吹きとサラシナショウマの群生地、そして紅葉
- 頂上のカラマツの樹間からの展望
- 岩窟観音堂と千年杉、五十数体の石仏群

尾倉沢古道の会の行事で登る

信州百名山は荒倉山の名称だが、実は荒倉山というピークは無く、南から北東に延びる稜線伝いの山全体を荒倉山と称している。稜線には南側から新倉山(1252m)、砂鉢《すなはち》山(1432m)、霧見岳(1401m)等があるが、その最高峰が砂鉢山だ。3つの登山コースのうち登りやすいのは尾倉沢古道コースだが、平成24年10月地元田頭《たがしら》地区の「尾倉沢古道の会」の登山会で初めて登頂した。

尾倉沢古道について

柵《しがらみ》の西条地区から尾倉沢沿いに砂鉢山山頂に通じるこの古道は、延長約3km、昭和の中頃まで西条地区と鬼無里地区を最短で結ぶ街道であり、薪の切出しや炭焼き、草刈場や畑への道として貴重な存在だったが時代とともに荒廃してしまった。この現状を惜しむ地区の有志が藪を切り開き、橋を架けて3時間程で登れる登山道を復活させた。以来、毎年6月と10月の第二日曜日に登山会が開催され、平成30年で古道復活10周年を迎えた。

地蔵峠で一休みしてから頂上へ

登山口からは右下がりの斜面を緩く上がると右に屏風岩、その先に一杯水などがある。途中にある雨宿りの岩、堀割の岩、三本立のサワグルミ三兄弟、五ツ岩、フタリシズカやサラシナショウマ群生地などを見て、斜面を緩く上がると地蔵峠に着く。峠で披露される謡や詩吟は、今では恒例行事になっている。頂上までは急斜面を真っ直ぐ40分程。途中、左に白馬岳の展望場所もあるが、頂上では槍ヶ岳や戸隠連山なども見通せる。尾倉沢古道は、復活させた地元有志の心意気が感じられる道である。春と秋の地古道を歩く登山会がいつまでも続いてほしいと願っている。

山麓の見所「岩窟観音堂」

田頭地区の北にそそり立つ巨大な岩屋に建てられた岩窟観音堂は、鬼女紅葉伝説によると平維茂《これもち》が紅葉を攻める際にこの地に観音堂を祀り熊杉を植えて戦勝祈願したと伝えられている。観音堂の脇には周囲9mもある「千年杉」や五十数体の石仏群がある。太古を感じる癒やしのパワースポットとして知られている。

（注）尾倉沢古道コースは平成29年8月11日の集中豪雨により尾倉沢林道や一の川橋周辺、五つ岩の沢などが大きな被害を受け、通行止めになっています。早期の復興を望みます。

登山道から白馬三山を望む

2016年6月 春の山行

岩窟観音堂

2014年10月 秋の山行

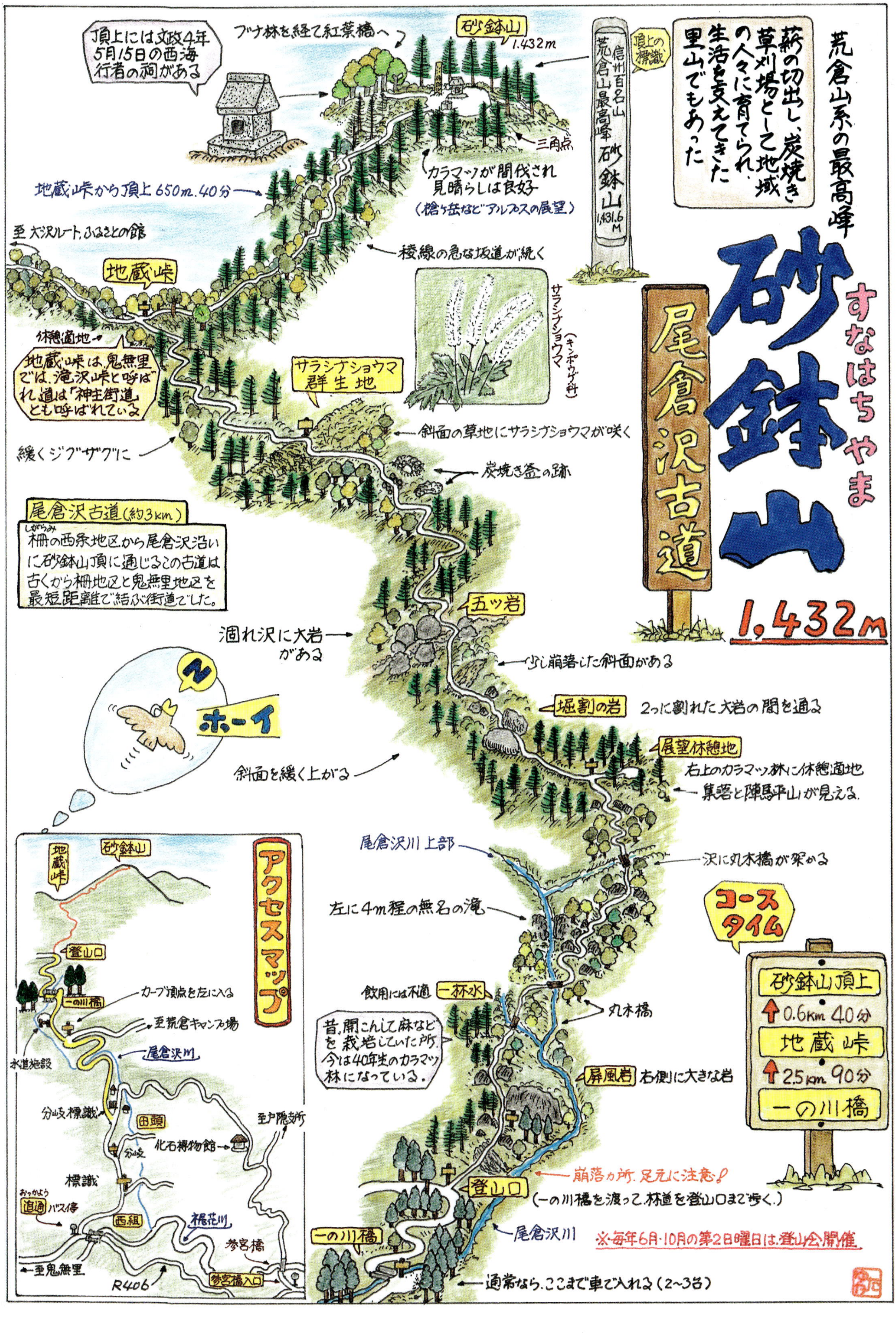

荒倉山系の最高峰
砂鉢山
すなはちやま
1,432m
尾倉沢古道
薪の切出し、炭焼き草刈場として地域の人々に育てられ、生活を支えてきた里山でもあった
頂上の標識
信州百名山
荒倉山最高峰
砂鉢山
1,431.6M
砂鉢山
1,432m
ブナ林を経て紅葉橋へ
頂上には文政4年5月15日の西海行者の祠がある
三角点
カラマツが間伐され見晴らしは良好
(槍ヶ岳などアルプスの展望)
地蔵峠から頂上650m、40分
至 大沢ルート、ふるさとの館
稜線の急な坂道が続く
地蔵峠
サラシナショウマ
(キンポウゲ科)
休憩適地
地蔵峠は、鬼無里では、滝沢峠と呼ばれ道は「神主街道」とも呼ばれている
サラシナショウマ群生地
斜面の草地にサラシナショウマが咲く
緩くジグザグに
炭焼き釜の跡
尾倉沢古道(約3km)
柵《しがらみ》の西条地区から尾倉沢沿いに砂鉢山頂に通じるこの古道は古くから柵地区と鬼無里地区を最短距離で結ぶ街道でした。
五ッ岩
涸れ沢に大岩がある
少し崩落した斜面がある
堀割の岩
2つに割れた大岩の間を通る
N
ホーイ
展望休憩地
右上のカラマツ林に休憩適地
集落と陣馬平山が見える。
斜面を緩く上がる
尾倉沢川上部
沢に丸木橋が架かる
左に4m程の無名の滝
コースタイム
砂鉢山頂上
0.6km 40分
地蔵峠
2.5km 90分
一の川橋
飲用には不適
一杯水
丸木橋
昔、開こんして麻などを栽培していた所。今は40年生のカラマツ林になっている。
屏風岩
右側に大きな岩
崩落ヵ所、足元に注意!
登山口
(一の川橋を渡って、林道を登山口まで歩く。)
尾倉沢川
※毎年6月・10月の第2日曜日は、登山会開催
一の川橋
通常なら、ここまで車で入れる(2~3台)
アクセスマップ
地蔵峠
砂鉢山
登山口
一の川橋
カーブ頂点を左に入る
至荒倉キャンプ場
水道施設
尾倉沢川
分岐標識
田頭
至戸隠支所
化石博物館
分岐
標識
追通《おっかよう》バス停
西組
裾花川
参宮橋
至鬼無里
R406
参宮橋入口

コースタイム

上り：1時間30分　下り：1時間

［上り］不動滝登山口（1時間）→空平東屋（30分）→虫倉山頂上

［下り］虫倉山頂上（20分）→空平東屋（40分）→不動滝登山口

参考地図

【2万5千分の1地形図】信濃中条・高府

毎年5月3日は開山祭

9-1

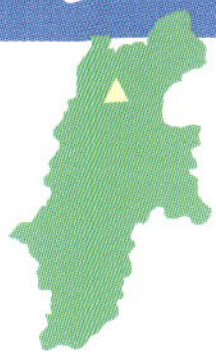

虫倉山

むしくらやま

長野市中条

不動滝コース

1,378m

グレーディング

●対象外　初級

見どころ

- 5月3日の開山祭と新緑、紅葉
- 頂上や空平からの展望
- 沢に生息するサンショウウオ

中条公民館主催の登山会

毎年5月3日が開山祭

虫倉山では、毎年5月3日に「星のきらめく公園」で開山祭が行われる。地元の中条山岳会が主体となって、太鼓演奏や獅子舞、神事が行われ、記念山行もある。また、毎年11月3日には道の駅「中条」で「信州むしくらまつり」が行われるが、その一環として虫倉山登山が行われる。四季を通じて北アルプスや戸隠連峰などの展望が素晴らしい虫倉山は、県外の登山者も増えている。登山は光線の加減で景色がスッキリ見える午前中がお薦めだが、夕焼けも一度は見てみたい。北アルプスの展望が良い里山として人気の虫倉山は、いつでも期待を裏切らない。

不動滝前で（須坂山岳会の皆さんと）

子供でも登れる人気の山

孫のチーちゃんと

神城断層地震で頂上などが崩壊

平成26年11月22日に発生した神城断層地震で、虫倉山の山頂部の半分以上が崩落してしまい、三角点や御影石の標柱も崩れ落ちてしまった。頂上の崩落箇所はクサリで立入禁止にしてあるが、現場の安全確認と案内表示に従っていただきたい。

登りやすい登山道

不動滝コースは、水洗トイレを備えた三角屋根の休憩所「虫倉山道しるべ」前から虫倉山登山道入口の案内板に従って山道を終点まで上がる。途中不動滝手前に数台分と、さらに150m程先のトイレ横に数台分の駐車スペースがある。トイレの脇からは、さるすべりコースに通じる山道があるので、どちらのコースを上がっても周回が可能だ。不動滝では、滝の左上の岩壁にある茶色の不動明王が必見。不動滝の看板は記念撮影向きに立てられている。滝の脇から斜面に取り付き、えん堤の横を上がって小沢を跨いで越える。沢の小さな石をそおっとつまみ上げると5㎝に満たないクロサンショウウオが見られる。案内板には「サンショウウオを飲み込まないでください」と書いてある。道なりに大きくジグザグに斜面を上がり、金倉坂の下を横切って、再びジグザグに高度を上げ、高福寺分岐を過ぎて新しくなった空平の東屋で一休みする。東屋の前の切り開きからは白馬岳など後立山の山脈を展望できる。稜線をアップダウンした先が頂上だが、崩落で面積が狭くなったので、「一服むしくら」での休憩がお薦めだ。

毎年同じ場所に咲くショウジョウバカマ

記念山行の後は家族と地京原で蕎麦を

虫倉山から夕映えの槍ヶ岳を望む

立ち寄り湯

むしくらの湯 やきもち家　長野市中条日下野5286　☎026-267-2641　営 10:00〜19:00　料 大人500円

ぽかぽかランド美麻　大町市美麻16784　0261-29-2030　営 6:00〜8:00、10:00〜21:00　料 大人600円

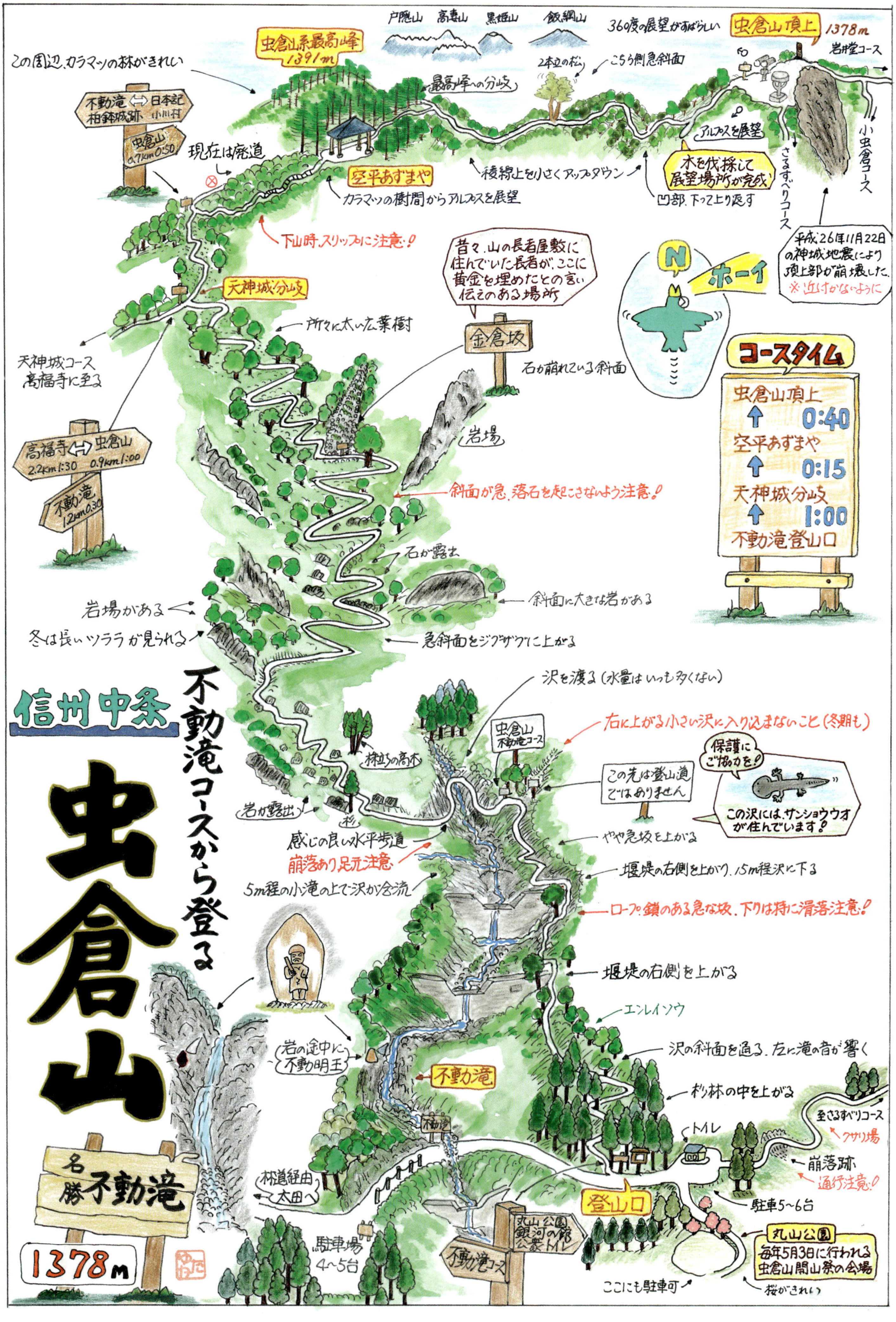

信州中条
不動滝コースから登る
虫倉山
1378m
名勝 不動滝
虫倉山系最高峰 1391m
戸隠山
高妻山
黒姫山
飯綱山
360度の展望がすばらしい
虫倉山頂上 1378m
岩井堂コース
この周辺、カラマツの林がきれい
不動滝⇔日本記 柏鉢城跡 小川村
虫倉山 0.7km 0:50
現在は廃道
最高峰への分岐
2本立の松
こちら側急斜面
アルプスを展望
小虫倉コース
さるすべりコース
稜線上を小さくアップダウン
木を伐採して展望場所が完成
凹部、下って上り返す
空平あずまや
カラマツの樹間からアルプスを展望
下山時、スリップに注意！
平成26年11月22日の神城地震により頂上部が崩壊した。
※近付かないように
天神城分岐
昔々、山の長者屋敷に住んでいた長者が、ここに黄金を埋めたとの言い伝えのある場所
金倉坂
所々に太い広葉樹
天神城コース 高福寺に至る
石が崩れている斜面
N
ホーイ
コースタイム
虫倉山頂上
0:40
空平あずまや
0:15
天神城分岐
1:00
不動滝登山口
高福寺⇔虫倉山 2.2km 1:30 0.9km 1:00
不動滝 1.2km 0:30
岩場
斜面が急、落石を起こさないよう注意！
石が露出
斜面に大きな岩がある
岩場がある
冬は長いツララが見られる
急斜面をジグザグに上がる
沢を渡る（水量はいつも多くない）
右に上がる小さい沢に入り込まないこと（冬期も）
虫倉山 不動滝コース
林立ちの高木
この先は登山道ではありません
保護にご協力を！
この沢には、サンショウウオが住んでいます！
岩が露出
杉
感じの良い水平歩道
崩落あり足元注意
5m程の小滝の上で沢が合流
やや急坂を上がる
堰堤の右側を上がり、15m程沢に下る
ロープ・鎖のある急な坂、下りは特に滑落注意！
堰堤の右側を上がる
エンレイソウ
岩の途中に不動明王
不動滝
沢の斜面を通る。左に滝の音が響く
杉林の中を上がる
トイレ
至さるすべりコース
クサリ場
崩落跡
通行注意！
駐車5~6台
林道経由 太田へ
登山口
丸山公園 銀河の館 公衆トイレ
不動滝コース
駐車場 4~5台
丸山公園 毎年5月3日に行われる虫倉山開山祭の会場
ここにも駐車可
桜がきれい

コースタイム（積雪期は2倍の時間が必要）

上り:1時間30分　下り:1時間15分

［上り］虫倉神社下登山口又は不動滝登山口（10分）→不動滝分岐（30分）→虫倉神社奥社（50分）→虫倉山頂上

［下り］虫倉山頂上（50分）→虫倉神社奥社（20分）→不動滝分岐（5分）→虫倉神社下登山口又は不動滝登山口

参考地図

【2万5千分の1地形図】**信濃中条・高府**

登山口の虫倉神社

9-2

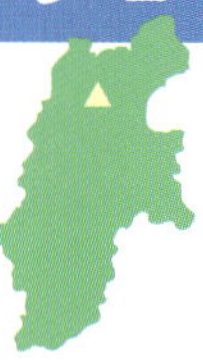

虫倉山

むしくらやま

長野市中条

さるすべりコース

1,378m

グレーディング

●対象外

中級

見どころ

- 登山口の虫倉神社と中腹の奥の院
- 頂上や空平からのアルプスの展望や紅葉
- 生息するサンショウウオ

多くの登山者が訪れる人気の山

旧中条村の虫倉山は、頂上からの展望が素晴らしく、標高が1378mと2000mに至らない山なのに、県内外から多くの登山者が訪れる人気の山である。東西に長く連なる山容で、登山道は7コースあるが、中でも不動滝コースは家族連れでも安心な一般的なコース。子供や高齢者を除いて、クサリ場で自分の体重を支える力がある人には、さるすべりコースを上がり不動滝を下山する周回コースがお薦めだ。

下山にはお薦めしないコース

最近では不動滝側からコースに入る登山者が多くなったが、さるすべりコースの登山口は虫倉神社側にある。神社の右脇から裏の林内に入り左方向に上がると、小さな乗越で不動滝コースと合わさるが、この辺りはカエデが多く秋は見応えがある。乗越から上って緩く下ると右に穴の開いた太いブナの木がある。その先で杉の大木が立ち並ぶ急坂を上がりきると、右側の岩場を背に、今にも朽ちそうな虫倉神社奥の院の祠がある。登山道は奥の院の左側からクサリのある岩場に取り付く。このコースには、クサリが連続して付けられているが、足場が悪い所なので大いに助かる。さるすべりコースは急斜面で滑落の危険があるため、下山にはあまりお薦めしない。

2018年の初日の出

2018年元旦の初日に照らされて

2017年の初日の出

元旦登山はさるすべりコースから

中条山岳会では、毎年、元旦登山を行っている。早朝4時半に麓の道しるべに集合して、さるすべりコースを上がって、奥の院で参拝、7時ころ頂上で浅間山の左から上がる御来光「初日の出」に合掌し、不動滝に下って道しるべでお雑煮会をして新年を寿《ことほ》ぐという恒例の行事だ。前年は、光が真っ直ぐ立ち上がる太陽柱《ちゅう》（サンピラー）が見られたし、平成30年は一面見事な雲海の上に御来光を拝むことができた。好事を予感させる情景だったが、来年はどんな御来光が見られるか楽しみでもある。

秋の奥の院

中条山岳会メンバー

立ち寄り湯

むしくらの湯 やきもち家　長野市中条日下野5286　☎026-267-2641　営 10:00〜19:00　料 大人500円

ぽかぽかランド美麻　大町市美麻16784　0261-29-2030　営 6:00〜8:00、10:00〜21:00　料 大人600円

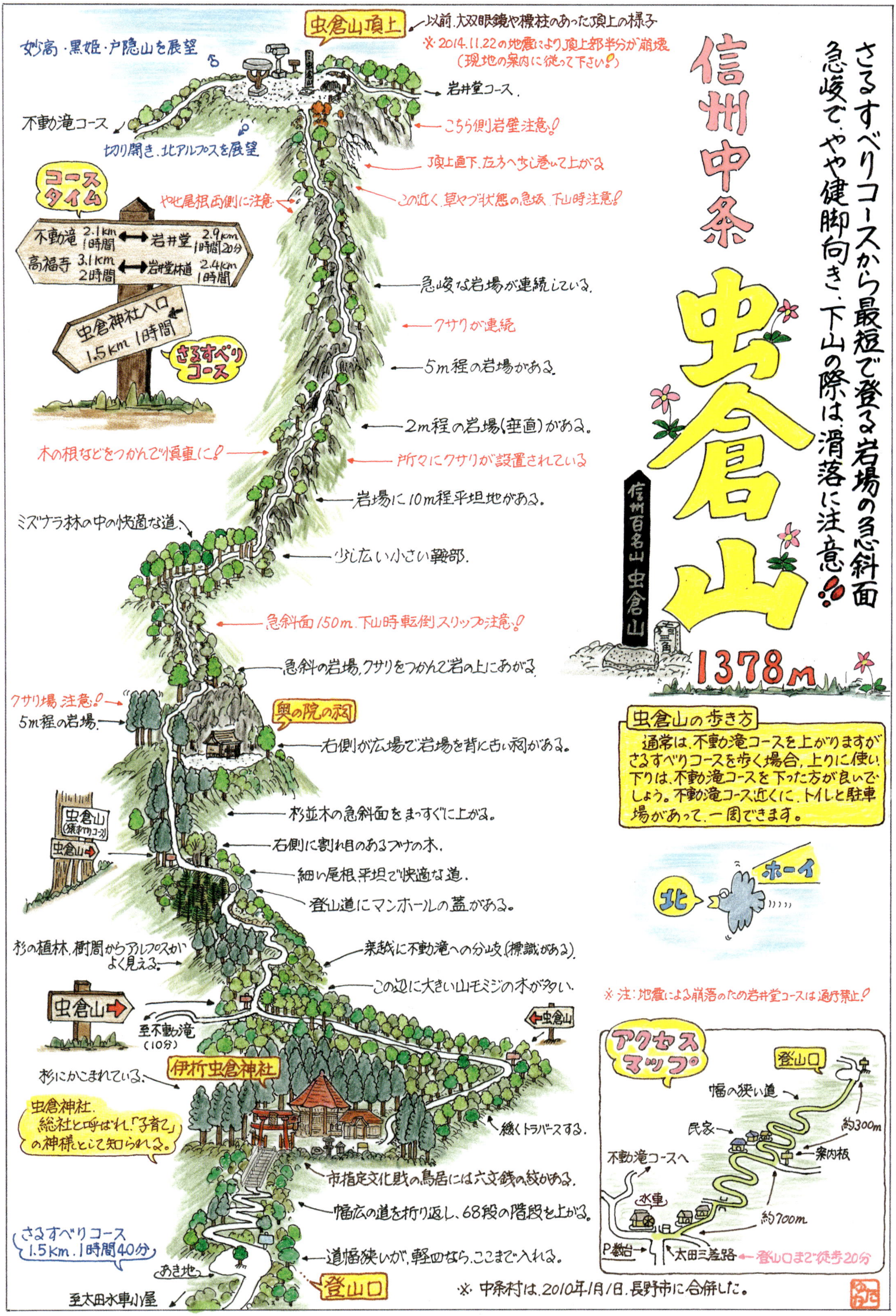
信州中条
虫倉山
1378m
さるすべりコースから最短で登る岩場の急斜面
急峻で、やや健脚向き、下山の際は、滑落に注意!!
信州百名山 虫倉山
虫倉山頂上
以前、大双眼鏡や標柱のあった頂上の様子
※2014.11.22の地震により頂上部半分が崩壊
（現地の案内に従って下さい!）
妙高・黒姫・戸隠山を展望
岩井堂コース.
不動滝コース
こちら側岩壁注意!
切り開き、北アルプスを展望
頂上直下、左右へ少し登って上がる
やせ尾根西側に注意
この近く、草やブ状態の急坂、下山時注意!
コースタイム
不動滝 2.1km 1時間
岩井堂 2.9km 1時間20分
高福寺 3.1km 2時間
岩井堂林道 2.4km 1時間
虫倉神社入口 1.5km 1時間
さるすべりコース
急峻な岩場が連続している.
クサリが連続
5m程の岩場がある.
2m程の岩場(垂直)がある.
木の根などをつかんで慎重に!
所々にクサリが設置されている
岩場に10m程平坦地がある.
ミズナラ林の中の快適な道.
少し広い小さい鞍部.
急斜面150m、下山時転倒スリップ注意!
急斜の岩場、クサリをつかんで岩の上にあがる.
クサリ場 注意!
5m程の岩場.
奥の院の祠
右側が広場で岩場を背に古い祠がある.
虫倉山 (さるすべりコース)
虫倉山
杉並木の急斜面をまっすぐに上がる.
右側に割れ目のあるブナの木.
細い尾根、平坦で快適な道.
登山道にマンホールの蓋がある。
杉の植林、樹間からアルプスがよく見える.
乗越に不動滝への分岐(標識がある).
この辺に大きい山モミジの木が多い.
虫倉山
至不動滝 (10分)
虫倉山
伊折虫倉神社
杉にかこまれている.
虫倉神社、総社と呼ばれ「子育て」の神様として知られる。
緩くトラバースする.
市指定文化財の鳥居には六文銭の紋がある.
幅広の道を折り返し、68段の階段を上がる.
道幅狭いが、軽四なら、ここまで入れる.
さるすべりコース 1.5km、1時間40分
あき地
至太田水車小屋
登山口
虫倉山の歩き方
通常は、不動滝コースを上がりますがさるすべりコースを歩く場合、上りに使い、下りは、不動滝コースを下った方が良いでしょう。不動滝コース近くに、トイレと駐車場があって、一周できます。
北
ホーイ
※注:地震による崩落のため岩井堂コースは通行禁止!
アクセスマップ
登山口
幅の狭い道
約300m
民家
案内板
不動滝コースへ
水車
約700m
P.数台
太田三差路
登山口まで徒歩20分
※中条村は、2010年1月1日、長野市に合併した。

コースタイム

上り：1時間50分　下り：1時間20分

［上り］岩井堂登山口（1時間10分）→小虫倉（40分）→虫倉山頂上

［下り］虫倉山頂上（30分）→小虫倉（50分）→岩井堂登山口

参考地図

【2万5千分の1地形図】信濃中条・高府

9-3

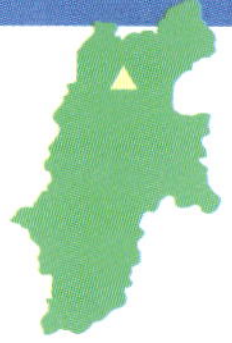

虫倉山

むしくらやま

長野市中条

岩井堂コース

1,378m

グレーディング

●対象外　中級

見どころ

▲懸造りの岩井堂観音と小虫倉の祠

▲地震で崩落した北側斜面

▲頂上からの展望

岩井堂観音

地震で崩落する以前の頂上の様子

頂上にて

小虫倉で登山道整備の合間に

登山道の点検の様子

岩井堂下の登山口

マニアックなロングコース

登りやすくて展望も良い虫倉山の一般的な登山コースは「不動滝」と「さるすべり」コースで、岩井堂コースは訪れる登山者も少なく、どちらかと言えばマニア向けの静かなロングコースと言える。このコースの整備は毎年中条山岳会が担当していて、夏場に草刈り機や鎌で藪を払ったり、クサリの確認や登山道のチェックをしている。平成26年11月の大地震で頂上手前の登山道が北側に大きく崩れてしまい、そのままだったが、地震から3年、地盤が落ち着いてきたことや登山者の要望もあってコースの整備に取りかかることになった。

崩落箇所の通行は特段の注意が必要

登山道整備には、6人が参加した。クサリやカッターなどを手分けして背負い上げ、実査の後クサリの付け替えとコースの整備を行った。頂上手前の尾根は北側に大きく崩れたが、元々左右の斜面は急峻で新たに登山道を作れないので、崩落の縁に道を整備し、クサリは、安全第一で太い立ち木を支点に取り付けた。今後も毎年安全を確認する予定だが、通行する場合は十分な注意が必要だ。

※岩井堂コースは、コース整備し平成30年4月から通行可能になりました。

懸造《がけづく》りの岩井堂観音と信仰の小虫倉神社

岩井堂コースの見所の一つが、懸造り（崖などの上に建物を長い柱と貫で固定し床下を支える建築方法）の岩井堂観音堂で、登山口から僅か上がった所に建っている。岩壁の前に建つお堂は虫食い状態の梁や、下が透けて見える床板、鳥や小動物の仕業か、壁や堂内の額などに無数の穴が開いていて、歴史は感じるものの今にも倒れそうで心配になる程だ。マニアでなくとも一見には値すると思う。もう一つは小虫倉の祠。コースの中間辺りの小虫倉にある小さな祠だが、村人の信仰の証として祀られている。山姥伝説の残る虫倉山ならではの神秘的な、今で言うパワースポットでもある。

秋の虫倉山

立ち寄り湯　むしくらの湯 やきもち家　長野市中条日下野5286　☎026-267-2641　営 10:00〜19:00　料 大人500円

ぽかぽかランド美麻　大町市美麻16784　0261-29-2030　営 6:00〜8:00、10:00〜21:00　料 大人600円

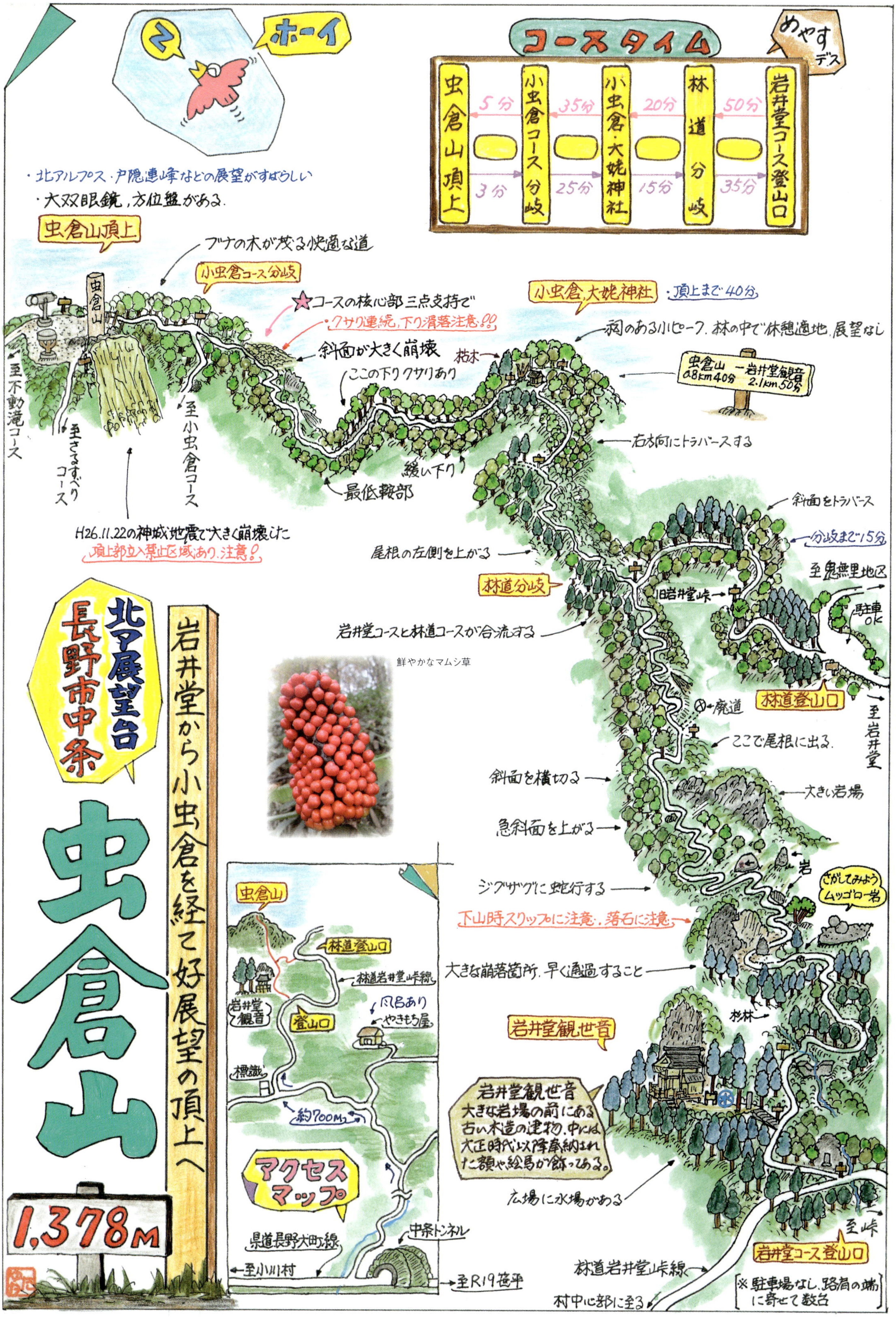
ホーイ
コースタイム
めやすデス
岩井堂コース登山口
50分
35分
林道分岐
20分
15分
小虫倉・大姥神社
35分
25分
小虫倉コース分岐
5分
3分
虫倉山頂上
・北アルプス・戸隠連峰などの展望がすばらしい
・大双眼鏡，方位盤がある.
虫倉山頂上
虫倉山
ブナの木が茂る快適な道
小虫倉コース分岐
★コースの核心部三点支持で
クサリ連続，下り滑落注意!!
斜面が大きく崩壊
ここの下りクサリあり
至不動滝コース
至さるすべりコース
至小虫倉コース
最低鞍部
緩い下り
H26.11.22の神城地震で大きく崩壊した
頂上部立入禁止区域あり，注意!
小虫倉，大姥神社
・頂上まで40分
祠のある小ピーク，林の中で休憩適地，展望なし
枯木
虫倉山 0.8km 40分
岩井堂観音 2.1km 50分
右方向にトラバースする
斜面をトラバース
・分岐まで15分
尾根の左側を上がる
林道分岐
至鬼無里地区
旧岩井堂峠
駐車OK
岩井堂コースと林道コースが合流する
林道登山口
至岩井堂
廃道
ここで尾根に出る.
斜面を横切る
大きい岩場
急斜面を上がる
岩
ジグザグに蛇行する
さがしてみよう ムッゴロー岩
下山時スリップに注意，落石に注意
大きな崩落箇所，早く通過すること
杉林
岩井堂観世音
岩井堂観世音
大きな岩場の前にある古い木造の建物，中には大正時代以降奉納された額や絵馬が飾ってある。
広場に水場がある
至峠
岩井堂コース登山口
林道岩井堂峠線
村中心部に至る
※駐車場なし，路肩の端に寄せて数台
北ア展望台
長野市中条
岩井堂から小虫倉を経て好展望の頂上へ
虫倉山
1,378M
虫倉山
林道登山口
林道岩井堂峠線
岩井堂観音
風呂あり
やきもち屋
登山口
標識
約700M
アクセスマップ
中条トンネル
県道長野大町線
至小川村
至R19笹平

鮮やかなマムシ草

コースタイム

上り:3時間20分　下り:2時間40分

［上り］小谷高原キャンプ場（1時間50分）→荒菅沢（1時間30分）→雨飾山頂上

［下り］雨飾山頂上（1時間10分）→荒菅沢（1時間30分）→小谷高原キャンプ場

参考地図

【2万5千分の1地形図】雨飾山

頂上の石祠

10-1 雨飾山

あまかざりやま

小谷村

小谷《おたり》温泉コース

1,963m

グレーディング

体力度　1 2 **3** 4 5 6 7 8 9 10

技術的難易度　A B **C** D E

見どころ

- 登山道脇のブナの木々と林
- 荒菅沢からの布団菱
- 笹平の様子と頂上からの展望
- シラネアオイなどの花々

四季を通して魅力満載の小谷

国道148号から姫川の支流、中谷川沿いに沢を詰めていくと僅かで小谷温泉に着く。道路が改良されて、長野市内からでも1時間半程と便利になったが、今や秘湯といった感じは消えてしまった。小谷温泉には、村営を含めて5軒程の旅館等があるが、村では小谷高原にオートキャンプ場等を設け、観光客の誘致に積極的に取り組んでいる。小谷は、春は残雪と新緑、夏は濃い緑、秋は紅葉、冬のスキーと四季を通して魅力満載だ。のんびり、ゆっくりと時間が流れる山間の雰囲気、開拓しすぎないようにお願いしたいものだ。

水平道からブナのある尾根に

鎌池に向かう道路から右折し、1km程でキャンプ場駐車場に着く。小谷温泉休憩舎に登山届を出して出発だ。100m程緩く下り、板敷きの道を進むとすぐ脇の小沢に岩魚が泳いでいる。ここは年中禁猟区なので見るだけにしよう。水平道を800m程進み、左の急な尾根に取りつくと登山道の両脇には、ブナの大木が見られ、粘土質の土の表面に網の目状に張り出した細かい根を踏んで歩く気分は最高。上を向いても、下を見てもブナだらけだ。

右へ右へとトラバース

大きな尾根をゆっくり上ったら、右へ右へとトラバースしながら回り込むと白い飛沫が眩しい荒菅沢に着く。ここでようやく行程の半分程度。見上げると頂上直下に布団菱と呼ばれる白い色の岸壁の一部が見える。荒菅沢まではひと山越えてきた感じだが、これからが核心部で笹平まで胸突きの急斜面が続く。途中の尾根からは、展望が大きく開けるが、陽当たりも風当たりも強くなる。風が波打つ笹平の稜線を小さくアップダウンし、直下の池を過ぎ、100m程直登すると、左右のピークの中間に出る。右側は、石塔と祠があるピーク、左が頂上だ。なかなか晴れる日がない雨飾山。名前の響きから、何か誘われる山だ。

例によって、村営の露天風呂に立ち寄って帰った。

ブナの根がすごい

400m毎に付けられた標識

清流を泳ぐ岩魚

樹間に雨飾山を望む

大渚山から望む雨飾山

小谷登山口の休憩所

立ち寄り湯

雨飾高原 露天風呂　北安曇郡小谷村雨飾高原　☎0261-85-1607（雨飾荘）　休 11月下旬～4月上・中旬　営 10:00～21:00　料 寸志（協力金）

深山の湯　北安曇郡小谷村北小谷1861-1（道の駅 小谷）　☎0261-71-6000　営 10:00～21:00　休 水曜日　料 660円

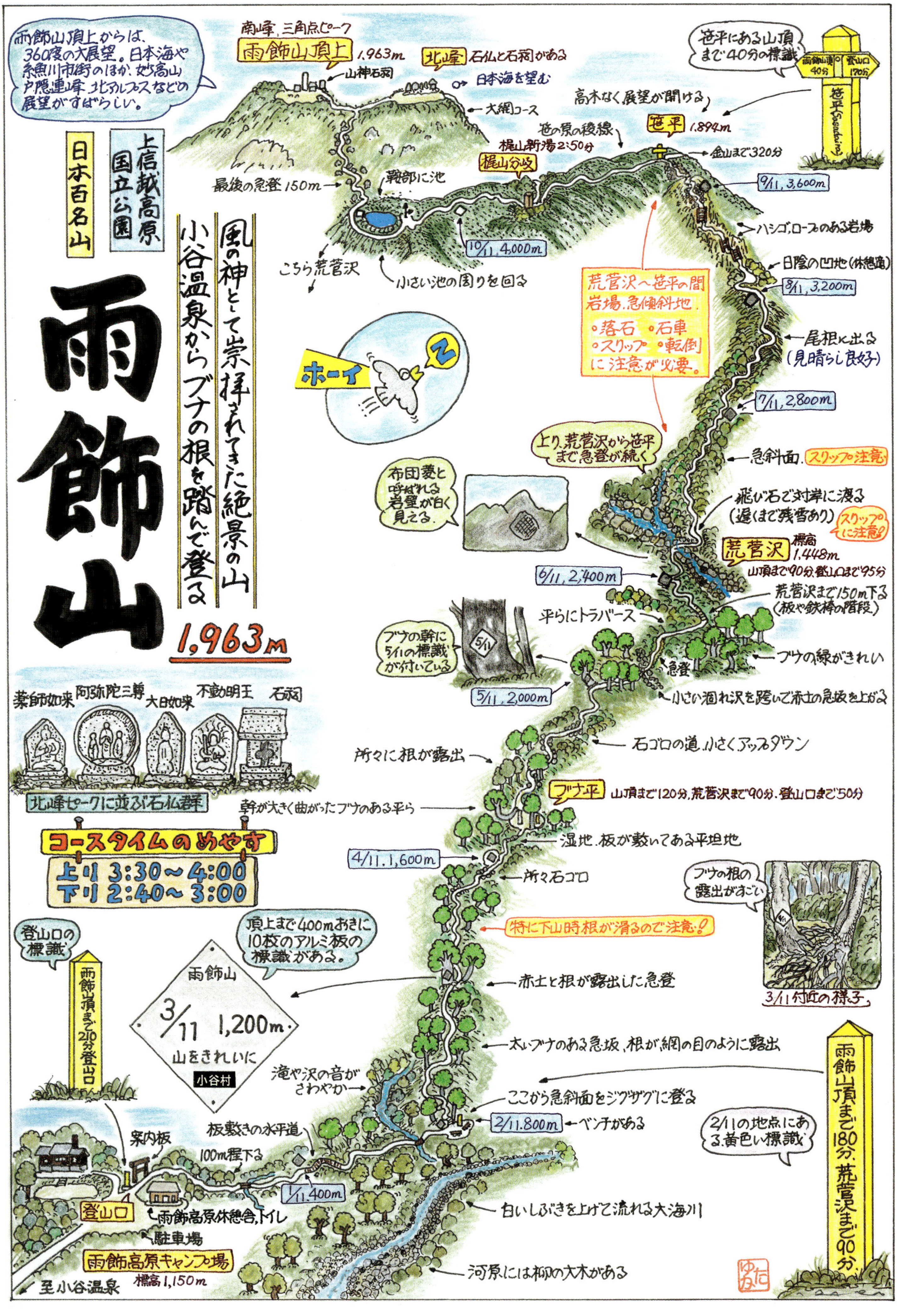

日本百名山
上信越高原国立公園
雨飾山
1,963m
風の神として崇拝されてきた絶景の山
小谷温泉からブナの根を踏んで登る
雨飾山頂上からは、360度の大展望。日本海や糸魚川市街のほか、妙高山、戸隠連峰、北アルプスなどの展望がすばらしい。
南峰、三角点ピーク
雨飾山頂上 1,963m
山神石祠
北峰 石仏と石祠がある
日本海を望む
大網コース
最後の急登 150m
鞍部に池
こちら荒菅沢
小さい池の周りを回る
10/11, 4,000m
梶山新湯2:50分
梶山分岐
笹の原の稜線
高木なく展望が開ける
笹平 1,894m
金山まで320分
笹平にある山頂まで40分の標識
雨飾山頂 40分
登山口 170分
笹平(Sasadaira)
9/11, 3,600m
ハシゴ、ロープのある岩場
日陰の凹地(休憩適)
8/11, 3,200m
尾根に出る(見晴らし良好)
荒菅沢～笹平の間
岩場、急傾斜地、
◦落石 ◦石車
◦スリップ ◦転倒
に注意が必要。
ホーイ
7/11, 2,800m
上り、荒菅沢から笹平まで急登が続く
急斜面、スリップ注意
布団菱と呼ばれる岩壁が白く見える。
飛び石で対岸に渡る(遅くまで残雪あり)
スリップに注意!
荒菅沢 標高1,448m
山頂まで90分、登山口まで95分
6/11, 2,400m
荒菅沢まで150m下る(板や鉄棒の階段)
平らにトラバース
ブナの緑がきれい
急登
ブナの幹に5/11の標識が付いている
5/11
5/11, 2,000m
小さい涸れ沢を跨いで赤土の急坂を上がる
薬師如来 阿弥陀三尊 大日如来 不動明王 石祠
北峰ピークに並ぶ石仏群
石ゴロの道、小さくアップダウン
所々に根が露出
ブナ平 山頂まで120分、荒菅沢まで90分、登山口まで50分
幹が大きく曲がったブナのある平ら
コースタイムのめやす
上り 3:30～4:00
下り 2:40～3:00
湿地、板が敷いてある平坦地
4/11, 1,600m
所々石ゴロ
ブナの根の露出がすごい
特に下山時根が滑るので注意!
3/11付近の様子
頂上まで400mおきに10枚のアルミ板の標識がある。
雨飾山
3/11 1,200m
山をきれいに
小谷村
登山口の標識
雨飾山頂まで210分登山口
赤土と根が露出した急登
太いブナのある急坂、根が網の目のように露出
滝や沢の音がさわやか
ここから急斜面をジグザグに登る
2/11, 800m
ベンチがある
2/11の地点にある黄色い標識
雨飾山頂まで180分、荒菅沢まで90分
板敷きの水平道
案内板
100m程下る
1/11, 400m
登山口
雨飾高原休憩舎、トイレ
駐車場
白いしぶきを上げて流れる大海川
雨飾高原キャンプ場 標高1,150m
至小谷温泉
河原には柳の大木がある
ゆかた

10-2

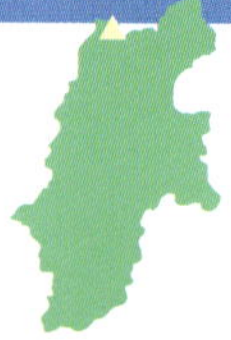

雨飾山

あまかざりやま

小谷村・糸魚川市

雨飾温泉コース

1,963m

グレーディング

対象外

中級

見どころ

登山道脇のブナの木々と林
荒菅沢からの布団菱
笹平の様子と頂上からの展望
シラネアオイなどの花々

コースタイム（登山の時期=6月初旬）

上り:3時間30分　下り:2時間45分

［上り］雨飾温泉登山口（40分）→難所ノゾキ（45分）→一ぷく処（45分）→中の池（1時間）→笹平（20分）→雨飾山頂上

［下り］雨飾山頂上（15分）→笹平（2時間30分）→雨飾温泉登山口

参考地図

【2万5千分の1地形図】雨飾山・越後大野

登山道を覆うダケカンバの大木

糸魚川市梶山から登山する

新潟県との県境に位置する雨飾山は日本百名山として知られ、新緑や紅葉、頂上からの展望が素晴らしいことなどで人気の山だが、山名のとおりか、何度登ってもスカッと晴れたためしの無い山でもある。登山コースは、南側の小谷温泉コース、西側の大網コース、そして新潟県側の雨飾温泉（梶山）コースがあるが、一般的には、小谷温泉コースがツアー登山などで歩かれる。一人では心細いのが登山者の少ない大網コース、雨飾温泉コースは、急な薬師尾根を上がるコースだが、日帰りが十分可能で、登山口に名湯があるのが魅力だ。ポカリ味で飲用ができて胃腸に効能があるというので、滞在中飲み続けた経験がある。

頂上の石祠

根知渓谷山中の山荘前が登山口

登山口まではタクシーか自家用車が便利で、山荘手前に駐車し、露天風呂の「都忘れの湯」横から山中に立ち入るが、小さな薬師堂や御神木のブナは元気なようだ。登山道は岩が重なった薬師尾根の斜面に取り付き、薬師沢を覗き見る難所ノゾキで尾根上に出たら左に折れて尾根伝いに高度を上げていく。豪雪によって幹枝が奇妙に変形したブナの大木が点在しているが、山全体に芽吹きの頃と紅葉の秋の様子が素晴らしい斜面でもある。

雪渓の先にはシラネアオイが咲いている

途中、尾根を外れて左下がりの急斜面をほぼ水平にトラバースするが、6月にはまだ残雪があるので、しっかりステップを切って、滑落しないように通過する。雪解けした「中の池」周辺の藪の中には、シラネアオイやカタクリ、ショウジョウバカマなど紫色系の花が咲いている。池の先で雪渓を200m程直登するが、急斜面に残った雪渓は高度感もあって滑りやすく、雪解け水が勢いよく流れ落ちているので、特に下山時はスリップに注意が必要だ。雪渓の縁には雪の解け具合に応じて段階的に変わっていく草花の成長の様子が見られて面白い。台上の笹平に出た所の小鞍部で小谷温泉コースと合流する。小池の左を巻いて、直下の100m程の急斜面を上がりきると頂上に着く。

梶山薬師

奇妙に折れ曲がったブナ

途中にある池塘

杉の古木も見られる

雨飾山荘

ブナの御神木「森の精」

立ち寄り湯　雨飾温泉 雨飾山荘　糸魚川市梶山広道倉1870　☎090-9016-3212　休 11月中旬～5月中旬　営 10:00～16:00　料 500円

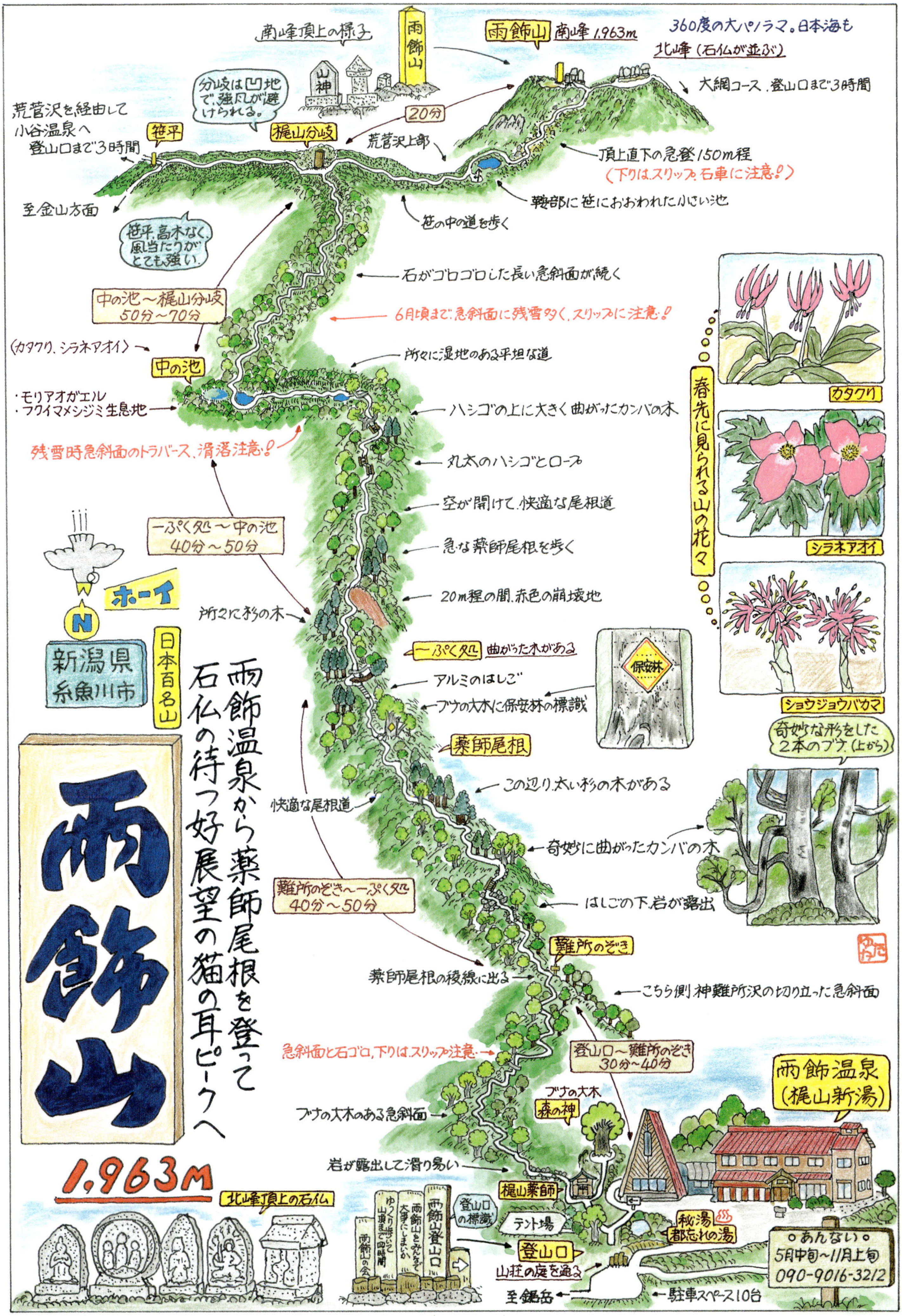
雨飾山
1,963M
雨飾温泉から薬師尾根を登って
石仏の待つ好展望の猫の耳ピークへ
新潟県
糸魚川市
日本百名山
ホーイ
N
南峰頂上の様子
雨飾山
山神
分岐は凹地で、強風が避けられる。
雨飾山 南峰1,963m
360度の大パノラマ。日本海も
北峰（石仏が並ぶ）
大網コース、登山口まで3時間
20分
荒菅沢を経由して小谷温泉へ
登山口まで3時間
笹平
梶山分岐
荒菅沢上部
頂上直下の急登150m程
（下りは、スリップ、石車に注意！）
鞍部に笹におおわれた小さい池
至金山方面
笹の中の道を歩く
笹平、高木なく、風当たりがとても強い。
石がゴロゴロした長い急斜面が続く
中の池～梶山分岐
50分～70分
6月頃まで、急斜面に残雪多く、スリップに注意！
（カタクリ、シラネアオイ）
中の池
所々に湿地のある平坦な道
・モリアオガエル
・フクイマメシジミ生息地
ハシゴの上に大きく曲がったカンバの木
残雪時急斜面のトラバース、滑落注意！
丸太のハシゴとロープ
空が開けて、快適な尾根道
一ぷく処～中の池
40分～50分
急な薬師尾根を歩く
20m程の間、赤色の崩壊地
所々に杉の木
一ぷく処 曲がった木がある
アルミのはしご
ブナの大木に保安林の標識
保安林
薬師尾根
この辺り、太い杉の木がある
快適な尾根道
奇妙に曲がったカンバの木
難所のぞき～一ぷく処
40分～50分
はしごの下、岩が露出
難所のぞき
薬師尾根の稜線に出る
こちら側、神難所沢の切り立った急斜面
急斜面と石ゴロ、下りは、スリップ注意
登山口～難所のぞき
30分～40分
ブナの大木のある急斜面
ブナの大木
森の神
岩が露出して滑り易い
梶山薬師
雨飾温泉
（梶山新湯）
春先に見られる山の花々
カタクリ
シラネアオイ
ショウジョウバカマ
奇妙な形をした2本のブナ（上から）
北峰頂上の石仏
雨飾山登山口
雨飾山をみんなで大事にしましょう
ゆっくり歩いて山頂まで四時間
雨飾山の会
登山口の標識
テント場
登山口
山荘の庭を通る
秘湯 都忘れの湯
至鎌岳
駐車スペース10台
○あんない○
5月中旬～11月上旬
090-9016-3212

コースタイム

上り:4時間40分　下り:3時間20分

[上り] 登山口(1時間10分)→水場(2時間50分)→天狗原山(40分)→金山頂上

[下り] 金山頂上(40分)→天狗原山(2時間)→水場(40分)→登山口

参考地図

【2万5千分の1地形図】妙高山・雨飾山

天狗原山頂上にて

11

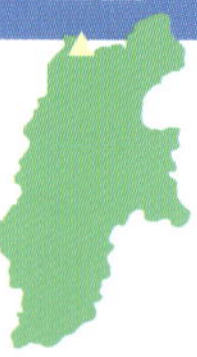

金山《かなやま》

小谷村

2,245m

天狗原山《てんぐはらやま》

2,197m

グレーディング

体力度 1 2 **3** 4 5 6 7 8 9 10

技術的難易度 A B **C** D E

見どころ

- 頂上からの火打山、焼山などの展望
- ブナの林の紅葉
- ハクサンコザクラなど高山植物の群生

今度は秋に行きたい

以前念願だったハクサンコザクラを見に金山まで行き大満足だった。次はブナの紅葉を見たかったが、金山と同じ山でも季節が変われば風景も見所も違うはずだ。お隣にある日本百名山の中でも大人気の雨飾山でなく、金山と信州百名山の天狗原山というマニアックな選択も案外いいかも知れない。金山までは天狗原山から40分、登山口からは往復8時間の長丁場だ。登山者が少なく、自然豊かな両山は、妙高山、火打山、焼山の展望も素晴らしい。

焼山(左)と火打山

ハクサンコザクラ

ブナの林の中をゆっくりと上がって行く

早朝に家を出て、小谷温泉から乙見峠への林道を登山口に向かう。登山道は左下がりの斜面を横切っていくが、ブナやトチの大木のある深い森は、緑色で埋まっている。右に折れた所にあるブナの大木は健在だし、その先には、直径1m以上もあるブナの倒木もある。ブナ林の中を歩くこと1時間程で小さな広場の水場に着く。飲める類いの水場ではないが、今もちょろちょろと流れている。

火打山から望む金山

アップダウンを繰り返して頂上へ

天狗原山までの道のりは長い。稜線には何カ所も小さな湿地があるが、春先には水芭蕉が咲く。登山道は大きくアップダウンを繰り返すが、今度は深くV字に掘れた沢の中を歩く。降雨時には水路になるので深く浸食されているのだ。一旦大きく下り、崩落跡のある斜面を右、左と上がると南側の展望が開ける。陽当たりの良い南斜面には、トリカブトやフジアザミが咲いている。斜面のピークから尾根伝いに進むと天狗原山の頂上に出る。夏には高山植物のお花畑が広がる所だ。右側には裏金山谷を挟んで妙高山、火打山、焼山が見え、左には後立山連峰が見渡せる。天狗原山頂近くには、お花畑に中に白い小さな地蔵様があるが、周りの様子とマッチしてとても可愛い。ここまで登山口から約4時間。この山は奥が深い。金山はさらに先、一旦大きく下ってから上り返す。鞍部から神の田圃に上がるとようやくハクサンコザクラの花が見え始める。高山植物が群生する斜面を上がると金山の頂上に着く。

(※登山日が古いので変化が予想されます)

ブナの大木

天狗原山から金山を望む(右は焼山)

天狗原山から後立山連峰を望む

登山口の様子

立ち寄り湯　深山の湯　北安曇郡小谷村小谷1861-1　☎0261-71-6000　営 10:00〜21:00　休 水曜日　料 660円

てんぐはら・かなやま
天狗原山
2,197M
金山
2,245M
花の楽園・ブナの森
頂上の展望なし
金山、ここまで4:40
2245m
200m下ると雨飾山が見える
焼山火打山の展望良い
お畑が続く
稜線の東側を歩く
雪渓が残る
神の田圃
お花畑
ハクサンコザクラ
トラバース歩行注意!
おそくまで雪渓が残る
一担大きく下り再び上り返す
ここまで4:00
天狗原山 2197m
お花畑の中に小さなお地蔵様
お花畑が美しいヨ
展望良い
ナナカマド
シラビソの林
雨飾山
左の樹間に雨飾山が見える
岩の急斜面
展望が開ける(浅間山、黒姫山、槍ヶ岳など)
笹の斜面を左に横切り緩く上がる
コル・ここまで林の中の尾根上を下る
ゴゼンタチバナ、マイヅルソウ
倒木
尾根伝いに斜面ピークから下る
斜面のピーク
はしご
地面露出、ロープのある急斜面下り注意
草の斜面を左にトラバース
崩壊地
トリカブト群生地
ザラ地、ロープあり、下り滑落注意
ここで斜面に取り付く
湿地のある凹んだ地形
正面に斜面が見える
カンバ、コメツガ、シラビソ
根の階段のある急登100m
丸太2本のある湿地
雪
はしご
乗越
深さ1〜5m狭く滑るので注意!!
おそくまで雪が残る
V字の深い沢の中を歩く
左の深い沢の右を50m急登
倒れたカンバの木をくぐって下る
ここまで岩場から緩い下り
垂直の岩場、僅か開ける
ゴヨウマツ
50mステップのある急登
10m下り、小沢をわたる
快適な尾根道
倒木
渇水注意
広場左に水場
水
湿地に巨大なミズバショウの葉
水場・ここまで1:10
1mのブナ
ブナ林の中の急登100m
20m下り、右に古株、ミズバショウの湿地
平坦に近い地形
槍・鹿島見える
直径1m以上の古倒木
ブナ林
直径2m程コース最大のブナ
ゆっくりと…ブナの林を楽しむ
大木のあるブナ林
深い
倒木
金山登山口
駐車場の20m先
妙高小谷林道
路肩駐車場5〜6台
小谷温泉へ4.1Km
妙高・笹ヶ峰へ
ゆた
きた
方位

コースタイム

上り:1時間30分　下り:1時間10分

［上り］関田峠（1時間）→黒倉山（30分）→鍋倉山頂上

［下り］鍋倉山頂上(50分)→黒倉山(20分)→関田峠

参考地図

【2万5千分の1地形図】野沢温泉

秋の登山道

12 鍋倉山

なべくらやま

飯山市

1,288m

グレーディング

対象外

初級

見どころ

- 巨木の森と豪雪で曲がったブナの木々
- 新緑と紅葉、茶屋池周辺の風景
- 春先のサンショウウオの卵

見どころ満載の山

長野と新潟の県境に位置する標高1000m前後の関田《せきだ》山脈の尾根上には、南の斑尾山から北の天水山まで全長80kmにおよぶロングトレイルが整備され、区間を何日かに分けて踏破する登山者が増えているようだ。そのトレイルの中間辺りにある山脈の主峰が鍋倉山で、登山者の多くは関田峠から登山している。鍋倉山はブナの山として知られ、東側斜面には森太郎に代表される「巨木の森」があるほか、稜線にも見事なブナ林がある。ブナの木々は、豪雪によって幹枝が奇妙複雑に曲がり、登山道に倒れかかっているものもある。春先には鮮やかな新緑や、根元の雪が丸く溶ける「根開き」の様子を求めて、カメラマンや登山者で賑わう。

5月連休頃までなら、スノーシューでブナ林の斜面を直登して登頂できる楽しみもある。秋には山の斜面全体が赤茶色に紅葉して見事だし、茶屋池に映る木々や登山道に積もった落ち葉も見応えがある。

ブナの話

信州いいやま観光局の資料によると、ブナは特に日本海側の多雪地帯に多い木だが、大して珍しい植物ではなく、また、木材としてもヒビやネジレが生じやすく、建材などには不向きで「役に立たない木」とされ、昭和30～40年代にかけて盛んに伐採されたが、ここ鍋倉山麓では住民の努力によって過度な伐採を免れた。その後、1986（昭和61）年頃に鍋倉山国有林のブナ伐採計画が持ち上がったが、開発に反対の市民らによる自然保護運動によって、鍋倉の美しいブナ林は守られ今日に至っているのだそうだ。

登山口は関田峠

関田峠の駐車場には、新潟ナンバーの車の方が多い。幅2m以上もある登山道に入るとすぐにブナのトンネルになる。株分かれしているブナの幹枝は見事なくらいに変形している。一旦10m程急に下ると今度は大きなブナ林に入るが、この道の様子が、とても気持ちよく感じる。やや下り気味に進むと筒方峠。左の林中に15m×10m位の池がある。春先にはクロサンショウウオの白い卵がいくつも浮いている。筒方峠の太い杉の左側を通り、坂を上がった先の小さな切り開きからは日本海も望める。登山道には左右からブナの木が倒れかかってきているので、避けたり跨いで通る。

黒倉山から頂上へ

ブナのトンネルをくぐり10m程の急坂を上った所が黒倉山だが、以前あった子安神社への道は雑木に埋もれてしまっている。黒倉山頂上は直径5～6mの円形の平地で、展望は望めないが休憩には適地だ。ただ標柱にある標高がそれぞれ異なっていてどれが正しいのか分からない。1m幅の道を150m程下って左に直角に曲がると50m程でY字路になるので、右の林に入る。二重稜線の鞍部の湿地を通り、急斜面を上がって快適な尾根道を進むと僅かで頂上に着く。小木の藪が石祠と二等三角点を取り囲んでいるだけの地味な頂上で、展望は望めないが。南側の30m程先には小さな切り開きがあって、逆光だが飯山市街と蛇行する千曲川が光り岩菅山なども見える。ただ春先の積雪のある時期に来ると大きく展望が開ける。

森太郎の前で

ブナの林を歩く

ブナの根開きと新緑

田茂木池から望む春の鍋倉山

紅葉した森太郎

立ち寄り湯　いいやま湯滝温泉　飯山市一山川押1898　☎0269-65-3454　営 10:00～21:00　休 火曜日　料 510円

飯山
鍋倉山
1,288m
関田峠からブナの尾根を歩いて
ホーイ
N
ユキツバキ
ユキツバキ
南側 飯山市街、千曲川が見える
↑至小沢峠へ3.1km.
鍋倉山
1288m
小木の藪が二等三角点と石祠を囲んでいる
冬期、スノーシューでこの斜面が歩ける
切り開きから火打山、妙高山が見える
冬、雪で藪が埋まって展望が大きく開ける
北側斜面はぬかるみで滑り易い
核心部、地形を楽しむ
湿地のあるU字形地形、二重稜線
左に下る
鍋倉山0.4km、黒倉山0.2km
遅くまで雪渓が残る
久々野峠
ブナの斜面を歩いて巨木の森へ1.3km
平坦40m
久々野峠へ約100m急な下り
200m
黒倉山頂 1242m
関田峠 2.2km
鍋倉山 0.6km
(頂上休憩適地)
黒倉山
1242m
黒倉山
1242m
林中に池がある
平坦な道
現在入口は藪化
150m
子安神社の石祠があるが 現在は藪となって通行できない
10m程下りがある
平坦で快適な尾根道
樹間から頂上が見える
傾いた木が道に倒れている
ブナのトンネル
所々に湿地がある
ブナが右側に傾いている
切り開きから日本海見える
70m程緩い下り.
小さいのっこし
斜面を上がる
大きな一本杉
春先サンショウウオの卵が見られる
林中の小さい池
高方峠
高方峠
関田峠 0.9km
黒倉山 1.3km
100m
茶屋池0.3km 関田峠0.8km 黒倉山1.4km
曲ったブナの木
鍋倉山 頂上
↑0:30 ↓0:20
黒倉山
↑1:00 ↓0:40
関田峠登山口
コースタイム
茶屋池周辺にはブナ林が広がる
ブナに囲まれた休憩地
池まで300m
茶屋池分岐
幅広い快適な道
500m
あき地 休憩に適地
関田のブナが池面に映って美しい
至飯山市内
池まで300m
分岐
茶屋池0.3km、関田峠0.3km 黒倉山9km
きれいなブナ林
茶屋池
茶屋池ハウス
(トイレ)
P
平らな草地
300m
10m程急に下る
株立ちのブナに囲まれた幅広い道
あずまや
遊歩道
関道記念碑
登山口
茶屋池周遊コース
入口
P
峠に5~6台の駐車スペース
関田峠
(森林浴が楽しめる)
(信越トレイル関田峠)
石祠
(注)道路の冬期閉鎖 11月中旬から5月末
遊歩道ブナ林コース 0.8km
梨平峠へ1.7km
至光ヶ原高原
登山口の案内標柱
4-14
関田峠
↑
鍋倉山 2.8km
林野庁
ゆたか

13-1

斑尾山

まらだおさん

中野市・信濃町

菅川コース
荒瀬原コース

1,382m

グレーディング

● 対象外
初級

見どころ

- 大明神岳からの展望
- 「薬師様は十三体」の伝説のある石祠
- 頂上付近のブナの芽吹き、紅葉

かすれてしまった標識

快適な登山道

コースタイム

上り:①1時間45分　②1時間50分　下り:①1時間20分　②1時間25分

[上り] ①荒瀬原林道登山口(25分)→釜石山(1時間10分)→大明神岳(10分)→斑尾山頂上
②菅川登山口(30分)→釜石山(1時間10分)→大明神岳(10分)→斑尾山頂上

[下り] ①斑尾山頂上(5分)→大明神岳(55分)→釜石山(20分)→荒瀬原登山口
②斑尾山頂上(5分)→大明神岳(55分)→釜石山(25分)→菅川登山口

参考地図

【2万5千分の1地形図】**飯山・替佐**

菅川コースを歩いて釜石山へ

北信五岳の斑尾山。他の四山に比べるとやや見劣りがするが、それでも五岳に入っているということは、それなりに理由があるのだろう。以前に荒瀬原コースと大池コースを歩いたので、4月中旬、野尻湖西端の菅川からのコースを歩いた。菅川地区の湖畔沿いの交差点に「斑尾山頂約3.6㎞」の標識があるが、このコースは大分上まで林道が通っている。春先、平地のフキノトウは頭立ちしているというのに林道脇には、黄緑色の美味しそうなのが群生している。登山口から樹林帯をジグザグに上がって尾根上で釜石山の三叉路に出ると、正面からは荒瀬原からのコースが上がってきている。標識には「二合目、釜石山、標高1020m、頂上まで1.8㎞」とある。

雪渓が残る尾根道を歩く

尾根上は里山らしくナラ、クリ、シラカバなどの落葉樹で林床は腰高の笹で覆われている。思いの外残雪が少なかった4月中旬、それでも尾根の所々には乳牛のようなまだら模様の雪渓が残っている。雪はザクザクと腐っているが、大明神岳の南斜面に残雪はなく、雪を踏まずにピークに着いた。大明神岳の頂上では南西側が切り開かれていて、天気が良ければ眼下に野尻湖、正面に黒姫山や妙高山が見え、快晴だと北アルプス、中ア、南ア、八ケ岳などの山々まで見渡すことができる。

大明神岳にて後方は野尻湖

頂上までは痩せ尾根を真っ直ぐ

大明神岳から斑尾山の頂上までブナの木を見ながら残雪の上を歩く。さすがに頂上はまだまだ1m近い残雪が残っている。頂上の見所の一つでもある「薬師様は十三体」の石祠は、不思議なことにその周りだけ雪解けしている。頂上では展望はあまり望めないが、ブナの木々が頂上の雰囲気を良くしている。展望を楽しみたければ大明神岳まで戻って休憩してもいい。きれいで柔らかなフキノトウを袋一杯収穫、フキ味噌を作ったり、天ぷらでも良いがそれでもまだ余るくらいの大量だ。

薬師様は十三体の石祠

フキノトウ

稜線出合いの釜石山

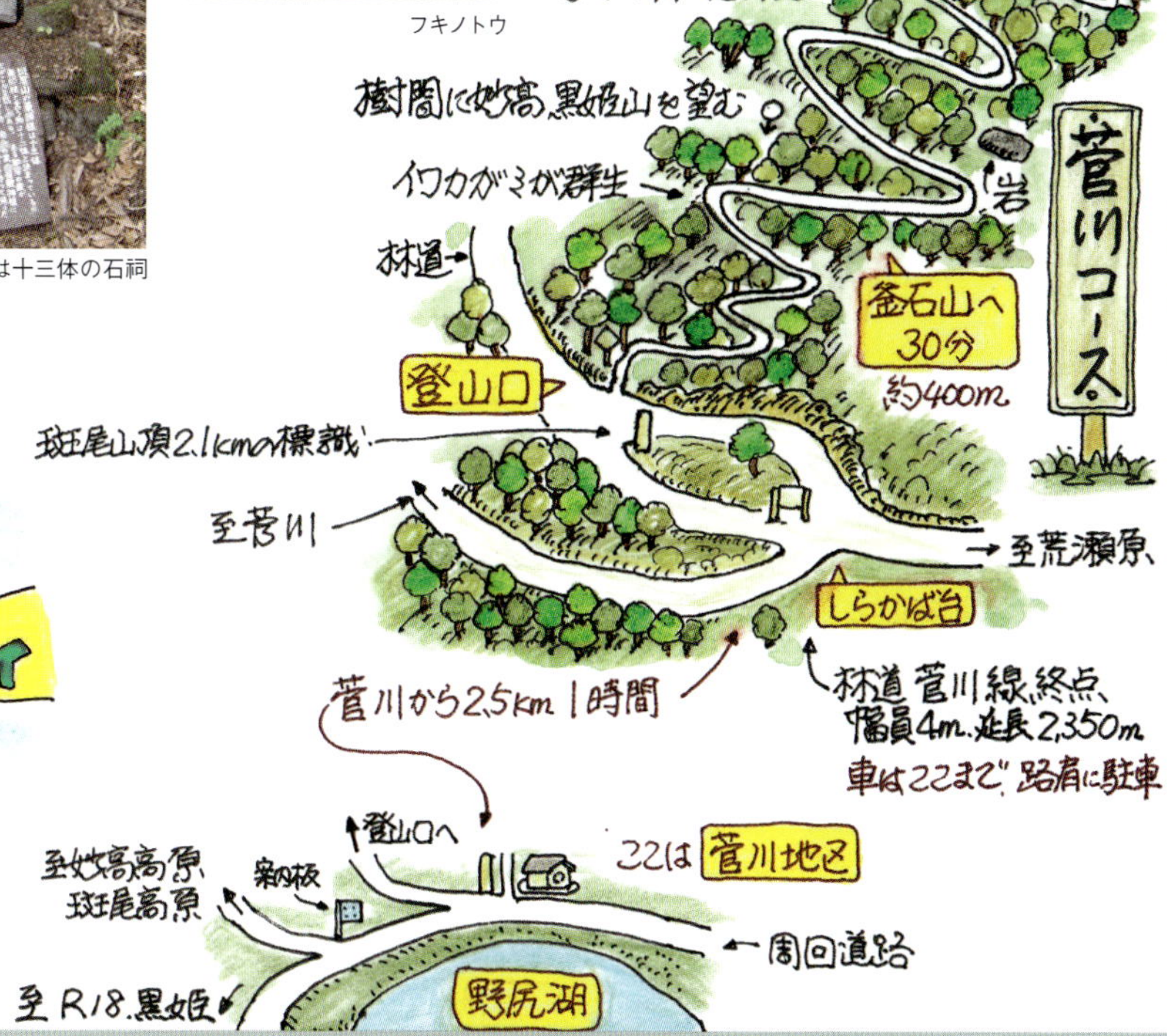

立ち寄り湯　まだらおの湯　中野市永江8156-649　☎0269-38-3000　営 10:00～20:00　休 火曜日　料 450円（10:00～17:00）250円（17:00～

コースタイム

上り:50分　下り:40分

［上り］大池登山口（30分）→稜線（20分）→斑尾山頂上

［下り］斑尾山頂上（25分）→稜線（15分）→大池登山口

参考地図

【2万5千分の1地形図】**飯山・替佐**

ブナに食べられた標識

13-2

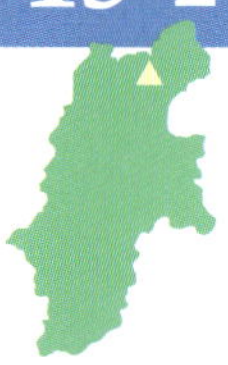

斑尾山《まらだおさん》

中野市・信濃町

南尾根（大池）コース

1,382m

グレーディング

●対象外
初級

見どころ

- 稜線までの急な登山道
- 稜線のブナ林の雰囲気
- 「薬師様は十三体」の伝説のある石祠

快適なブナ林の登山道

若穂太郎山から望む斑尾山

雑木のトンネルを上がる

登山口の様子

ハシバミの実

登山口から稜線まで急登が続く

旧豊田村（現中野市）の涌井地区は蕎麦がおいしいことで知られる地区だが、南尾根（大池）コース登山口はこの涌井地区上部にある中野消防団第11分団の消防器具置き場の前の道を北に入り、豊田スキー場跡を横切って500m程進んだ先にある。車は少し広い路肩に駐車する。道路脇がすぐ登山口で「斑尾山1.5㎞」の標識が立っている。

このコースは、丸木の階段を上がってすぐに急登が始まるが、稜線に出れば頂上までは短距離だ。登山道は斜面に取り付くなり、すぐにアキレス腱が伸びきってしまうような急な上りになるので、登山前にストレッチしなくても良さそうだが、逆に下りではスリップに注意が必要だ。急斜面は、左側がシラカバ混じりの雑木林で、右側は下から順に杉林、カラマツ林、ブナ林と段々になっている。道筋は稜線まで、ほぼ真っ直ぐ上がっている。稜線に出たら右に、頂上まで快適なブナ林が続いている。

山紫水明の「故郷」の山

唱歌「故郷」などの作詞で知られる高野辰之氏は　旧豊田村永江地区出身の国文学者だが、この「故郷」の歌詞で「♪兎追いし　かの山　小鮒釣りし　かの川」は斑尾山の麓の永江地区の様子を歌っているそうで、「かの山」は熊坂山や大平山等と言われ、「かの川」は斑尾山東麓の大池から流れる斑川と言われているが、いずれにしても、のどかで山紫水明の山村の様子が感じられる。北側はスキー場やリゾート地に開発されたが、南側や東側斜面は開発を逃れている。斑尾山は、秋が断然お薦めで、快晴の日にブナの紅葉を見に行きたい故郷の山だ。

残雪が残る
早春の登山道を行く

頂上の標識

立ち寄り湯　まだらおの湯　中野市永江8156-649　☎0269-38-3000　営 10:00～20:00　休 火曜日　料 450円（10:00～17:00）　250円（17:00～）

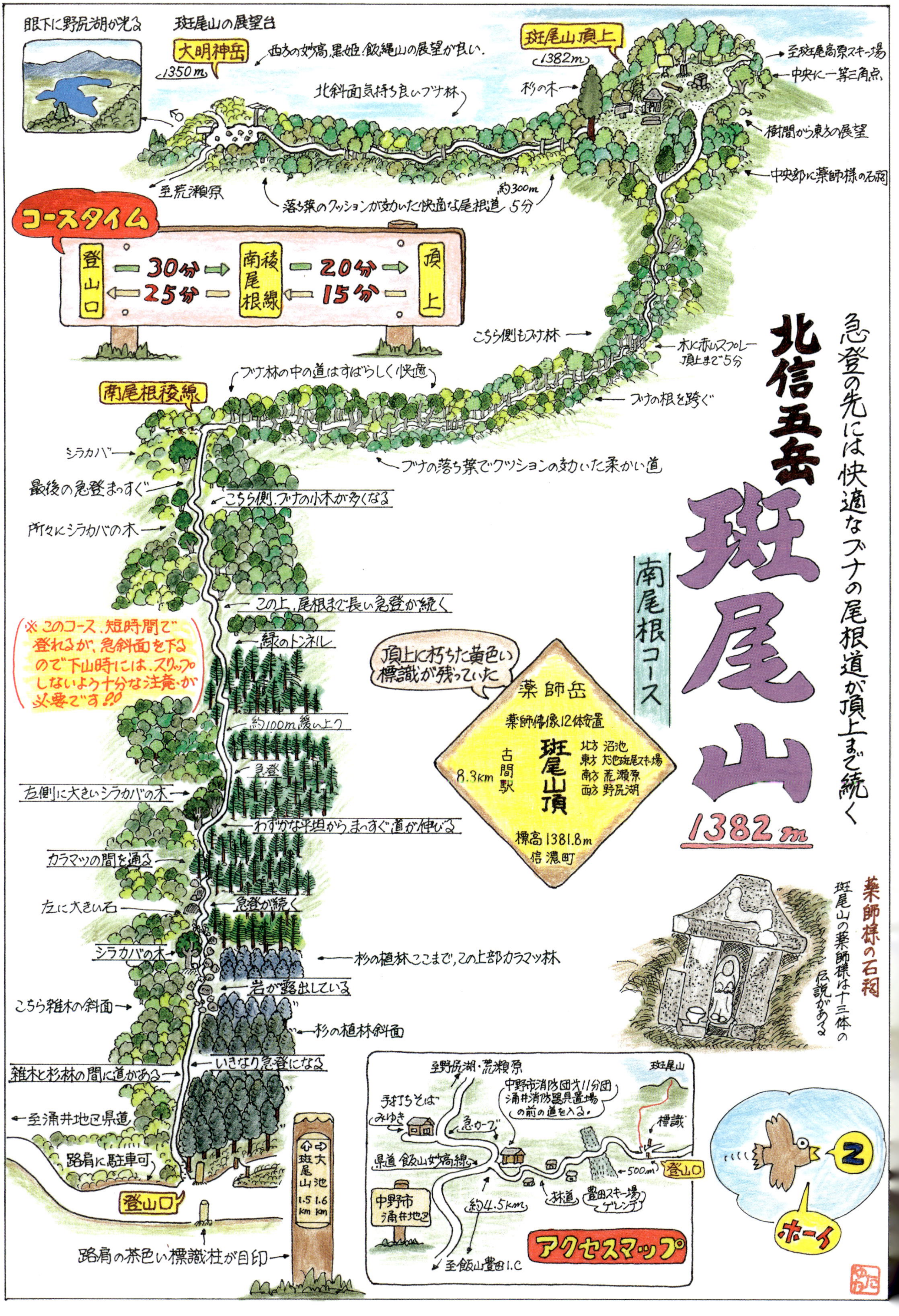
北信五岳
斑尾山
1382m
急登の先には快適なブナの尾根道が頂上まで続く
南尾根コース
コースタイム
登山口
30分
25分
南尾根稜線
20分
15分
頂上
眼下に野尻湖が光る
斑尾山の展望台
大明神岳
1350m
西方の妙高、黒姫、飯縄山の展望が良い。
斑尾山頂上
1382m
至斑尾高原スキー場
中央に一等三角点
杉の木
北斜面気持ち良いブナ林
樹間から東方の展望
中央部に薬師様の石祠
至荒瀬原
約300m 5分
落ち葉のクッションが効いた快適な尾根道
こちら側もブナ林
木に赤いスプレー 頂上まで5分
ブナ林の中の道はすばらしく快適
南尾根稜線
ブナの根を跨ぐ
シラカバ
最後の急登まっすぐ
ブナの落ち葉でクッションの効いた柔かい道
こちら側、ブナの小木が多くなる
所々にシラカバの木
この上、尾根まで長い急登が続く
※このコース、短時間で登れるが、急斜面を下るので下山時には、スリップしないよう十分な注意が必要です!!
緑のトンネル
頂上に朽ちた黄色い標識が残っていた
薬師岳
薬師佛像12体安置
斑尾山頂
古間駅 8.3km
北方 沼池
東方 大池斑尾スキー場
南方 荒瀬原
西方 野尻湖
標高1381.8m
信濃町
約100m緩い上り
急登
左側に大きいシラカバの木
わずかな平坦から、まっすぐ道が伸びる
カラマツの間を通る
左に大きい石
急登が続く
薬師様の石祠
斑尾山の薬師様は十三体の伝説がある
シラカバの木
杉の植林ここまで、この上部カラマツ林
岩が露出している
こちら雑木の斜面
杉の植林斜面
いきなり急登になる
雑木と杉林の間に道がある
至涌井地区県道
路肩に駐車可
登山口
路肩の茶色い標識柱が目印
斑尾山 1.5km
大池 1.6km
至野尻湖・荒瀬原
手打ちそば みゆき
急カーブ
中野市消防団第11分団 涌井消防器具置場の前の道を入る。
斑尾山
標識
県道 飯山妙高線
500m
登山口
中野市 涌井地区
約4.5km
林道
豊田スキー場 ゲレンデ
アクセスマップ
至飯山豊田I.C
ホーイ
2

コースタイム

上り:2時間40分　下り:2時間5分

［上り］谷厳寺登山口（1時間）→観音菩薩（30分）→土用場（40分）→薬師岩（30分）→高社山頂上

［下り］高社山頂上（25分）→薬師岩（1時間40分）→谷厳寺登山口

参考地図

【2万5千分の1地形図】**夜間瀬・替佐**

14-1

高社山

こうしゃさん

中野市・山ノ内町・木島平村

谷厳寺コース

1,352m

グレーディング

●対象外
初級

見どころ

- 薬師岩の岩屋とヒカリゴケ
- 春のタムシバ、ヤマザクラ、カタクリ、ムラサキヤシオツツジ
- 頂上からの展望

十三仏が祀られている谷厳寺コース

　谷厳寺コースの登山口は、寺に向かって右側の農道を入り、左手の墓地の中を通って寺の裏手の畑に出る。車は寺の駐車場をお借りする。不動明王の石仏をみて直進し小尾根に取り付くと左手に金色の巨大な仏像が立ち並んでいるのに驚く。忠魂碑の建つ広場を過ぎた釈迦如来の石祠の先で動物避けの電気柵のゲートを開けて登山道に入り、緩い傾斜で上がっていく。杉やカラマツ林を抜けると文殊菩薩、その先の「天狗の飛び石」の大岩の上には普賢菩薩が祀られ、飛び石には天狗の足跡と謂われのある凹みがあるなど、ここの登山道には適当な間隔で十三仏が祀られている。地蔵、薬師、観音菩薩と続くが、観音菩薩横のベンチで一休みする。中尾根から擬木の階段を上がると三本松があるが、既にマツクイムシの被害で枯れている。勢至菩薩を過ぎ、右下がりの斜面を100m程トラバースすると土用場（胴結場）の広場に着く。聞く所によると戦時中はここを畑として耕作し作物を作ったそうだ。水は木島平側に100m程下った所に一杯清水という水場あって、昔は飲めたらしいが、現在はヌタ場と化している。

薬師岩でヒカリゴケを見て

　登山道を辿った先の左上に薬師岩の洞穴がある。岩を刳《く》り貫き、間口2間半、6畳程の土間の奥に囲いをし、奉納の幕をさげた高杜《たかもり》神社奥社に薬師様が祀ってある。高社山は古くから修験の山として多くの修験者たちの修行の場所でもあり、洞窟などにその修行の一端を垣間見ることができる。洞窟の右奥の地面にはヒカリゴケがあるが、小さな岩穴を覗かなくてもすぐ足元に見ることができるのが驚きだ。この洞窟で、高杜神社の氏子の皆さんの開山祭に同席させてもらったが、もう懐かしい昔の話だ。

　薬師岩の前の踏み跡をたどると、南側の展望が大きく開ける。岩場には赤い小さな鳥居と「御大禮奉祝登山記念ノ碑・大正4年11月10日」の石塔がある。教えてもらわなければ通り過ぎてしまう所だ。薬師岩の脇からクサリのある岩場を登り、一旦鞍部に下り、150mほど急斜面をジグザグに上る。北側斜面はブナ林だが、植生がここで分かれているそうだ。ブナ林の斜面を抜けた所が西峰頂上の赤岩の御嶽で、1m以上ある大きな石祠が祀ってある。ここから200m程、弓なりに緩く下って上がると東峰に着く。

山ノ内町を望む

大きな岩の上にある普賢菩薩

洞窟の高杜神社奥社

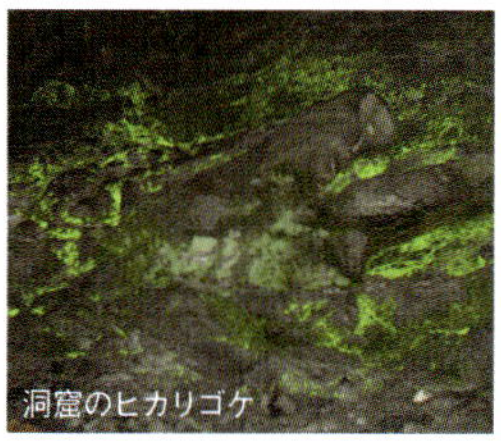

洞窟のヒカリゴケ

登山口にある谷厳寺

御嶽信仰の大きな石祠

文殊菩薩

北信濃を見下ろす信仰の山へ
こうしゃさん 谷厳寺から登る
高社山
(高井富士)
1,352m
北アルプス、北信五岳の展望。
高社山頂上 1351.5m
石祠や記念柱がある。
大きな石の祠がある。高社山の肩のピーク古来高社山と呼ばれた
御嶽神社
稜線北側の急斜面は大きなブナの斜面。約150m急登する。古いロープあるが、ジグザグに上ると楽!
至よませスキー場
展望よい
頂上は中野市・山ノ内町・木島平村に接しています。
(ヒカリゴケ自生地)
高杜《たかもり》神社奥社
岩室
大きな岩窟に薬師を祀る
尾根上の平地にヒノキ3本と石祠がある
八幡神
7m程のクサリ場あり
南側の展望開ける
奉納御大典記念の記念石柱。
ムラサキヤシオツツジ
コブに穴のあいた大きなブナの木
岩屋にあった案内板
岩室(岩屋)
奈良平安の昔から、高社山そのものを神体として崇め、薬師如来を祀り、岩屋を奥の院とした。明治初めの廃仏棄釈の難に遭い、登山道に建てられていた石仏たちもこわされ、辛うじて薬師本尊は谷厳寺に安置され、六十年に一度開帳されるという。今は高杜神社奥宮とし小名彦名尊、大国主尊を祀る。
明治の初め御嶽行者の努力による。
岩室が今日のように広げられたのは
十本杉は岩室の岩盤上に生えたもの。
昭和五十九年六月三日
胴結場《どようば》とも
阿弥陀如来、阿閦如来、大日如来の石祠がある
至木島平村
下り。
土用場
広場・休憩適地
一杯清水
現在はヌタ場
ヒノキ
ブナ
急坂
急坂
イワカガミ
シラカバ
左の尾根上に古い石祠が見られる
赤岩近道とあるが通ったことなし。
こちら側に大きなブナの木
岩室の様子
奉納
(高杜神社奥社)
この奥にヒカリゴケ
岩の上に勢至菩薩
左右に踏み跡
中尾根 急坂を上がる
イワカガミが群生
三本松 一本は既に枯れている。
ここの10m程、石が露出
擬木の階段、だんだん急になる
カラマツ
杉林
観音菩薩
観音菩薩
ベンチあり、休憩適地
少し掘れた急坂
※立ち木に頭をぶつけないように!
左に薬師如来
石が露出し急坂になる
擬木の階段がある(この上部に多い)
杉林
右に地蔵菩薩
飛び石
美しいたかやしろは、古くから信仰の山でもあった。高杜薬師、赤岩のお薬師様の名は北信一帯に親しまれている。お山の薬師様、その守護神である天狗様、御岳様が祀られている。殊に、変幻自在の天狗様の伝説が里人に語りつがれている。流僧坊大天狗は岩から生まれ(われ石)、岩で滑り(すべり岩)、岩から飛んで(とび石)、むこうのお山の大岩に抱きついて(だき岩)、もう一つ飛んで天狗岩まで飛びついた。今も飛び石には、天狗の足形、だき石には手形が残っていると言われる
大きい岩のかたまりが出現する。
飛び石
凹んだ天狗の足形がある
大石の上には普賢菩薩がある
高社山 地元では、親しみを込めてたかやしろとも呼ばれています。
忠魂碑の前にある歌碑
かざりなきせにのこさんと国のため たおれし人の名をぞとどむる
文珠菩薩
平坦に近い緩い上り
イノシシ、クマよけ電気柵(線をはずして通る)
左に忠魂碑がある
釈迦如来の石祠
不動明王など5m程もある金色の仏像がいくつもある
杉林
大きなお寺
谷厳寺
開けた草地のまん中に不動明王の石祠と、登山道十三仏復元事業記念碑平成23年11月入魂の石碑がある。
登山口 墓地の間を入る。標識あり。
駐車場
P
登山口の石柱
至中野市内
至飯山市
至高杜神社。
コースタイム
高社山頂上
0:30 0:20
高杜神社奥社
0:40 0:30
土用場(胴結場)
1:30 1:10
登山口(墓地入口)
ホーイ
Y.NAKAJIMA
※地理不案内の方は、カーナビで谷厳寺(こくごんじ)を検索又は、地元の人に聞いて下さい。

コースタイム

上り:1時間30分　下り:1時間15分

［上り］夜間瀬スキー場下部（1時間）→スキー場上部（30分）→高社山頂上

［下り］高社山頂上（25分）→スキー場上部（50分）→夜間瀬スキー場下部

参考地図

【2万5千分の1地形図】**夜間瀬・替佐**

14-2

高社山

こうしゃさん

中野市・山ノ内町・木島平村

よませスキー場コース

1,352m

グレーディング

●対象外
初級

見どころ

- スキー場のゲレンデ歩き
- 頂上からの展望
- 春先のタムシバやカタクリなどの草花、紅葉

主な登山コースは3コース

高社山は北信地方の至る所から見える、とても存在感のある山である。独立峰で結構高く見えるが標高は1352mしかない。山は見る方角からそれぞれ形が異なるものだが、特に南側からは稜線が左右に大きく広がって見える。地元では親しみを込めて「たかやしろ」とか「高井富士」とも呼ばれているが、修験者の修行の山としても知られている。登山道は、中野市の谷厳寺《こくごん》からの西尾根コースと、北斜面の木島平スキー場からのコース、そして南斜面で日当たりが良く短時間で登頂できるよませスキー場コースがあり、よませスキー場コースは毎年、越年登山が行われている。

リフト終点まで小一時間

車はゲレンデ下の空き地に停める。冬場ならリフトで終点まで10分前後で上がれるが、特に夏から秋で雑草が刈られていない時には、斜面の踏み跡をたどることになる。ゲレンデの真ん中辺りを小さくジグザグ折れ、何度か水平の作業道を横切りながら上がるが、雪のないゲレンデは結構斜面が急で、直登するとなるとすぐに息切れしてしまう。リフト終点は近くに見えるが、一生懸命歩いても小一時間かかる。しかしこのコースなら、雪のある冬場でも天気が良ければスノーシュー利用で、快適な登山ができそうだ。

北信五岳が望める

ゲレンデ上部に出たら僅か右側から斜面を上がり、低木の雑木林の中を上がって稜線に取り付くと東峰頂上までは30分程。春先、周辺にはタムシバやムラサキヤシオツツジ、ヤマザクラ、カタクリなどが咲いている。頂上には二等三角点や石祠、高社山越年登山35周年の記念碑などがあるが、風を避けるような場所がないので強風や雨天時は注意が必要だ。以前あった展望櫓は老朽のため取り壊されたが、眼下に山ノ内町、中野市、飯山市街地のほか、志賀高原の山並みや根子岳、四阿山まで見渡せ、西方には斑尾山から妙高山など北信五岳が望める。

※鳥居は現在ありません。

よませスキー場のゲレンデを歩く

頂上から山ノ内町を望む

石祠や三角点のある頂上

一枚岩

冬の高社山

立ち寄り湯　長嶺温泉　中野市田麦338　☎0269-26-1010　営 10:00～22:00　休 無休　料 400円

中野
高社山
こうしゃさん
（高井富士）
1,352m
地元では「たかやしろ」と呼ばれる好展望の山へ
よませスキー場のゲレンデから登る
ホーイ
高社山頂上 1351.5m
北アルプスの展望開ける
以前は、ここにやぐらがあった
昭和大禮記念塔、2等三角点あり
至木島平
至西峰・谷厳寺
方位盤、越年登山記念碑あり
長野市方面の展望開ける
岩のある少し急で掘れた道
低木林の中を通って頂上へ
平らな小さい広場、ヘリ活用可能
一枚岩
高心霊神の石祠がある
岩の下も上も展望が良い
鳥居
小さい鳥居をくぐる
立ち木に赤い標識がある
46の境界見出標
境界見出標 宇木区四五ー一
ここで稜線に出る
低木林の中を通る
正面に崩落斜面がある
左へ回り込む
アンテナ
リフト終点
広場
上部は急傾斜になる
下山時スリップ注意!
作業道がゲレンデを横切る
リフト終点
草が茂っているので踏み跡をたどる
崩落あり
よませスキー場のゲレンデ内をまっすぐ上がる
志賀高原カントリークラブ
リフト終点
リフト乗り場
ゲレンデ
リフト乗り場
登山口
廃屋
P
リフト終点
（ゲレンデ）
頂上
25分
30分
リフト終点
45分
55分
登山口
コースタイム
アクセスマップ
高社山
登山口
よませスキー場
長野電鉄山ノ内線
至信州中野
夜間瀬川
スキー場入口
至北志賀木島平
よませ駅
夜間瀬橋
至中野
至湯田中
至志賀高原・渋温泉

コースタイム

上り:4時間45分　下り:3時間35分（屋敷登山口まで）

［上り］ムジナ平登山口（1時間20分）→万仏岩（2時間）→白嵓の頭（1時間20分）→頂上手前分岐（5分）→鳥甲山頂上

［下り］鳥甲山頂上（35分）→赤嵓頂上（1時間30分）→屋敷山鞍部（1時間30分）→屋敷登山口（1時間30分）→ムジナ平登山口

参考地図

【2万5千分の1地形図】鳥甲山・切明

15 鳥甲山

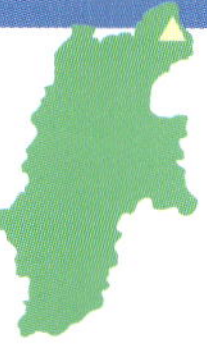

とりかぶとやま

栄村

万仏岩の岩場

ブナ林の急斜面を上がる

10年数年ぶりに鳥甲山へ。今年は空梅雨らしく雨がなく当日も好天で念願が叶った。お隣の苗場山には何度も登っているのに鳥甲山は、厳しい岩稜歩きで距離も長く、前回多数の蛇に驚かされたこともあって足が遠のいていた。コースは前回と同じだが、今回狢《むじな》平と屋敷両登山口間の約5.4㎞は歩きだ。ムジナ平には、10台以上の駐車が可能で案内板や登山者カード入れがある。6月・7月は虫除けネットがあると便利だ。ブナの新緑と青空を仰いで、草茫々の道を200m程入るとブナ林になる。斜面を15分程上がった平地の左の踏み跡を30m程入ると水場がある。太さが1m程のブナの大木を見て急斜面を上がる。木々の成長で以前のような展望はないが、それでも高木の切れ間から谷を隔てて苗場山が見え、左に上がり稜線に出ると南側に焼額山や裏岩菅山が望める。

カミソリの刃

頂上からカミソリの刃方向を望む

ブナの木

コースは険しく急峻

ブナのある斜面を上がると、アルミのハシゴとクサリがある万仏岩の岩稜が出現するが、やや左側からクサリを利用して上がる。稜線の登山道は傾斜が急で幅狭く、しかもアップダウンしていて、特に東側の絶壁はブッシュの隙間から下方が透けて見えるから気が抜けない。踏み外したり、つまずいたりしたら命取りになるが、その割に事故はない。稜線からは苗場山や佐武流山など奥志賀の山々が見渡せる。

スリルがあって面白い

カミソリの刃は、幅40～50㎝の痩せた岩稜で、東側がスパッと垂直に切れ落ちているが、左脇に樹木がある分、恐怖感は少ない。距離は僅かだがかなりの高度感なのでクサリを掴んで慎重に下る。続いて正面に尖った岩場が出現するが、中段をトラバースして鞍部に下る。鞍部から振り返ると急峻な岩峰の様子がよくわかる。岩場には白花のイワカガミが群生している。鞍部からはダケカンバの大木を見て、背丈以上の笹の急斜面を上り、アップダウンを続けて屋敷への分岐に出たら頂上は左に200m、5分程。頂上部には二等三角点と50個程の岩石が露出している。コメツガやシラビソの樹間から妙高や槍ヶ岳などの展望が開ける。

長い下りで膝はガクガクに

快適な稜線をいいペースで下っていくと赤嵓《あかくら》の頭も何時の間にか通過してしまう。6月には残雪が残り、脇にはシラネアオイ、ツバメオモト、イワカガミ、ミツバオウレンなどが見られる。新緑に加えて花も多い。この時期の山もなかなか良い。下りは右側斜面に転落しないように注意する。稜線から左側に外れ、赤嵓の肩の標識からはほぼ真っ直ぐに1時間程下る。急で距離も長いので膝がガクガクしてくる。途中に大きな堰堤が出現し、ブナやトチの大木が見えたら屋敷登山口はすぐ下だ。斜面から湧き出る水をボトルに汲んで、ここからは5.4㎞の道路歩きだが、舗装道路を歩く方が疲れる。

焼額山から鳥甲山を望む

2,037.6m

グレーディング

体力度　1 2 3 **4** 5 6 7 8 9 10

技術的難易度　A B C **D** E

見どころ

- 稜線からの苗場山や秋山郷の展望
- ブナやトチの大木、シラネアオイなどの花
- 稜線に続く岩稜帯

ツバメオモト（上）
イワカガミ（下）

立ち寄り湯

切明温泉　雄川閣　下水内郡栄村堺小赤沢17878-3　☎025-767-2252　営 10:30～19:00　休 第３火曜日　料 500円

上野原温泉　のよさの里　牧之の宿　下水内郡栄村堺18020-49　☎025-767-2345　営 10:00～16:00　休 不定休　料 500円

屋敷側にある大きなえん堤

シラネアオイ

コースタイム

上り:3時間10分　下り:3時間

［上り］三合目登山口（30分）→四合目（20分）→五合目（25分）→六合目（15分）→七合目（20分）→八合目（40分）→九合目（40分）→苗場山頂上

［下り］苗場山頂上（3時間）→三合目登山口（駐車場）

参考地図

【2万5千分の1地形図】苗場山

16

苗場山

なえばさん

栄村

小赤沢コース

2,145m

グレーディング

体力度　1 2 **3** 4 5 6 7 8 9 10

技術的難易度　A **B** C D E

見どころ

- 芽吹きから紅葉までの風景とダケカンバやブナの大木
- 台上の池塘のある風景
- 秋山郷に点在する温泉
- トチ蜜と山菜

山仲間と頂上で

悪天候の中、登山した皆さんと

鳥甲山から苗場山を望む

ハート型の池塘

口をあけた顔

木道を歩いて

登山家大蔵喜福氏と記念に

長野県栄村 秋山郷から登る

苗場山は、昔から農業を司る神として信仰の対象となっているが、その山容は信州側の平地からは見ることができない。山はほぼ南北割で東半分が新潟県南魚沼郡湯沢町分、西半分が長野県下水内《しもみのち》郡栄村分である。登山口は、長野、新潟双方にあるが、最短で上れる小赤沢コースが多く利用されている。ただし、秋山郷自体が、交通の便が余りよろしくないので、関東圏の登山者の多くは、新潟側から難所のない初心者向けの日帰りコースとして人気の祓川《はらいがわ》コースを利用しているようだ。

長野県側からは秋山郷の小赤沢川にかかる短い小赤沢橋の僅か南側から山側に上がり、三合目の登山口まで車で入る。突き当たりには100台以上駐車可能な大駐車場とトイレがある。

一合目毎の標柱を目安に

苗場山というとやはり台上に3000以上もあるといわれる池塘が人気で、「連れてって」というのは圧倒的に女性が多い。小赤沢コースはほとんど危険箇所も無く初心者でも大丈夫。また、三合目から一合目毎に標柱が設置されているから目安になる。（ただし時間は個人差があるので参考程度に）このコースの見所は、奇妙に根が露出したり、根上がりしているヒノキの大木や、これも奇妙に屈曲したダケカンバやブナの大木で、興味を持って見れば見応えがあるはずだ。変化に富んだ登山コースだが、とにかく八合目の標柱まで頑張り、坪場に上がりさえすれば、その先は木道を歩いて快適な散歩が楽しめる。池塘に映る青空と新緑、ワタスゲ、ミヤマイ、草紅葉と、素晴らしい景観が広がる苗場山、ゆっくりと広がる景色を満喫したいものだ。

木道を歩いて頂上へ

広々とした台上の坪場は紅葉真っ盛り。黄金色に輝く草原は白い雲が流れ、青空が池面に映って藍色の池塘になっている。平原の真ん中には木道が長く延び、その先には岩菅山や鳥甲山等が見える。九合目の標識からの200mほどの樹林帯は、ぬかるみと大きな石の凹凸に悪戦苦闘するが、樹林帯を抜けると再びすばらしい展望が広がる。石仏群の脇を通り、丘を越えると山頂はすぐそこ、雑木の小木に囲まれて展望はないが、標柱に寄り添い、百名山登頂を記念してパチリ。帰りには、楽養館で鉄分たっぷりの茶色い温泉に入浴して帰ろうか。

ワタスゲ

立ち寄り湯　小赤沢温泉 楽養館　下水内郡栄村堺小赤沢18210　☎025-767-2297　営 10:00〜18:30　休 水曜日、11月中旬〜4月　料 500円

長野
日本百名山
苗場山
秋山郷小赤沢コースから高層湿原の山へ
2,145m
(台上に広がる池塘の様子)
山頂部の石造物群 苗場山には、水の恵みや五穀豊穣を祈った信仰の歴史がある。山開きは、毎年六月一日に行われる。
苗場山の名の由来 台上の池塘に生える「ミヤマイ」という植物を稲の苗に見立て遠くから見た感じがあたかも田んぼの苗場に見えるからといわれる
苗場山頂上 2,145m (山頂部での展望なし)
苗場山自然体験交流センター (苗場山頂ヒュッテ)
三角点と山頂標柱
至和田小屋
見晴台
大岩にレリーフと役行者の石塔がある
石造物群
至赤湯
池塘のある展望が神秘的ですばらしい
樹林帯、湿地、大岩の凸凹あり
(ぬかるみ多く、滑って歩きにくい 200m)
九合目 2,000m
苗場山1.2km 和山8.2kmの標識
至和山
○好展望 鳥甲山 火打山 妙高山
池塘
湿原のまん中に2条の木道が延びる
平坦で見事な高層湿原が広がっている
標識と板の休憩場所がある
坪場
石祠
木道が始まる
掘れた深い笹の中の道
七合目 1,810m
鎖10m
八合目 1,940m
ここで台上に出る
高木がなく、すばらしい展望が広がる
岩場に長い鎖が連続
六合目 1,750m
岩場がある 下山時スリップに注意!
このあたり、ダケカンバの大木
右方向にトラバース
細い水場、出ていないこともある
小沢
五合目 1,580m
コースタイム
苗場山頂上
0:45 0:35
九合目
2:40 2:10
三合目登山口
ぬかるみに敷いてある輪切りの木 雨天時には、スリップに注意!
四合目の水場
湿地多く滑り易い
湿地あり
丸木の輪切りが敷いてある
小さい池
オオシラビソ、ダケカンバが多い
10m右に小さい沢の水場がある
休憩適地
四合目 1,470m
尾根上に網の目のように根が露出している
根の露出がものすごい (根を踏むと滑るスリップ注意!)
ブナの林
幹の中をくぐる。
根が張り出した木の間を通る。
ここで尾根に出る、ネマガリダケが多い。
三合目 標高1,290m
1m以上の太いブナの木
登山口脇に水場がある。
登山口
トイレ
沢を渡る
(三合目駐車場)
至小赤沢
ホーイ
苗場山
アクセスマップ
登山口
P
M.V
約2km
至上の原
無料駐車場(80台以上)
舗装道路
小赤沢温泉 楽養館(赤湯) A10〜P7 ¥500
諏訪神社
小赤沢川
約4km
小赤沢地区 標高750m
小赤沢橋
R405
至切明温泉 奥志賀高原
至新潟県津南町

切明の林道入口

水無尾根コース
ドロノキ平登山口

コースタイム

上り:5時間40分　下り:5時間20分

[上り] 中津川林道入口登山口(1時間20分)→檜俣川下り口(15分)→檜俣川渡渉点(2時間20分)→悪沢(ワルサ)峰(35分)→西赤沢源頭(15分)→坊主平(55分)→佐武流山頂上

[下り] 佐武流山頂上(40分)→坊主平(10分)→西赤沢源頭(35分)→悪沢(ワルサ)峰(2時間)→檜俣川渡渉点(25分)→檜俣川下り口(1時間20分)→ドロノ木平登山口(10分)→中津川林道入口登山口

参考地図

【2万5千分の1地形図】苗場山

17

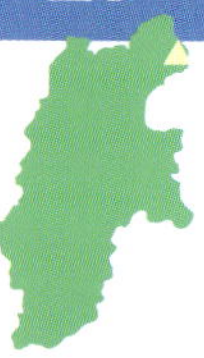

さぶりゅうやま　栄村

佐武流山

2,192m

グレーディング

体力度 1 2 3 4 **5** 6 7 8 9 10

技術的難易度 A B **C** D E

見どころ

- 手つかずの自然が残る奥山の雰囲気
- 檜俣川の渡渉
- ブナやヒメコマツなどの大木と紅葉

栄村で標高が一番高い山

奥深い山だが、登山道が比較的はっきりしているのは、地元の努力と訪れる登山者のお陰である。信州百名山、日本二百名山の佐武流山は栄村で標高が一番高い山で、上信越高原国立公園の森林生態系保護地域でもある。昔、陸の孤島などと言われた秘境秋山郷のさらに山奥の山。思った以上に長丁場で「二度目はちょっと」と尻込みしたくなるような厳しい山だが、登山後には嬉しい温泉が疲れを癒やしてくれる。村の観光振興のためにも温泉やお土産を手にしてほしいと思う。

上りは中津川林道を歩いた方がいい

北信地方の山で最後に残った佐武流山。ちょうど新潟県境の苗場山と群馬県境の白砂山を結ぶ稜線上にあり、そのどちらよりも50m近く高い。これまでは奥深く特徴がない山で、相当に時間がかかるとか、笹薮に覆われ熊も心配など、あまり芳しくない口コミが影響してか、後回しになっていた。しかし以前の営林署作業道が復活し登山者も増えてきたと聞いたので、8月初旬の土曜日に登ってみることにした。登山口は、北方に歩いて10分程の所にドロノ木平登山口もあるが、上りはゲートをくぐって中津川林道を歩いた方が傾斜が緩く歩き易い。

稜線まで急登が続く

中津川林道をクネクネと3.3km程、約1時間歩くと檜俣《ひのまた》川林道との分岐に出る。林道歩きは足慣らしに丁度いいが、帰りはとても長く、つらい。分岐からさらに30分、檜俣川林道を黙々と歩き、正面に急峻な月夜立岩と呼ばれる尖った岩峰群が見えたら、そこが檜俣川への下降点。右下の谷底まで15分程下る。水量はさほど多くなく川幅も5m程で、渡渉箇所にはロープが展張してあるが、靴を脱いで渡る人、覚悟を決めてジャブジャブ渡る人もいる。すぐ上流を飛び石でも渡れるが岩が滑るので注意が必要だ。川から稜線まではかなりの急斜面のうえ、登山道にはミズナラ、ブナ、ゴヨウマツなどの根が芸術的に張り出し、滑りやすく歩きにくい。

ワルサ峰

頂上の標柱の存在感が大きかった

1時間近くで物思平《ものおもいだいら》、さらに急斜面を上がり右方向に進むと悪沢《わるさ》(ワルサ)峰、ここで振り返ると北に苗場山の稜線が見える。稜線沿いにアップダウンしながら40分程で苗場山方面からの稜線が合流する西赤沢源頭、さらに15分程で狭い坊主平、左方の笹の斜面と開けた景色を見ながら、緩い稜線上の林の中を進むと、ようやく立派な標柱の立つ頂上に着く。展望はイマイチだが、ここまで歩いて来た満足感と達成感で疲れが吹き飛ぶ気がする。しかし、下りもたっぷり5時間程、これといった特徴の無い山中を歩くのはかなりつらいものがある。

物思平

8月5日ガスの頂上にて

ロープを渡した檜俣川渡渉地点

立ち寄り湯　切明温泉 雄川閣　下水内郡栄村堺小赤沢17878-3　☎025-767-2252　営 10:00～16:00　休 第３火曜日　料 500円

信州百名山 栄村

秋境 秋山郷の奥山 栄村の最高峰に登る

佐武流山

水無尾根コース

2192m

稜線から頂上を望む

コースタイム

上り:3時間15分　下り:3時間

[上り] 聖平下(一の瀬)登山口(45分)→アライタ沢(1時間30分)→ノッキリ・岩菅山頂上(1時間)→裏岩菅山

[下り] 裏岩菅山頂上(50分)→岩菅山頂上(20分)→ノッキリ(1時間10分)→アライタ沢(40分)→聖平下登山口

参考地図

【2万5千分の1地形図】岩菅山・切明

18 岩菅山

いわすげやま　山ノ内町

2,295m

グレーディング

体力度　1 2 **3** 4 5 6 7 8 9 10

技術的難易度　A **B** C D E

見どころ

- 連続する丸木の階段
- 頂上の大きな石灯籠と展望
- 泊まってみたくなるような避難小屋の様子

荒板沢の先は階段が連続

聖平下の一の瀬登山口から林の中をひと登りして、上條用水路に出たら、用水に沿って水平道を進み、右からの小さな武右衛門沢の木橋を渡る。左、右と大きくカーブすると用水の取水口がある荒板《あらいた》沢に出る。橋を渡るとすぐに丸木の階段が始まる。階段はずっと続き千段を越えるが、段差がほぼ一定で長く続くというのは、太ももとふくらはぎが思いのほか疲れるものだ。若者の体力鍛成用には最適だと思うが、我々年配者には少々応える。そうはいっても登山道は良く整備されている。これも皇太子様が登山された際に整備した産物らしいが、お陰様で有り難いことだ。

余裕があったら裏岩菅山へ

中間点の標識を過ぎ、平坦な道からU字に掘れた赤土の登山道を上がると、展望がなかった登山道から、左に岩菅山、左後には焼額山が見える。北斜面を緩く上がった先の鞍部がノッキリで、ここが寺子屋峰からのコースと出合う三叉路になる。一休みしてから左に上がると稜線上に登山道が見える。頂上には、秩父宮様の登山記念碑、大きな石灯篭と石祠、志賀高原唯一の一等三角点等があり360度の展望が開ける。西側には岩石で囲われた岩菅山避難小屋がある。東側の山並みはあまりなじみがないが、板状節理の岩の上で爽快な気分を味わったら裏岩菅山まで足を延ばしてみよう。小ピークをいくつか越えて辿り着いた頂上は、嬉しいことに岩菅山より46m程高い。木々もなく殺風景だが、北東側には中ノ岳から烏帽子岳、その向こうに鳥甲山や苗場山が見える。標識には秋山郷まで400分とある。

ノッキリ付近から頂上を望む

大きな石祠

岩石造りの避難小屋

頂上手前

焼額山スキー場から

避難小屋の様子

たまにはロングコースを

1998年の長野五輪の際の開発計画からも逃れた岩菅山は、志賀高原の中で手つかずの山の代表格といえる。登山道は、聖平下からのコース、東館山から寺子屋峰を経由するコースが一般的である。この時は、聖平下から頂上往復の予定を変更し、遠回りしてノッキリから寺子屋峰、東館山でお花畑を見てから一ノ瀬ファミリースキー場を下り、上条用水路を遡って聖平下まで一周したが、スキー場のゲレンデの下り辺りからは疲労度がピークに。無雪期のゲレンデは結構長くて応えたが、上条用水路を辿るコースは、長くても気持ちよい道だった。

（マップは頂上往復のみ）

連続している階段

立ち寄り湯　みやま温泉 わくわくの湯　下高井郡山ノ内町平穏821　☎0269-33-2260　営 10:00〜20:30　休 水曜日　料 500円

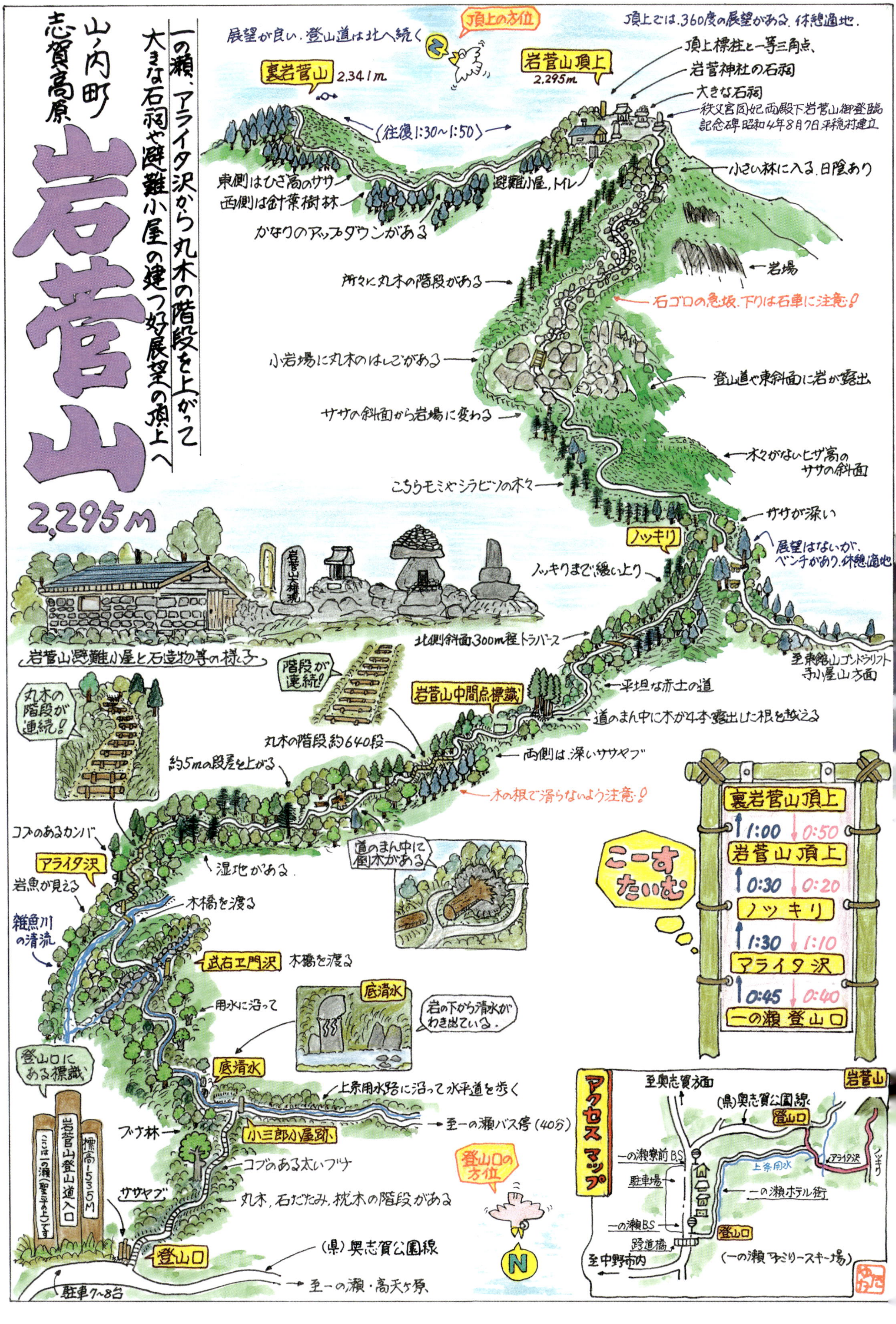

山ノ内町
志賀高原
岩菅山
2,295M
一の瀬、アライタ沢から丸木の階段を上がって
大きな石祠や避難小屋の建つ好展望の頂上へ
頂上の方位
展望が良い。登山道は北へ続く
裏岩菅山 2,341m
岩菅山頂上 2,295m
頂上では、360度の展望がある。休憩適地。
頂上標柱と一等三角点、
岩菅神社の石祠
大きな石祠
秩父宮同妃両殿下岩菅山御登臨記念碑昭和4年8月7日平穏村建立
〈往復1:30〜1:50〉
東側はひざ高のササ
西側は針葉樹林
避難小屋、トイレ
小さい林に入る。日陰あり
かなりのアップダウンがある
岩場
所々に丸木の階段がある
石ゴロの急坂。下りは石車に注意!
小岩場に丸木のはしごがある
登山道や東斜面に岩が露出
ササの斜面から岩場に変わる
木々がないヒザ高のササの斜面
こちらモミやシラビソンの木々
ササが深い
ノッキリ
展望はないが、ベンチがあり、休憩適地
ノッキリまで緩い上り
岩菅山本社
岩菅山避難小屋と石造物等の様子
北側斜面300m程トラバース
至東館山ゴンドラリフト 寺小屋山方面
階段が連続!
平坦な赤土の道
岩菅山中間点標識
道のまん中に木が4本露出した根を越える
丸木の階段が連続!
丸木の階段約640段
西側は深いササヤブ
約5mの段差を上がる
木の根で滑らないよう注意!
コブのあるカンバ
アライタ沢
岩魚が見える
湿地がある
道のまん中に倒木がある
雑魚川の清流
木橋を渡る
武右エ門沢 木橋を渡る
用水に沿って
底清水
岩の下から清水がわき出ている。
登山口にある標識
ここは一の瀬(聖澤の上)です
岩菅山登山道入口
標高1535M
上条用水路に沿って水平道を歩く
至一の瀬バス停(40分)
ブナ林
小三郎小屋跡
コブのある太いブナ
ササヤブ
丸木、石だたみ、枕木の階段がある
登山口
(県)奥志賀公園線
至一の瀬・高天ヶ原
駐車7〜8台
登山口の方位
N
こーすたいむ
裏岩菅山頂上
1:00 0:50
岩菅山頂上
0:30 0:20
ノッキリ
1:30 1:10
アライタ沢
0:45 0:40
一の瀬登山口
アクセスマップ
岩菅山
至奥志賀方面
(県)奥志賀公園線
登山口
一の瀬寮前BS
駐車場
上条用水
アライタ沢
ノッキリ
一の瀬ホテル街
一の瀬BS
登山口
歩道橋
至中野市内
(一の瀬ファミリースキー場)

コースタイム

上り:2時間15分　下り:1時間50分

［上り］毛無峠登山口(15分)→毛無山頂上(2時間)→御飯岳頂上

［下り］御飯岳頂上(1時間40分)→毛無山頂上(10分)→毛無峠登山口

参考地図

【2万5千分の1地形図】**御飯岳**

19 御飯岳

おめしだけ

高山村

2,160m

グレーディング

●対象外　初級

見どころ

- 毛無峠のリフト支柱のある風景
- 毛無山から見た破風岳と北アルプスの展望
- イワカガミやミツバオウレンなどの群生

後立山連峰を望む

頂上に続く笹の原

鉱山の残骸

老ノ倉山から御飯岳を望む

通の人は読める「御飯岳」

御飯岳と書いて「おめしだけ」と読む。一度聞いたら忘れない山名だが、某案内書には「登山道は深い笹に覆われ、やぶ漕ぎを強いられるため残雪期が適」などと解説されていて、ずっと足が向かなかったが、6年程前、初めて職場の仲間と登った。6月中旬、長野県の北部ではネマガリダケ（チシマザサ）のタケノコ狩りが最盛期となり、多くの人が山に入る。特に御飯岳周辺は、ネマガリの産地として知られていて、時期には料金徴収所ができるほど賑わうが、毎年、転落や道迷いで行方不明といった遭難が発生し捜索隊やヘリコプターが出動する場所でもある。

破風岳から御飯岳を望む

頂上で記念に

毛無峠から好展望の毛無山頂上へ

高山村から県道千俣牧線を万座方面に向かい、老《おい》ノ倉岳登山口前の三差路を右折して毛無《けなし》峠に向かう。峠から南側には、昔の小串《おぐし》鉱山の跡が見える。峠には小串鉱山で使用していたケーブルの支柱が残っている。御飯岳の登山口は、破風岳の反対側にあって、駐車場から赤茶色に錆びた支柱の間を通り、毛無山の小ピークに上がる。その名のとおり樹木が無く360度の展望が開けるが、特に破風岳や浅間山、後立山連峰の眺めが良い。怪無山からは一旦下って緩い斜面を長く上り返すが、草原に一筋の登山道が延びている。登山道脇には膝高のササが茂っているものの、頂上までの間、やぶ漕ぎするような場所はなく、危険箇所や迷いそうな所も見当たらない。時折左側の樹間に北アルプスも望める。6月には群生するイワカガミやミツバオウレンが見られる。

破風岳、土鍋山とセットで登る人も

登山者の中には、毛無峠を挟んで反対側にある破風岳とその奥の土鍋山も一緒に登ってしまう人もいる。毛無峠に車を置いたら、目的の御飯岳に上り、峠に下って反対側に上り返して、破風岳の頂上に立ち、尾根伝いに今度は土鍋山まで足を延ばすのだが、2時間程で往復できる。また破風岳と土鍋山の間には、五味破風高原からの登山道もあるので、帰りの足さえ確保できれば、こちらに下ることもできる。

6月はちょうどタケノコ採りの時期と重なるが、この時期はコンロに鍋、味噌にサバ缶は必携で、現地でのタケノコ汁は最高のご馳走だ。登山の後、林道脇に入って、食べるだけの竹の子をいただいて、道端に陣取って小宴会をした思い出が蘇る。

群生しているミツバオウレン

立ち寄り湯

蕨温泉ふれあいの湯　上高井郡高山村奥山田1321-1　☎026-242-2313　営 6:30〜21:00　休 第2火曜日　料 300円

子安温泉　上高井郡高山村牧783　☎026-242-2219　営 10:00〜20:00　休 火曜日　料 500円

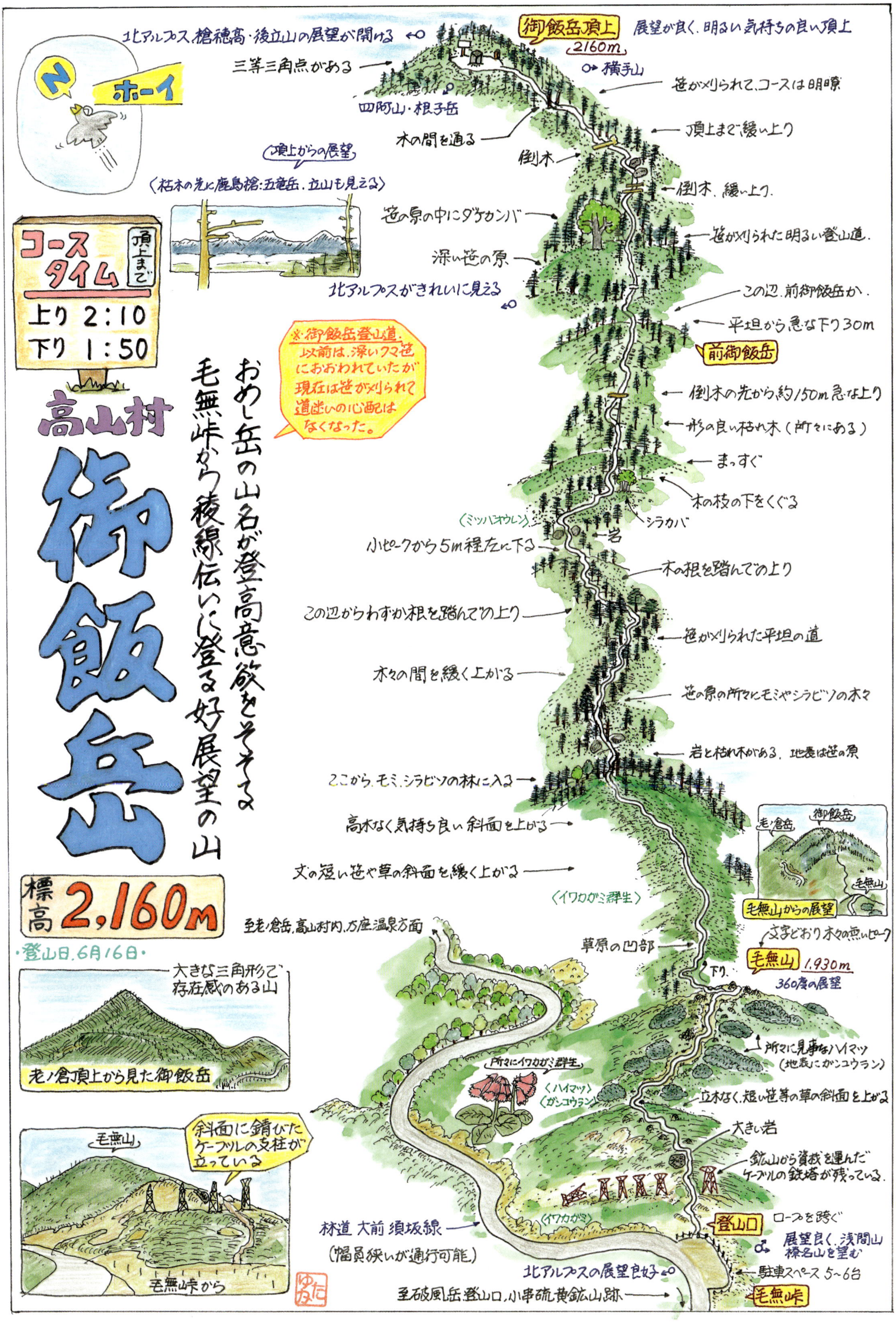
高山村
御飯岳
おめし岳の山名が登高意欲をそそる
毛無峠から稜線伝いに登る好展望の山
標高 2,160m
・登山日.6月16日・
N
ホーイ
コースタイム 頂上まで
上り 2:10
下り 1:50
頂上からの展望
〈枯木の先に鹿島槍・五竜岳、立山も見える〉
※御飯岳登山道。
以前は、深いクマ笹におおわれていたが現在は笹が刈られて道迷いの心配はなくなった。
北アルプス、槍穂高・後立山の展望が開ける
御飯岳頂上
2160m
展望が良く、明るい気持ちの良い頂上
三等三角点がある
横手山
笹が刈られて、コースは明瞭
四阿山・根子岳
木の間を通る
頂上まで緩い上り
倒木
倒木、緩い上り。
笹の原の中にダケカンバ
笹が刈られた明るい登山道。
深い笹の原
北アルプスがきれいに見える
この辺、前御飯岳か。
平坦から急な下り30m
前御飯岳
倒木の先から約150m急な上り
形の良い枯れ木（所々にある）
まっすぐ
木の枝の下をくぐる
シラカバ
〈ミツバオウレン〉
岩
小ピークから5m程左に下る
木の根を踏んでの上り
この辺からわずか根を踏んでの上り
笹が刈られた平坦の道
木々の間を緩く上がる
笹の原の所々にモミやシラビソの木々
岩と枯れ木がある。地表は笹の原
ここから、モミ、シラビソの林に入る
高木なく気持ち良い斜面を上がる
丈の短い笹や草の斜面を緩く上がる
〈イワカガミ群生〉
御飯岳
老ノ倉岳
毛無山
毛無山からの展望
至老ノ倉岳、高山村内、万座温泉方面
文字どおり木々の無いピーク
草原の凹部
下り
毛無山 1,930m
360度の展望
大きな三角形で存在感のある山
老ノ倉頂上から見た御飯岳
所々に見事なハイマツ（地表にガンコウラン）
所々にイワカガミ群生
〈ハイマツ〉
〈ガンコウラン〉
立木なく、短い笹等の草の斜面を上がる
大きい岩
鉱山から資材を運んだケーブルの鉄塔が残っている。
毛無山
斜面に錆びたケーブルの支柱が立っている
毛無峠から
〈イワカガミ〉
林道 大前須坂線
(幅員狭いが通行可能)
登山口
ロープを跨ぐ
展望良く、浅間山榛名山を望む
北アルプスの展望良好
駐車スペース 5~6台
至破風岳登山口、小串硫黄鉱山跡
毛無峠
ゆた

コースタイム （根子岳経由で下山）

上り:3時間5分　下り:①2時間40分　②2時間15分

［上り］菅平牧場駐車場(5分)→中尾根登山口(40分)→小四阿(50分)→中四阿(1時間20分)→鳥居峠分岐(10分)→四阿山頂上

［下り］①四阿山頂上(10分)→根子岳分岐(30分)→大隙間(30分)→根子岳頂上(1時間30分)

②四阿山頂上(10分)→根子岳分岐(50分)→中四阿(1時間10分)→中尾根登山口(5分)→菅平牧場駐車場

参考地図

【2万5千分の1地形図】四阿山・菅平・嬬恋田代

20-1 四阿山《あずまやさん》

上田市

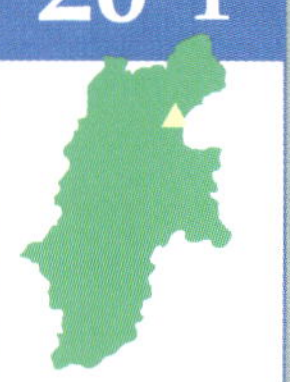

二等三角点

中尾根コース

2,354m

グレーディング

体力度

1 2 **3** 4 5 6 7 8 9 10

技術的難易度

A **B** C D E

見どころ

- 頂上や中尾根からの展望と頂上の石垣で囲われた祠
- シラカバ林に群生するレンゲツツジ
- クリンソウ、スズラン等、中尾根や根子岳の花

中尾根の様子（奥は四阿山）

中尾根を望む

登山口付近の様子

東側の三角点から見た四阿山

賑わう根子岳分岐

緑が眩しい牧場の朝

根子岳の隣に大きな裾野を広げているのが四阿山で、冬場も含めて人気度が高く、特に春先には白樺の木々の新緑が目に眩しい。斜面は牧場の草原だが、所々にシラカバなどの木が残っている。今日もガスの間から薄日が差し始めている。駐車場はシーズンには早朝から観光バスや県内外の車で満車状態だ。日本百名山の四阿山と花の百名山の根子岳は、展望も良く、危険箇所もないので中高年登山者に人気の山だ。今日は根子岳経由でなく、四阿山に直接登頂する展望の良い中尾根を歩く。

歩き甲斐のある中尾根コース

駐車場の先は根子岳の登山口だが、中尾根コースの出発点でもある。四阿山の登山コースは5コース程あるが、登山者に人気なのは中尾根コースと地蔵峠コースだ。お薦めは中尾根から上がり根子岳を経由して下山するか、車の確保ができれば、牧場から上がって的岩経由で鳥居峠に下るコースもいい。中尾根コースは、牧場内の舗装道路を5分程南に歩く。登山口には標識があるので牧柵に沿って白樺林の中を緩く上がり、右方に一旦下って大明神沢の丸太橋を渡る。初夏、僅かな湿地にクリンソウが見られ、右に回り込むと、周りの白樺林にはレンゲツツジが群生している。

中四阿まで尾根伝いに上がる

牧場の作業道を二度横切り緩く上がっていく。周囲にはおびただしい数のレンゲツツジが満開で、シラカバの白い幹とツツジのコントラストが見事だが、実はレンゲツツジは、全木に痙攣毒を含み、食べると呼吸停止を引き起こす。牛や馬も食べ残すので、群生しているそうで、養蜂業者もレンゲツツジの自生地では蜂蜜を採集しないそうだ。笹の中の道を上がるに従って景色が開け、北アルプスのほぼ全山が見渡せ、眼下には菅平の高原野菜畑のビニールシートが光って見える。また、中尾根の左隣には根子岳の稜線と爆裂火口壁が見えてくる。小四阿は尾根上のピークで、僅かにアップダウンした先には、昔の牧場の石積みが中四阿の手前まで続いている。右から四阿高原コースを合わせ、小さな岩場のある中四阿まで来ると一層展望が開ける。

長野、群馬双方の祠がある

笹をかき分けて石ゴロの急坂を上がった先の広場で左からの根子岳コースが合流し、さらに木製の階段の所で鳥居峠からの道と合流する。木の階段を上がって200m程で頂上に着くが、東には信州祠、西側には上州祠があり、双方の間が県境になっている。両祠とも周囲に石を積んで風避けにしてある。頂上の展望はすばらしい。二等三角点は浦倉山方向に3分程下った稜線上にあるが、三角点側から見た四阿山は、急峻な鋭峰に見えるから面白い。

シラカバの林床にレンゲツツジが群生

立ち寄り湯　ふれあいさなだ館　上田市真田町長7369-1　☎0268-72-2500　営 10:00～21:30　休 火曜日　料 500円

ホーイ
花と展望・魅力の百名山
あずまやさん
四阿山
根子岳
2,354M
ゆたか
中尾根コースを上がって根子岳経由で、牧場管理事務所に下る。
根子岳↔四阿山 片道1時間
四阿山頂上の様子
上州祠
石積み
石祠
標柱
石積み
信州祠
根子岳頂上
展望良好
岩場の北側直下を巻く
岩露出
峰の原へ
牧場へ
爆裂火口壁
四阿山頂上
展望最高
200m
二等三角点
浦倉山
浦倉山
クサリ 150mで頂上
木製の階段86段
鳥居峠 7.2km
鳥居峠分岐
休憩適地
根子岳 1.8km 四阿山 0.7km
湿気多く滑り易い、急傾斜の道、ササが深く、木の根の露出、スリップ注意!
根子岳分岐
石車注意
倒木
ハイマツ
四阿高原へ
根子岳 1.0km 四阿山 1.5km
四阿山 1.3km
根子岳 1.2km
大隙間
ササの斜面をジグザグに30分
ササ原が美しい大隙間
ササ深い足元注意
急斜面で幅狭い
(シラビソ)
(ヤマザクラ)
平らな大石
牧場(中四阿)登山口 2.9km 四阿山 1.7km
こちら側崩壊斜面
胸高のササで道不明瞭足元に注意のこと
小石を乗せた1m程の岩がある
小尖道
中四阿
鞍部まで下る150m
牧場登山口 2.5km 四阿山 2.1km 四阿高原
岩場
高木のない石ゴロの道、展望良好
イワカガミ・マイヅルソウ・ツマトリソウ・ガンコウラン
四阿高原分岐
四阿高原へ
少し掘れた道、シラカバの根露出
展望が良くなる
木の枝をくぐって歩く
コースタイム
上り 3～3:30
下り 2:30～3
石がゴロゴロ露出、平坦な道
石積みをまたぐ
一旦下ってから牧場の石積みに沿って上がる
タッボス牧場(小四阿)登山口 1.8km 四阿山 2.8km
平板状の石が露出した尾根を歩く
小四阿
展望の良い小ピーク
コメツガの小木
この辺りから、北アルプスまでの展望が広がる
高木なく、周りが明るくなってくる
6月、シラカバとレンゲツツジが美しい!
(イワカガミ)
シラカバの白い幹と緑、レンゲツツジが美しい林
タッボス牧場登山口 1.2km 四阿山 3.4km
錆びた鉄柵が見られる
笹の中、緩いだらだらとした上り(レンゲツツジ)
案内標識
牧場の道を2度横切る
丸太橋で大明神沢を渡る
大明神沢
クリンソウの咲く湿地帯
沢音が聞こえる、緩い下り
きれいなシラカバ林の上り(レンゲツツジ群生地)
岩場
牧場の道
四阿山
ここで左へ入る
根子岳
案内標識
管理事務所
トイレ
牧場
(牧舎)
牧場の道に出て右へ200m以上
(イチヤクソウ・スズラン)
四阿山登山口 中四阿経由
このゲートをくぐって出発!
P
売店
登山口
アクセス・マップ
根子岳へ
牧場管理事務所
P
売店
牧場
菅平高原カントリークラブ
料金徴収所 200円 (A8～P5まで)
至須坂市
標識
カーブ右に標識
ホテル
あずまや高原
至長野市
ホテル
R406
店
至上田市街

コースタイム

上り:2時間50分　下り:1時間45分

［上り］四阿高原登山口(20分)→牧場入口(30分)→牧場最上部(25分)→里宮(40分)→八合目(40分)→根子岳分岐(15分)→四阿山頂上

［下り］四阿山頂上(10分)→根子岳分岐(25分)→中尾根四阿高原分岐(30分)→四阿高原分岐(40分)→四阿高原駐車場

参考地図

【2万5千分の1地形図】四阿山・菅平・嬬恋田代

20-2

四阿山

あずまやさん

上田市

四阿高原《あずまや》コース

2,354m

グレーディング

体力度　1 2 **3** 4 5 6 7 8 9 10

技術的難易度　A **B** C D E

見どころ…………

- コース全体の展望と石垣で囲われた祠
- 裾野に広がるシラカバ林の様子
- 広々とした牧場の様子

「山国信州」も最高

長野県人がたまに東京や埼玉などに行くと、「周りに山並みが見えないので落ち着かない」という話をよく耳にする。「山国信州」にどっぷり浸かっていると致し方ない感想かも知れないが、そんな山国信州も山好き人間にとっては、この上なく有り難い。何しろ長野県内には、深田久弥氏の日本百名山が全国一の29座もある。山に近いと言うことは、首都圏や関西、九州や北海道から時間をかけて来る必要もなく、当日の天気を見てから登山できるメリットがある。そんな地の利を生かして、自宅からも見える四阿山に登った。朝の空は快晴、予報も一日☀マークだ。

初めて四阿高原側から歩くことに

四阿山の登山コースはいくつかあるが、初めて四阿高原から歩いた。登山口は、あずまや高原ホテルの脇、別荘地内の非舗装道路を真っ直ぐに上がっていくと、太い松の木の下に古いゲートや案内標識がある。脇から入って生い茂る笹の中の石ゴロの道を真っ直ぐ進み、牧草地の手前で左に折れ有刺鉄線と平行して300m程歩くと鉄パイプのゲートがあるのでこれを入って牧場脇に出る。登山道は牧草地の間にある防風林のような沢地を真っ直ぐに約1km、30分程上がる。正面には左右に裾野を大きく広げた四阿山が見える。牧場の最上部で牧柵と分かれ、シラカバ林の中を古い石垣や鉄柵に沿って石ゴロの道を緩く上る。

輝く樹氷を見ながら登る

11月初旬ともなると紅葉も終わり、落葉して見通しが至極良い。昨日の雨は標高2000m以上では雪だったようで、斜面上方には樹氷が見られる。シラカバや濃い緑色のモミ、コメツガの木々の樹氷も見事で、もう少しでモンスターに成長しそうだ。高度が上がると強風で、枝や岩にエビのしっぽができている。足元の笹の葉に積もった雪でびしょ濡れになるので、雨衣やスパッツ、防風用の手袋やネックウォーマーが必携だ。この時期は気温はそう低くないが、久々に足先の感覚がなくなってきた。

落葉期の展望は最高

八合目辺りからはシラカバに代わって、コメツガやシラビソが多くなってくる。二等辺三角形の樹形に積もった雪がきれいな紋様を作っている。この時期の魅力は何といっても素晴らしい展望だ。牧場に出たとたんに、北アルプスの展望が大きく広がるが、落葉期は透き通った樹間越しに、雪を頂いた山々が見られるのがうれしい。八合目の先で岩石の斜面を上がり、中尾根コースと合流し更に根子岳コース、的岩コースと合流して木製の階段を上がったら頂上はすぐそこで360度の展望が広がる。

頂上から根子岳、北アルプスを望む

樹氷の向こうに浅間山を望む

登山道にある石祠

シラカバの樹氷

信州祠のある四阿山頂上の様子

11月5日四阿山頂上

立ち寄り湯　ふれあいさなだ館　上田市真田町長7369-1　☎0268-72-2500　営 10:00～21:30　休 火曜日　料 500円

烏帽子岳から見た四阿山

コースタイム （歩行時間のみ）

上り:①2時間20分 ②2時間5分 下り:①1時間45分 ②1時間35分

［上り］ 鳥居峠（車20分）→①林道終点登山口（40分）→花童子の宮跡（40分）→古永井分岐（1時間）→四阿山頂上
②林道終点登山口（35分）→的岩（30分）→古永井分岐（1時間）→四阿山頂上

［下り］ 四阿山頂上（40分）→①古永井分岐（30分）→花童子宮跡（35分）→鳥居峠林道終点登山口
②古永井分岐（30分）→的岩（25分）→鳥居峠林道終点登山口

参考地図

【2万5千分の1地形図】 四阿山・菅平・嬬恋田代

花や蝶の宝庫
アサギマダラ

20-3

四阿山

あずまやさん

上田市

鳥居峠コース

2,354m

グレーディング

体力度 1 2 **3** 4 5 6 7 8 9 10

技術的難易度 A **B** C D E

見どころ

- 頂上からの展望と石祠を囲む石垣
- 的岩、嬬恋清水
- 花童子の宮跡付近で乱舞するアサギマダラ

鳥居峠から「神の山」へ

国道144号の鳥居峠の名は、山頂の祠の参拝口として、昔鳥居があったことに由来している。また、四阿山から流れ出ている川は、神の山から流れ出る川として「神川《かんがわ》」と呼ばれた。登山道は、鳥居峠から県境の吾妻林道を入るが、何年か前から一般車も林道終点の広場まで入れるようになり、その広場に駐車する。登山道は左右に分かれるが、右は展望の良い「花童子の宮跡コース」、左は奇岩の「的岩コース」で、両コースは、尾根上の古永井で合流する。縦走の場合には的岩を、鳥居峠に戻る場合は、花童子の宮跡を上がって的岩に下山するコースがお薦めだ。

なだらかな尾根を上がる

花童子の宮跡のコース途中には見事なミズナラ林があるが、ミズナラは、標高1500～1700m辺りに生息し薪の好材料でもある。また、林床には、レンゲツツジが多く生えている。尾根に出ると、「四阿山3.8km、鳥居峠3.6km」の標識があり、南には浅間山、烏帽子岳などが見えてくる。なだらかな丸い尾根を10分程上がると賽の河原で、右手には古い東屋があり、谷を隔てて展望が開ける。さらに10分程で板敷きの道になるが、この辺りが花童子の宮跡で、東屋と古い石塔がある。お花畑には、アサギマダラが飛び交っている。ドウダンツツジの林を抜け、小さな岩稜を過ぎた小高い丘の上の古永井分岐で左からの的岩コースと合流する。

百名山で中高年に大人気の山

分岐の東屋から若干下って鞍部から急斜面を上がる。右上に頂上が見えるころ、「嬬恋清水」の標識があり、右下150m程の所に湧き水が出ている。笹の中の道を上がって稜線に出たら右へ、崩壊止めの階段を上がると頂上に着く。祠の周りに積み上げられた石垣は、何度見ても感動する。帰りには的岩コースに下るが、コメツガの薄暗い原生林の中を下ると正面に積み木のような屏風岩が見えてくる。幅は3～4m、高さは20～25m、長さは端まで250m位で、ここだけにある不思議な岩場だ。沢筋の道を下ると登山口に着く。

頂上に続く登山道

頂上手前分岐の階段

大きな的岩

東屋がある

1代前の祠

頂上から根子岳を望む

根子岳から望む四阿山

オノエラン

立ち寄り湯 ふれあいさなだ館 上田市真田町長7369-1 ☎0268-72-2500 営 10:00～21:30 休 火曜日 料 500円

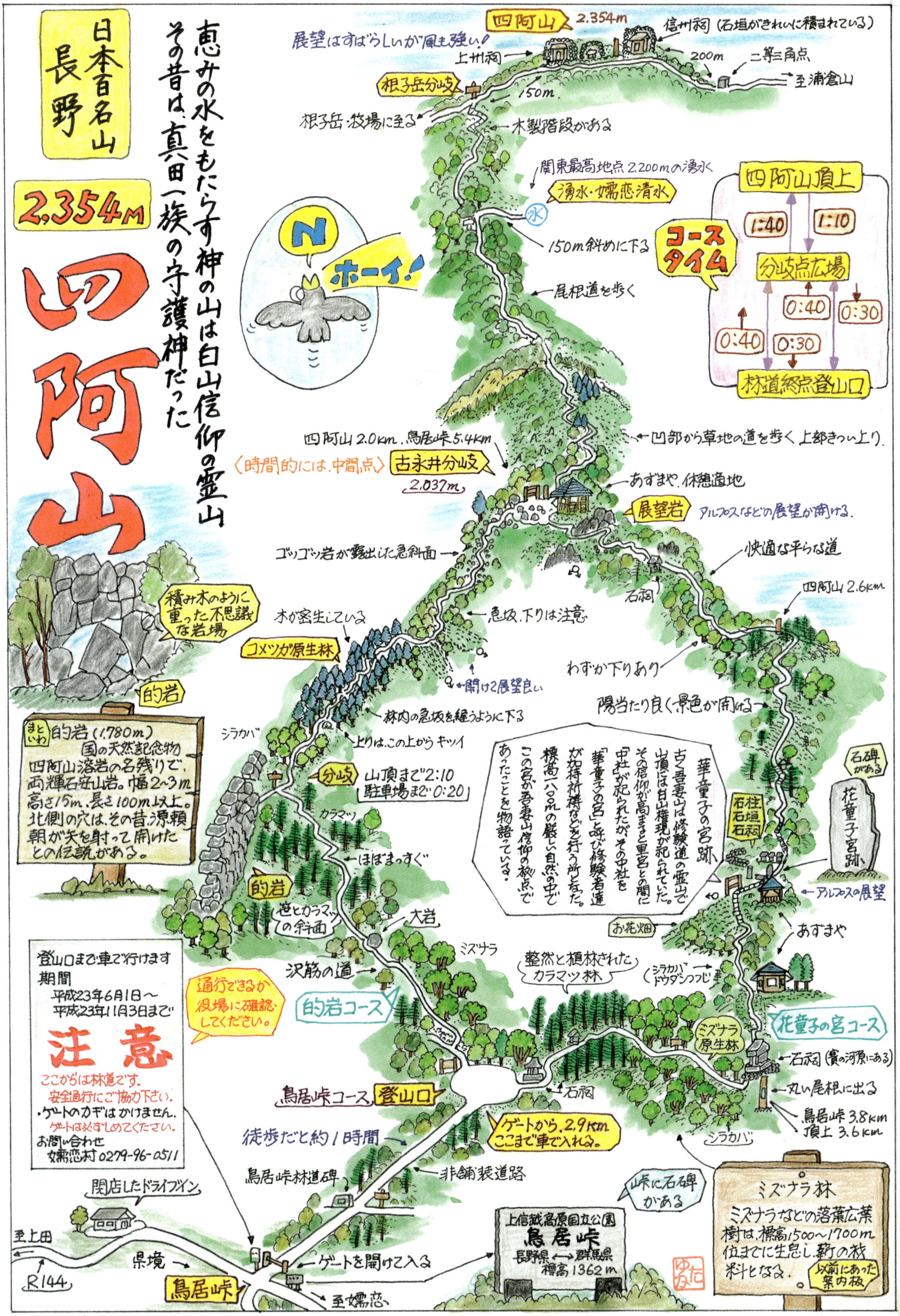

日本百名山
長野
2,354M
四阿山
恵みの水をもたらす神の山は白山信仰の霊山
その昔は、真田一族の守護神だった
四阿山 2,354m
展望はすばらしいが風も強い!
信州祠(石垣がきれいに積まれている)
上州祠
200m
二等三角点
至浦倉山
根子岳分岐
150m
根子岳・牧場に至る
木製階段がある
関東最高地点 2,200mの湧水
湧水・嬬恋清水
水
150m斜めに下る
ホーイ!
N
尾根道を歩く
コースタイム
四阿山頂上
1:40
1:10
分岐点広場
0:40
0:30
0:40
0:30
林道終点登山口
凹部から草地の道を歩く。上部きつい上り。
四阿山 2.0km、鳥居峠 5.4km
〈時間的には、中間点〉
古永井分岐
2,037m
あずまや、休憩適地
展望岩
アルプスなどの展望が開ける。
ゴツゴツ岩が露出した急斜面
快適な平らな道
石祠
四阿山 2.6km
積み木のように重った不思議な岩場
木が密生している
急坂、下りは注意
コメツガ原生林
開けて展望良い
わずか下りあり
陽当たり良く景色が開ける
的岩
林内の急坂を縫うように下る
まといわ 的岩(1,780m)
国の天然記念物
四阿山溶岩の名残りで、両輝石安山岩。幅2~3m 高さ15m、長さ100m以上。北側の穴は、その昔、源頼朝が矢を射って開けたとの伝説がある。
シラカバ
上りは、この上からキツイ
分岐
山頂まで2:10
駐車場まで0:20
カラマツ
ほぼまっすぐ
華童子の宮跡
古く吾妻山は修験道の霊山で山頂には白山権現が祀られていた。その信仰が高まると里宮との間に「中社」が祀られたが、その中社を「華童子の宮」と呼び修験者達が加持祈祷などを行う所となった。標高一八〇〇mの厳しい自然の中でこの宮が吾妻山信仰の拠点であったことを物語っている。
石碑がある
花童子宮跡
石柱
石垣
石祠
アルプスの展望
的岩
笹とカラマツの斜面
大岩
お花畑
あずまや
ミズナラ
登山口まで車で行けます
期間
平成23年6月1日~
平成23年11月3日まで
注意
ここからは林道です。
安全通行にご協力下さい。
・ゲートのカギはかけません。
ゲートは必ずしめてください。
お問い合わせ
嬬恋村 0279-96-0511
沢筋の道
整然と植林されたカラマツ林
シラカバ ドウダンつつじ
通行できるか役場に確認してください。
的岩コース
花童子の宮コース
ミズナラ原生林
石祠(賽の河原にある)
鳥居峠コース
登山口
石祠
丸い尾根に出る
徒歩だと約1時間
ゲートから、2.9km ここまで車で入れる。
鳥居峠 3.8km
頂上 3.6km
シラカバ
鳥居峠林道碑
非舗装道路
閉店したドライブイン
峠に石碑がある
ミズナラ林
ミズナラなどの落葉広葉樹は、標高1500~1700mくらいまでに生息し、薪の材料となる。
以前にあった案内板
至上田
上信越高原国立公園
鳥居峠
長野県 ⟷ 群馬県
標高1362m
ゆかた
県境
R144
ゲートを開けて入る
鳥居峠
至嬬恋

コースタイム

上り:1時間25分　下り:50分

［上り］坂北コース登山口（30分）→御嶽石造物群（45分）→展望台（10分）→四阿屋山頂上

［下り］四阿屋山頂上（5分）→展望台（15分）→刈谷沢コース分岐（10分）→刈谷沢コース登山口から林道経由（20分）→坂北コース登山口

参考地図

【2万5千分の1地形図】麻績・信濃西条

21-1

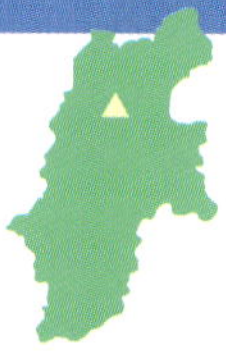

四阿屋山

あずまやさん

筑北村

坂北・展望台コース

1,387m

グレーディング

●対象外　初級

見どころ

展望台からの眺め

御嶽石造物群

頂上東斜面のブナの原生林

頂上から展望台まで5分

頂上のブナ林

権現池

村有形文化財御嶽石造神像等

タマゴタケ

北アルプスの絶景を堪能

四阿屋山は頂上が、旧坂井・本城・坂北の各村と麻績村の境界で、山名の如く四方に尾根が張り出した大きな山容をしている。頂上に四阿屋神社を祀り、各村から登山道がある。最短は、坂北側の刈谷沢コースだが、お薦めは、坂北コースを上がり御嶽石造物群を見て、展望台から北アルプスの絶景を堪能し、刈谷沢に下山するコース。

パンフレットの説明書き

地元のことは地元でなければ分からない。村のパンフには、「四阿屋山は筑北地域のシンボルであるとともに、水源の多くを担い、水を司る「治水の神」として崇められ、五穀豊穣を祈願することで信仰を集めている。また、腹の神としても信仰が厚く、中腹の権現池から湧き出る清水は霊験あらたかな名薬とされた。山頂には四阿屋神社の奥本社やブナの原生林が社叢として残っており、毎年春と秋には住民の代表者が登拝している。坂北コースの展望台からは筑北の里山と北アルプスの絶景が眺望できる。」とある。

見所は御嶽石造物群と展望台

坂北体育館の脇道を山側に上がり硯水寺《せきすいじ》前を通って広域林道四阿屋線を上がると、幅広の林道脇に登山口の標識がある。登山口から120m程の所の土塁跡を見て大きく右に回り、アカマツ林を進み、分岐を左に上がると御嶽石造物を祀る遥拝所がある。コースに戻り斜面を横切った先には権現池があるが、水量は僅かで、今では動物のヌタ場と化している。コース最大の見所の展望台では、北西方向に後立山連峰を望める。展望台から尾根伝いに10分程で四阿山神社の裏側に出るが、右に上がった頂上には三等三角点があり、東斜面は社叢でもあるブナの原生林が広がっている。

四阿屋山と餅なし正月（村の言い伝え）

筑北村では、正月に餅を食べない家庭があるそうだ。「四阿屋様が正月に餅を食べたら腹をこわした」や「日本武尊《やまとたけるのみこと》が四阿屋山に登って餅を食べたところ腹が痛んだ」からなどの説があって、このため、元旦の朝には長生きするということで餅のかわりに長いもの（そばやうどん）を食べているそうで、こうした餅なし正月は全国各地にあるそうだ。

神社前から妙高方面を望む

麻績消防署が設置した標識

立ち寄り湯

草湯温泉 冠着荘	東筑摩郡筑北村坂井6478	☎0263-67-2216	営 10:00～21:30	料 410円
西条温泉 とくら	東筑摩郡筑北村西条3443	☎0263-66-2114	営 10:00～22:00	料 410円

筑北村 四阿屋山 1,387m

坂北(中村) 刈谷沢 登山口から アルプスの展望台を経て頂上へ

コースタイム

1時間15分　下り:1時間

[上り] 漸々沢登山口(30分)→稜線の鳥居(45分)→四阿屋山頂上
[下り] 四阿屋山頂上(40分)→稜線の鳥居(20分)→漸々沢登山口

参考地図

【2万5千分の1地形図】麻績・信濃西条

尾根上の二の鳥居

21-2

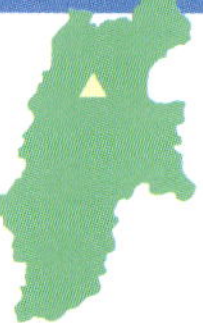

四阿屋山《あずまやさん》

筑北村

漸々沢《ようよう》コース

1,387m

グレーディング
●対象外
初級

見どころ
▲▲▲
鳥居のある風景
見晴らし台や四阿屋神社前からの展望
頂上東斜面のブナの原生林

登山口に大ヒノキと杉の木がある

草湯温泉側の「漸々沢《ようよう》」という小さな沢沿いの、幅員2.5m程の林道を真直ぐ進み、左に大きくカーブする分岐まで上がる。右側には直径1m以上ある大ヒノキと、太い杉の木があって、杉の木の下に「四阿屋山登山口」の標識がある。車は2～3台ならこの近くに止められるが、まんだらの里の直売所の駐車場から、林道を歩いてもプラス30分程なので時間があれば歩くのがお勧めだ。

尾根上に古い木の鳥居がある

登山道は小さな凹地の最低部についているが、その脇には間隔を置いて直径30～50㎝前後の杉の木が立ち並ぶ。登山道は、よく踏み固められているが、登山口から100m程先で雑木林に変わり、地形もU字谷になるが、この鞍部を小さく左右に折れながら上がる。冬場は雪上をほぼ直登できるが、かんじきかスノーシューが便利だ。斜面が赤松林に変わったら鋭角に右に折れ、さらに大きく左・右と曲がると古い木の鳥居がある尾根に出る。ここまで30分程で、尾根上で麻績からの室沢コースと合流する。

3つの鳥居をくぐって頂上へ

緩急ジグザグを繰り返して尾根筋を上がっていくと、右側の展望が開ける見晴らし台があって、頂上部が平らな聖山と北アルプス後立山連峰が望め、樹間に槍の穂先も見える。冬にはこの辺から雪が深くなる。カラマツの植林の脇をジグザグに上がり、平坦な道を左に進むと大杉の間に二つ目の鳥居と少し先に小さな祠があり、さらに斜め左方向に100m程上ると三っ目の樹脂製の小鳥居がある。48段程の石段を上がると古びた四阿屋神社の社と避難小屋が一つ屋根の下にある。神社の前からは妙高連山が望める。頂上は神社の裏側にあって「四阿屋山1387m」の標柱と三等三角点がある。頂上部は小四阿屋まで南北に100m近くあって、東斜面が村の天然記念物に指定されているブナ林、西側は赤松の雑木林、頂上から西に5分程下れば北アルプス全体を見渡せる展望台がある。

頂上にて

雪の登山道

消防署の標識

四阿屋山神社

頂上直下の鳥居

見晴らし台から北アルプスを望む

登山口の杉とヒノキの大木

立ち寄り湯

草湯温泉 冠着荘	東筑摩郡筑北村坂井6478	☎0263-67-2216	営 10:00～21:30	料 410円
西条温泉 とくら	東筑摩郡筑北村西条3443	☎0263-66-2114	営 10:00～22:00	料 410円

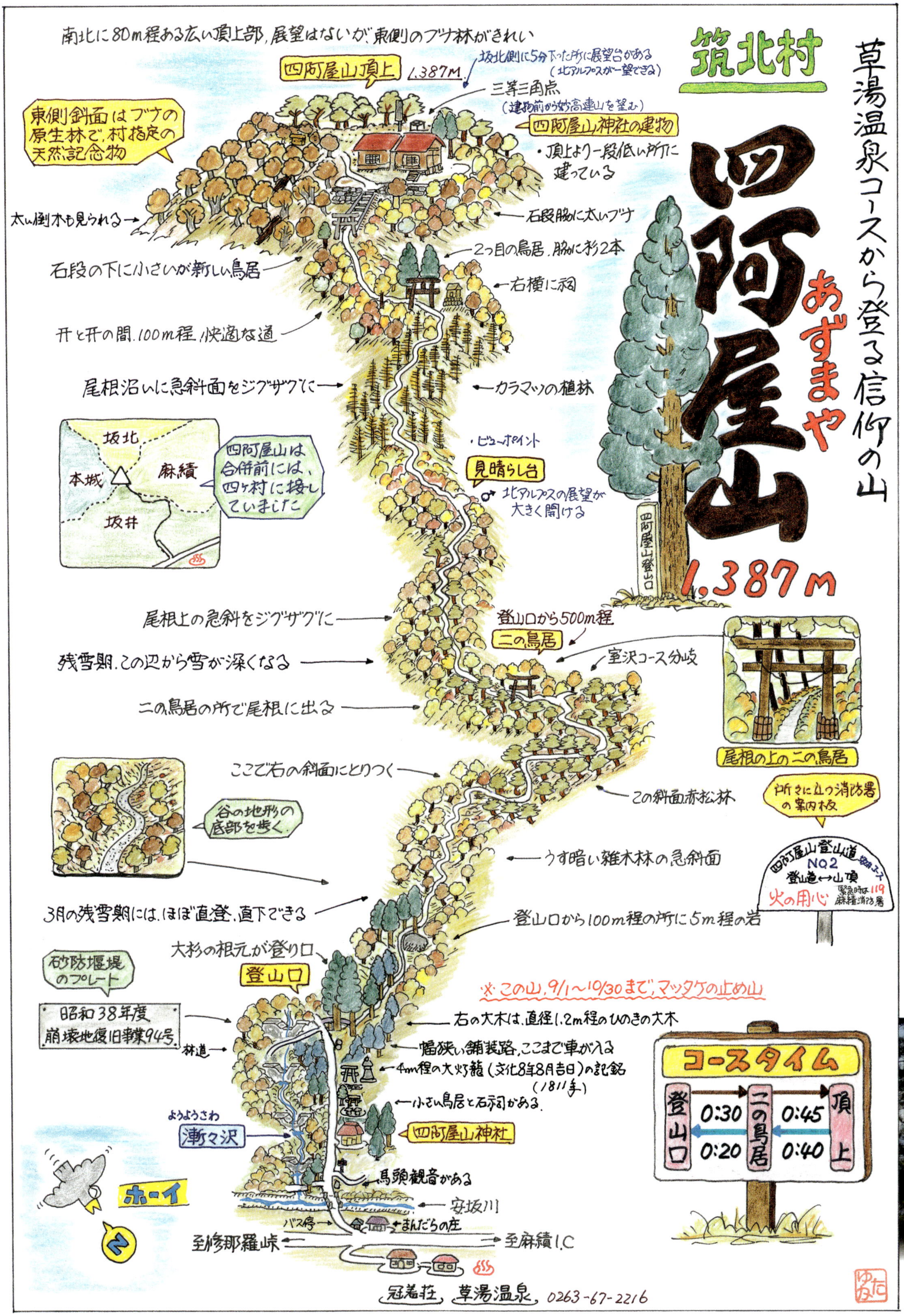
筑北村
草湯温泉コースから登る信仰の山
四阿屋《あずまや》山
1,387M
四阿屋山登山口
南北に80m程ある広い頂上部，展望はないが，東側のブナ林がきれい
四阿屋山頂上
1,387M
坂北側に5分下った所に展望台がある
（北アルプスが一望できる）
三等三角点
（建物前から妙高連山を望む）
四阿屋山神社の建物
・頂上より一段低い所に建っている
東側斜面はブナの原生林で，村指定の天然記念物
太い倒木も見られる
石段脇に太いブナ
2つ目の鳥居，脇に杉2本
石段の下に小さいが新しい鳥居
右横に祠
〒と〒の間，100m程，快適な道
尾根沿いに急斜面をジグザグに
カラマツの植林
・ビューポイント
見晴らし台
北アルプスの展望が大きく開ける
坂北
麻績
本城
坂井
四阿屋山は合併前には，四ヶ村に接していました
尾根上の急斜をジグザグに
登山口から500m程
二の鳥居
室沢コース分岐
残雪期，この辺から雪が深くなる
二の鳥居の所で尾根に出る
尾根の上の二の鳥居
ここで右の斜面にとりつく
この斜面赤松林
所々に立つ消防署の案内板
四阿屋山登山道
NO2
登山道↔山頂
火の用心
緊急時は119
麻績消防署
谷の地形の底部を歩く
うす暗い雑木林の急斜面
3月の残雪期には，ほぼ直登，直下できる
登山口から100m程の所に5m程の岩
大杉の根元が登り口
砂防堰堤のプレート
昭和38年度
崩壊地復旧事業94号
登山口
※この山，9/1〜10/30まで，マツタケの止め山
林道
右の大木は，直径1.2m程のひのきの大木
幅狭い舗装路，ここまで車が入る
4m程の大灯籠（文化8年8月吉日）の記銘
（1811年）
小さい鳥居と石祠がある．
漸々沢《ようようさわ》
四阿屋山神社
馬頭観音がある
ホーイ
安坂川
バス停
まんだらの庄
至修那羅峠
至麻績I.C
冠着荘，草湯温泉，0263-67-2216
コースタイム
登山口
二の鳥居
頂上
0:30
0:45
0:20
0:40

コースタイム

上り:①1時間55分　②50分　下り:①1時間15分　②30分

［上り］①久露滝登山口(15分)→久露滝(25分)→林道出合(35分)→いこいの森分岐(40分)→冠着山頂上
②坊城平いこいの森登山口(50分)→冠着山頂上

［下り］①頂上(25分)→いこいの森分岐(20分)→林道出合(20分)→久露滝(10分)→久露滝登山口
②冠着山頂上(30分)→坊城平いこいの森登山口

参考地図

【2万5千分の1地形図】**麻績**

22

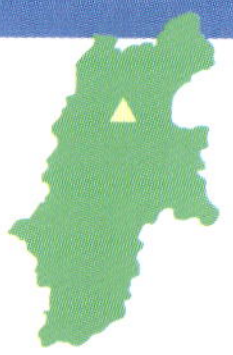

冠着山

かむりきやま

千曲市

久露《くろ》滝コース
鳥居平コース

1,252m

グレーディング

●対象外
初級

見どころ

▲▲▲ 頂上からの展望
▲▲ 久露滝、冬は滝が凍る
▲ ボコダキ岩(児抱岩)

いつでも見える秀峰

長野市街地の南にひときわ目立つ冠着山は、頂上が平たく、ちょうど頂上に生えている杉やブナの大木が空に透けて冠を着けたようにも見える。冠着山は、今でこそ姨捨山と呼ぶ人は少なくなったが、姨捨《おばすて》伝説や手力男命《たぢからおのみこと》の冠伝説などもある歴史深い山でもある。

冠着山の頂上からの展望は素晴らしく、眼下の千曲市から善光寺平までその大部分が見渡せる、ということは平場からもこの山が見えると言うことで、かなりの存在感がある。

いくつもある登山コース

観音平からの登山道を上がると僅か30分で登頂できてしまう。百名峰登頂にはあまりにあっけなく面白味がないので、今回は久露滝コースを歩いた。久露滝を見て林道を横切り、急斜面を上がって頂上に達するものだが、このコースなら四季を通して登山が可能だ。鳥居平に続く道路は冬季閉鎖となってしまい、容易に登山できないが、久露滝コースなら2時間前後で登頂できる。頂上の雰囲気が良く、日向ぼっこが最高に気持ちが良い。

頂上方位盤の解説

頂上にある方位盤には、次のように解説されている。冠形の峰を大空にそびえ立たせた美しい展望の山であり、別に姨捨山ともいう。山体は古い溶岩（安山岩）が浸食し残された山、すなわち残丘である。山の形が端正であり、また月の照る美しい山として古くから文学の山でもあった。神代の昔「天の岩戸」を背負って天翔けてきた手力男命が、この美しい峰にひかれてここでひと休みして冠を着け直したという伝説がある山、また「わが心なぐさめかねつさらしなやおばすて山に照る月を見て」の孝行伝説の山でもある。

姨捨SAから冠着山を望む

久露滝コースから千曲市街地を望む

姨捨の由来となった昔話

昔、信濃の国に年寄りの大嫌いな殿様がいて、70歳になった老人は山へ捨ててくるよう国中におふれを出した。ある夜、一人の若者が年老いた70歳の母を背負って山に登って行った。しかしいざ山に捨てるという時に、どうしても捨てられず、そのまま母を背負って山を下り、こっそり床下に穴を掘ってかくまっていた。そのころ、殿様のもとへ、隣国から使者が来て「灰で縄をなえ、九曲の玉に糸を通せ、さもないと国を攻める。」との難題をもちかけてきた。困った殿様は、おふれを出し、この難題を解ける知恵者を探し求めた。これを知った若者が、床下の母に尋ねると、母は塩水にひたしたワラでなった縄を焼けばよいこと、玉の一方に蜜をぬり、その反対側から糸をゆわえたアリを通せばいいと教えてくれた。若者は、さっそく殿様に申し出て、この方法を知らせた。すでのところで国難を救われた殿様はたいそう喜び、若者に「なんなりと申すがよい。ほうびは望むままに進ぜよう。」と言ったが「ほうびはいりません。ただ、老いた母を助けてください。実は、この知恵を授けてくれたのは母です。」若者は、涙ながらに母親のことを打ち明けた。国難を救ったのが老婆の知恵であると知った殿様は、いたく感銘し老人を大切にすべきことを悟った。姨捨のおふれはほどなく廃止されたということである

冬の久露滝

久露滝脇の祠

頂上の鳥居と社

坊城平いこいの森登山口

大林山から見た冠着山（後方は戸隠）

立ち寄り湯

多世代健康交流プラザ つるの湯　千曲市上山田温泉3-43-1　☎026-261-0770　営 9:00〜22:00　休 第1・3水曜　料 250円

戸倉国民温泉　千曲市戸倉芝宮2228-2　☎026-275-0457　営 8:30〜22:00　休 第1火曜（不定休）　料 300円

万葉超音波温泉　千曲市磯部1125　☎026-275-2228　営 4:00〜23:00　休 第4月曜　料 350円

千曲市
冠着《かむりき》山
姨捨伝説が残る好展望の山
1,252m
冠山、更級山
姨山、カブリ山
姨捨山
坊城山
などの別名があるという。
ホーイ
冠着山頂上
△1252.2m
三等三角点
方位盤
句碑
冠着神社
1799年に建てられた石祠
冠着山権現の石祠
寛政十一己未九月吉日 麻績組永井村中
コナシの木
屋根のある建物
急な尾根道
松の古木、枯れた木も
分岐
坊城平
いこいの森へ
善光寺平の展望
すばらしい
階段
あと200米
← 5分
あって嬉しい小さい標識
展望台
北アルプスなどを望む
信濃路自然歩道聖高原ルート冠着山展望図とベンチがある。
急斜面を横切る
右へ
積雪期迷い易い
北側の展望開ける
積雪期迷い易い
ヒノキ林の境を直登する。
久露滝分岐
登山口700m、冠着山600m
分岐
山頂へ
いこいの森へ
山頂へ
久露滝登山口
道は整備されて歩き易い
ヒノキ林を横切る
登山口0.5km 冠着山0.8km
古い標識
林道終点
頂上に立つ石碑
更級や姨捨山の月ぞこれ
冠着山山頂まで1200m
所々に木の階段がある
車幅の道
急斜面をジグザグに
鳥居平コース
広い駐車スペース
松林
沢が分かれている
太い丸木を3本渡した橋
里山らしく、この辺りでも電車や高速道路の車の音が聞こえる。
見事に伸びたヒノキやスギの斜面
林道出合
P
登山口
ここは 鳥居平
至古峠を経てJR冠着駅へ5.5km
至四十八曲峠
千曲市街地
コースタイム
鳥居平登山口 0:35 0:25 頂上
《必見》岩の割れ目に生えている根性ヒノキ
滝の横に石祠と不動明王
水平道がある
厳冬期、凍結した滝や長く伸びたつららが見られる
久露滝
ロープのある小岩場
足元に注意!
10m程の木橋を渡る
木を組んだ橋
久露滝コース
高い岩場
大きなえん堤、石垣のえん堤
冠着山
滝
上山田
四十八曲峠
至JR冠着駅
久露滝コース登山口
高速道路
道がわからない時は、人をみつけて、聞いてください。
JR篠ノ井線
御麗集会所
ここは 千曲市羽尾地区
2km
みちあんない
至坊城平いこいの森
登山口の標識
更級小学校
至稲荷山
県道77号
750m
至上山田温泉
更級小入口
冠着橋
千曲川
内川
R18
長野市
久露滝コース登山口の様子
崩れた岩場
大小のえん堤
丸木橋を渡る
杉並木のような道
登山口
車は、路肩に数台
P
至更級小学校
林道久露滝線
至古峠、麻績
コースタイム
久露滝登山口 0:15 0:10 久露滝 1:20 0:55 頂上
ゆうた

コースタイム

上り:3時間20分　下り:2時間20分

［上り］室賀峠登山口（1時間30分）→風越分岐（1時間）→九竜山（50分）→大林山頂上

［下り］大林山頂上（30分）→九竜山（1時間50分）→室賀峠登山口

参考地図

【2万5千分の1地形図】麻績・坂城

23-1

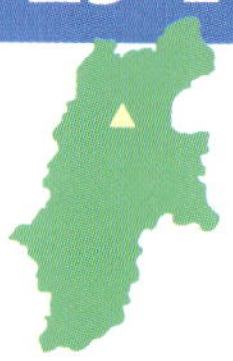

大林山

おおばやしやま

坂城町・千曲市・上田市

室賀《むろが》峠コース

1,333m

グレーディング

●対象外　初級

見どころ

- 頂上からの北アルプスの大展望
- 積雪期のスノーシュートレッキング
- 上平見晴台からの展望

展望台からの眺め

室賀峠登山口

頂上にて坂城トレッキングクラブの皆さんと

鉄塔下で準備体操

松並木の道を進む

坂城町の境、九竜山の頂上

坂城町の登山熱

坂城町にさかき里山トレッキングクラブがあって、柳沢直幸会長以下会員が町内外の里山を中心に精力的に登山したり、登山道整備などに当たっている。そのせいか町を取り巻く東西の山々の稜線は登山道で繋がっていて縦走できる。西山側は、網掛《あみかけ》地区の十六夜観月殿から三水城跡を通って摺鉢《すりばち》山へ、室賀峠に下り、峠から大林山（九竜山）、岩井堂山に続く。東山側は、鼠地区の和合城跡から、虚空蔵山、太郎山、大峰山、堂叡山、鳩ヶ峰、鏡台山、五里ヶ峰、葛尾城跡と稜線が繋がる。また、坂城町は、昔から交通の要衝であったほか、戦国時代、武田軍を二度にわたって打ち破った勇将村上義清が支配していた地でもあり、里山探訪の他に町の歴史を紐解くのも面白い。そのあたりの情報は、坂城町合併50周年記念誌のふるさと探訪編に詳しく紹介されている。

大林山は上田市と千曲市の山

大林山は坂城町内の山に思えるが、頂上は上田市と千曲市に跨がっている。坂城町は頂上手前の九竜山までだが、その九竜山は名前だけでピークがなく、「九竜山1168m」の標識だけが頼りの山でもある。登山口の室賀峠は上田市と坂城町を結ぶ県道の最高点にあり、上田市室賀の地名が付いている。峠から南に上がると摺鉢山、北側に入ると大林山だが、積雪期には室賀峠から歩く登山者が多い。登山口から送電線鉄塔の下を通って尾根伝いに赤松林を抜け、一旦林道に出て風越から再び尾根伝いに上がる。上平展望台は地区の人達が支障木を切って展望が得られている。ひと上りで岩井堂山コースを合わせて左に上がると、例の九竜山の標識が立っている。

初めて熊と遭遇した山

大林山は、室賀地区では氷沢《ひざわ》山とも呼ばれているが、この山には、初めて熊と遭遇した記念すべき？忘れられない思い出がある。氷沢川沿いの林道で突然、右斜面から駆け下りてきた熊と遭遇、林道で一瞬立ち止まった熊は、こちらを見て、すぐに左の林に走り去った。20m程先のことだったが、その体験は衝撃的で今思い出してもゾッとする。この室賀からのコースは稜線の杉大門で室賀峠や岩井堂山からの登山道と合流する。頂上からはお隣の冠着山も聖山も、そして北アルプスの絶景を望める。冬場もスノーシューで歩け、頂上からの展望もすばらしい。最近、木々の成長とともに積雪期を除いて展望が遮られ始めているが、北アルプスの展望台の一山である。

立ち寄り湯　びんぐし湯さん館　埴科郡坂城町網掛2002-4　☎0268-81-7000　営 10:00~21:00　休 第4水曜日　料 500円

北アルプスを望む好展望の山
室賀峠から登る
大林山《おおばやし》
九竜山
1,168m
標高1,333m
上田市室賀地区では、氷沢山《ひざわやま》とも呼ばれている。
大林山 1,333m
北アルプスの展望がすばらしい
八頭山方面に下る
9合目標識
1,230m
8合目 杉大門
尾根上をまっすぐに
頂上らしくない所に標識がある
1,168m
九竜山
林中で展望なし
室賀分岐
至室賀
反射板分岐
林中で薄暗い
・風越 1.1km 約30分、反射板 0.7km 約30分
・大林山 0.6km 約50分
50m急登
リョウブの木多い
休憩適地
上平見晴台
丸い尾根を緩く上がる
東側切り開き 坂城町上田市見える
ホーイ
ン
コースタイム
室賀峠 1:30 風越分岐 1:00 九竜山 0:50 大林山頂
1:20 0:30 0:30
尾根上を小さくアップダウンする
山ツツジが多い
こちら側急斜面
クリの木のある広い鞍部
界十号のピークの様子
クリ サクラ ケヤキ カラマツ
界十号の小ピーク
岩場のある急斜面
背の高い栗の木が見られる
300m程急坂を上がる
フタリシズカ群生
境界柱
界十号
親林園
株立ちのケヤキ、クリの木が目立つ
室賀峠 1.4km 1時間20分、九竜山 1.1km 1時間
風越分岐
分岐 休憩適地
至九竜池
大きな左カーブの所で右上に40m上がる
風越
四等三角点 967.2m
尾根上も歩ける
尾根伝いでなく、林道を300m歩いてもよい
桜
杉の植林
005 628 基本 四等三角点 地理調
(三角点展開図)
篭岩林道道祖神
林道工事中に発見された道祖神
アカマツ林
標高916mの小ピーク
鞍部
栗林
急な下り 約50m
林道篭岩線
徐々に急坂になり、100mは急になる
アカマツの多い尾根
林に入り尾根道を緩く上がる
東京電力 黒部幹線 372
鉄塔下で準備体操して出発
登山口
室賀峠《むろが》
760m
長野 32km
千曲 18km
坂城 8km
県道 160
至坂城町上平
至室賀
坂城町上田市境
擂鉢《すりばち》山登山口
至擂鉢山
峠の案内板
九竜山・自在山(岩井堂コース)
室賀峠→風越→九竜山→(大林山)→自在山(岩井堂山)→上平(自在山登山口)
歩行距離 約8.1km
所要時間 約5時間40分
頂上は3市村に跨る
筑北村
1333m
大林山
千曲市
上田市
九竜山 1168m
坂城町
アクセスマップ
大林山
九竜山
自在山(岩井堂山)
至室賀
至自在神社
室賀峠登山口
県道上室賀・坂城停車場線
至自在山・九竜池
びんぐし湯さん館
村上小
至上山田
至上田市
至坂城大橋
ゆかた

コースタイム

1時間50分　下り:1時間10分

［上り］四十八曲峠坂上トンネル東登山口（5分）→旧道登山口（25分）→八頭山分岐（35分）→岩井堂山分岐（45分）→大林山頂上

［下り］大林山頂上（30分）→岩井堂分岐（20分）→八頭山（20分）→坂上トンネル登山口

参考地図

【2万5千分の1地形図】**麻績・坂城**

頂上の標識と方位板

23-2

大林山《おおばやしやま》

坂城町・千曲市

八頭尾根コース

1,333m

グレーディング

●対象外

初級

見どころ

- 頂上からの北アルプスの大展望
- 途中で出会えるカモシカ
- 里山の雰囲気

坂上トンネル口から入山

大林山は、展望が素晴らしいことで人気がある。登山口は、千曲市から県道麻績インター千曲線を上がった坂上トンネル手前と、岩井堂山からの室賀峠からのコースがある。

坂上トンネルから入る八頭尾根コースは、旧上山田町の女沢橋交差点から四十八曲峠に向かい、トンネル手前の空き地に駐車する。小さな標識を見て杉林に入り旧道に出たら、右に120m程進み、37号カーブの青い標識を過ぎた所で小さい標識を見て左に上がる。

ぽんぽんの平から八頭山へ

登山道は、カラマツの斜面や急斜面のヒノキの植林を横切る。左下がりの斜面を左方向に長く横切ると、鞍部に着くが、ここが八頭山への分岐標識で「ぽんぽんの平」とある。寄り道して八頭山に向かってもいいが、頂上まで急坂が300m近く続く。八頭山頂上での展望はない。

積雪期でも登れる里山

ぽんぽんの平からカラマツ林を上がり、尾根上を古い有刺鉄線に沿って進むと岩井堂山への分岐の小鞍部に出る。ここからは、右下がりの斜面を西側に回り込む。積雪期には、ステップを確実に刻んで滑落しないように注意が必要だ。左斜面がヒノキの植林になったら「県林務部（S56）」の錆びた鉄柱の所から左斜面に上がる。ヒノキ林の斜面を150m程直登して稜線に出たら左へ。一旦60m程下り、100m程上り返すと頂上に着く。広い頂上は、北西側が切り開かれて、北アルプスが一望できる。

先日久しぶりにスノーシューで大林山に登ってみた。トレースは室賀峠コース側からついていたが、膝高の積雪の中、時間をかけてゆっくりと山歩きを楽しみたい方々には格好な山である。ただし、この山も突然熊やカモシカなどに遭遇する機会があるので鈴などを携帯しよう。

頂上にて

長野市街地、北信五岳を望む

カモシカの歓迎

頂上の様子

アルプスを望む

ぽんぽんの平

9合目の尾根

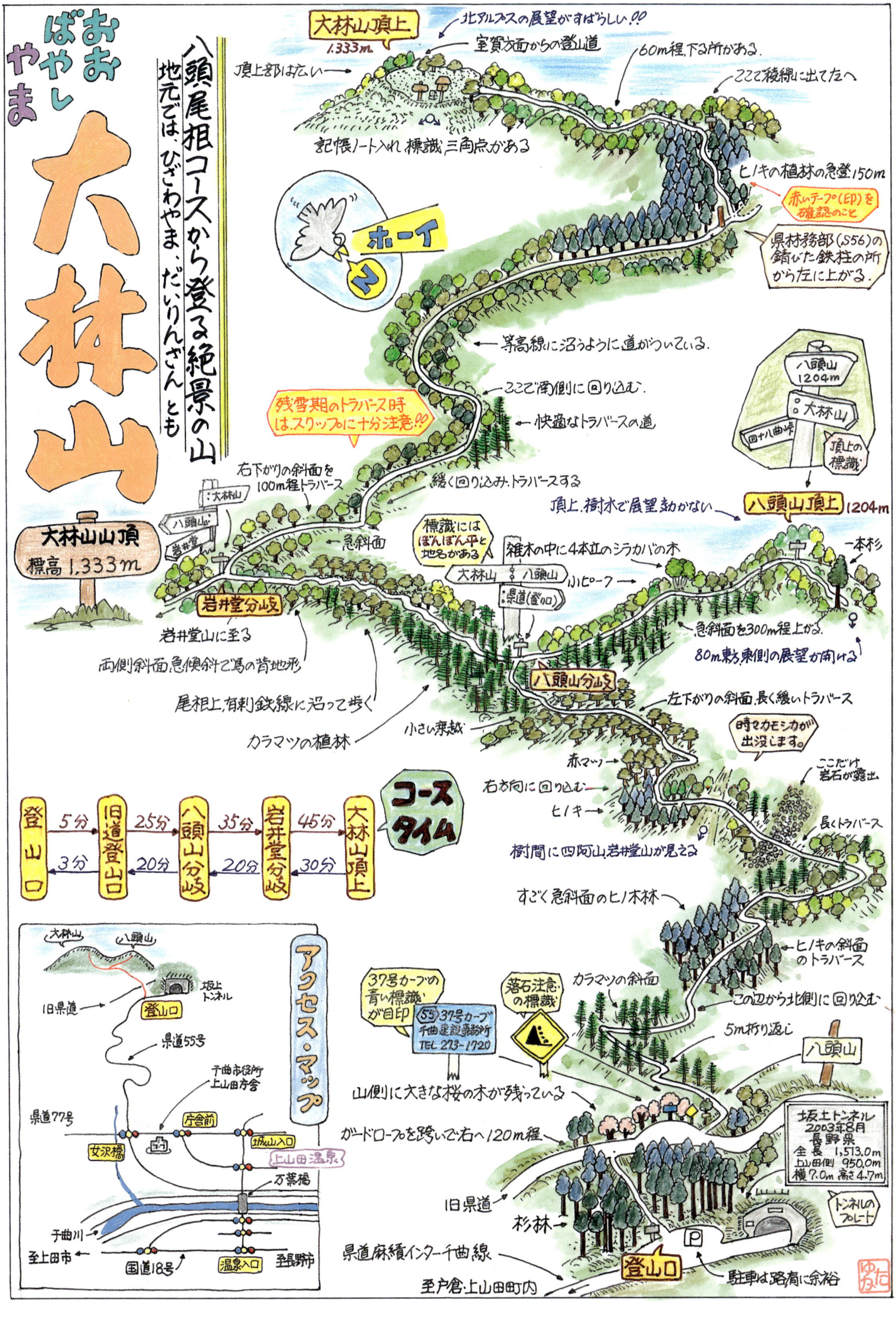

おおばやしやま
大林山
八頭尾祖コースから登る絶景の山
地元では、ひざわやま、だいりんざん とも
大林山山頂
標高1,333m
大林山頂上
1,333m
北アルプスの展望がすばらしい!!
室賀方面からの登山道
頂上部は広い
記帳ノート入れ 標識 三角点がある
60m程下る所がある。
ここで稜線に出てたへ
ヒノキの植林の急登150m
赤いテープ(印)を確認のこと
県林務部(S56)の錆びた鉄柱の所から左に上がる。
ホーイ
等高線に沿うように道がついている。
ここで南側に回り込む。
快適なトラバースの道
残雪期のトラバース時は、スリップに十分注意!!
右下がりの斜面を100m程トラバース
緩く回り込み、トラバースする
急斜面
大林山
八頭山
岩井堂
岩井堂分岐
岩井堂山に至る
両側斜面、急傾斜で馬の背地形
尾根上、有刺鉄線に沿って歩く
カラマツの植林
標識にはぼんぼん平と地名がある
雑木の中に4本立のシラカバの木
大林山
八頭山
県道(登山口)
小ピーク
八頭山
1204m
大林山
四十八曲峠
頂上の標識
頂上、樹木で展望効かない
八頭山頂上
1204m
一本杉
急斜面を300m程上がる。
80m東側の展望が開ける
八頭山分岐
小さい乗越
左下がりの斜面、長く緩いトラバース
時々カモシカが出没します。
赤マツ
右方向に回り込む
ヒノキ
ここだけ岩石が露出
長くトラバース
樹間に四阿山、岩井堂山が見える
すごく急斜面のヒノキ林
ヒノキの斜面のトラバース
この辺から北側に回り込む
コースタイム
登山口 5分 旧道登山口 25分 八頭山分岐 35分 岩井堂分岐 45分 大林山頂上
大林山頂上 30分 岩井堂分岐 20分 八頭山分岐 20分 旧道登山口 3分 登山口
アクセス・マップ
大林山
八頭山
坂上トンネル
旧県道
登山口
県道55号
千曲市役所上山田庁舎
県道77号
庁舎前
城山入口
女沢橋
上山田温泉
万葉橋
千曲川
至上田市
国道18号
温泉入口
至長野市
37号カーブの青い標識が目印
55 37号カーブ
千曲建設事務所
TEL 273-1720
落石注意の標識
カラマツの斜面
5m折り返し
八頭山
山側に大きな桜の木が残っている
ガードロープを跨いで右へ120m程
坂上トンネル
2003年8月
長野県
全長 1,513.0m
上山田側 950.0m
横 7.0m 高さ 4.7m
トンネルのプレート
旧県道
杉林
県道麻績インター千曲線
登山口
駐車は路肩に余裕
至戸倉・上山田町内
ゆた

コースタイム

上り:1時間　下り:45分

［上り］表参道登山口(50分)→太郎山神社(10分)→太郎山頂上

［下り］太郎山頂上(5分)→太郎山神社(40分)→表参道登山口

参考地図

【2万5千分の1地形図】**坂城・真田**

24-1

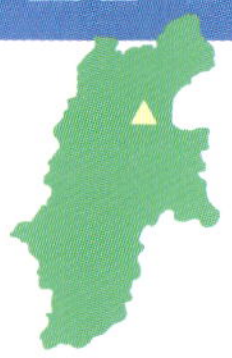

太郎山《たろうやま》

上田市

表参道コース

1,164m

グレーディング

●対象外
初級

見どころ

頂上や太郎山神社からの展望
太郎山神社の様子
レンゲショウマやミスミソウなど季節の草花

太郎山から上田市街地を展望

レンゲショウマ

2010年2月孫と

2015年4月の太郎山トレッキング

孫と太郎山頂上で

太郎山神社の鳥居

太郎山神社境内

日課として毎日登山する人も

長野県に多くの山がある中で、これほど庶民に親しまれている里山はないと思う。「上田市民の山」というのがピッタリで、朝に夕に登山する人が後を絶たない。昨年暮れには、登山5千回を達成した人と1千5百回を達成したという人に会った。このほかにも神社には5千回登山などの額が掲げてある。太郎山は市民のほか、県内外の登山者も多く訪れるが、最近ではトレイルランニングの大会も開かれるようになり、コース整備が行き届いて歩き易くなったが、一方で度重なる大会で登山道の荒廃が心配になる程だ。

人気の秘密は

太郎山の人気の秘密は、と考えてみると、一つは、山が上田市街地の直近（背後）にあってアクセスが良いこと、登山コースがいくつもあって、どのコースも概ね2時間前後で往復が可能なこと、危険箇所がなく家族連れや子供、高齢者でも登山が楽しめること、頂上手前に太郎山神社もあって市民の生活に密着していること、そして何よりも上田市街地や、富士山、北アルプスなどの展望が素晴らしいことが上げられる。

太郎大神道の道標を見に行く

平成29年の登山納めに太郎山に登った。表参道は堅く踏み固められた圧雪状態で滑り易いが、冬でも登山者が多いことを証明している。前週に北側の大峰山側からも歩いたが、今回は、今は廃道になった「太郎大神道」（太郎山信仰の参詣道で坂城町網掛から太郎山に通じていた道）にあった73本の道標の内の最終73番目の道標を見るのが目的だった。道標は神社から西峠に向かった右の道端に無造作に倒れているが、昔の人の信仰心の厚さに驚いた。

宮の太郎大神道石碑

太郎大神道73番道標

立ち寄り湯　ひな詩の湯　上田市住吉86-2　☎0268-26-1711　営 8:00（火曜日は14:00）～23:00　料 700円

上田市
太郎山
市民の山として多くの人々に親しまれる好展望の山
太郎山山頂 標高1164.3m
1,164M
表参道コース
コースタイム
上り 1:15
下り 1:00
太郎山頂上 1164m
浅間山、東太郎山
切り開きから、北アルプス、北信五岳 千曲市、長野市街地を望む
方位盤
地蔵様
桜の木
三角点
頂上部広く、休憩適地
切り開き
ホーイ
急な登り、右に桜の木
八ヶ岳、富士山
凹部
太郎大神社
巻き道あり
頂上は神社の右側を通って行く
トイレ
至虚空蔵山
庭に小さい赤い开がある
左側に休憩舎などがある
見上げるくらいの大鳥居をくぐり参道を上がる
裏参道がこちらから上がってくる
トイレ
大鳥居前の広場
鳥居の直下80m急坂
幅1.5m程の馬の背30mがある。
22丁
21丁
大きなカラマツの横に21丁がある。
堀れた地形
20丁
石が露出
松の下に19丁
右側急斜面
赤松
松の下に18丁
17丁
16丁
大山祇大神の木製の祠
15丁
鳥居の額
左上が欠けている
太郎山神社
太郎山神社の鳥居
大鳥居と石燈籠のある小広場 休憩適地
竹林
赤松の林
白蛇コース.
13丁
V字の赤松の木
12丁
くぼ地
小ピーク
岩
石が並ぶ
岩
11丁
山火事注意
根が露出
堀れた道
10丁
鉄塔
8丁
所々に登山道の水切りがある
急坂をジグザグに
斜めに100m程上がる。
高速道路を走る車の音が大きく聞こえる
上信越自動車道 太郎山トンネル
登山口
至R18新田信号
行止り
ゆかた

コースタイム

上り:1時間30分　下り:1時間10分

［上り］虚空蔵堂先の登山口（30分）→山神（40分）→西峠（20分）→太郎山頂上

［下り］太郎山頂上（5分）→太郎山神社（10分）→西峠（30分）→山神（25分）→虚空蔵堂先の登山口

参考地図

【2万5千分の1地形図】**坂城・真田**

24-2 太郎山

たろうやま　上田市

緑ヶ丘コース

1,164m

グレーディング

●対象外　初級

見どころ

- 頂上や太郎山神社からの展望
- 太郎山神社の様子
- レンゲショウマやミスミソウなど季節の草花

沢沿いに真っ直ぐ上がる

太郎山の登山口はあちらこちらからいくつもあるが、その一つが、上田バイパスの緑ヶ丘信号交差点から山側に上がる「緑ヶ丘コース」で、登山口は右側の虚空蔵堂の脇を通って沢を渡った左カーブの右側にある。車の場合は、車道なりに上がった先に駐車場がある。登山道は沢の右岸斜面を上がり、途中で駐車場からの道と合流する、沢沿いに緩く上がっていくと右側に昔の畑跡の石積みが見られる。大きな木の下には「山の神」の石祠があるが、この道も昔から使われていたことがわかる。石祠の周りで休憩する。

炭焼き窯の跡を見て

少し左右に折れながら上がり大きな岩場の前で左に曲がる。ヒノキ林に沿った急坂の右側には石を積んだ炭焼き窯が形良く残っている。斜面の途中で左に曲がってヒノキ林を横切る。湿った登山道の上を見るとヌタ場がある。右に折れて右下がりの斜面を長く横切っていく、これと言った特徴は無いが、斜面が開けた場所に出る。ここで一休みして左方向に進み、鋭角に右に曲がって斜面を長く横断すると西峠に着く。西峠は五叉路交差点で、太郎山神社、太郎山頂上、虚空蔵山、そして太郎山林道と、緑ヶ丘への登山道が合わさっている。

季節ごとの花が見られる

頂上へは右斜めに上がると20分程。右方向の太郎山神社へは右下がりの斜面をやはり20分程で着く。1年を通して登山が可能な太郎山だが、春から初秋にかけて、ウスバサイシンとヒメギフチョウ、続く虚空蔵山のナンジャモンジャ、コブシ、カタクリ、コブシ、レンゲショウマ、ミスミソウ、ヤマツツジなど季節ごとに多くの花が見られるのも魅力だ。登山道がいくつもある太郎山山系、全てのコースを歩き尽くしてほしいと思う。

お地蔵様とツーショット

頂上からの上田市街地の展望

山神の石祠

西峠の案内板

緑ヶ丘コース入口の虚空蔵堂

真っ赤に咲くヤマツツジ

立ち寄り湯　ひな詩の湯　上田市住吉86-2　☎0268-26-1711　営 8:00（火曜日は14:00）〜23:00　料 700円

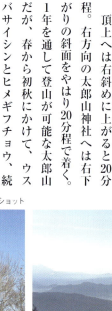

上田
太郎山
1,164M
緑ヶ丘コースから上る
N
ホーイ!
太郎山頂上 1,164m
太郎山神社
稜線を通って山頂へ15分
切り開き展望が良い。
山桜
西峠
林道経由坂城町へ
至虚空蔵山 (2.2km 1:10)
1.5×1.8m程の水場
マユミの木
斜面を横切る(トラバース)
社務所
菊花紋入りの屋根瓦がある
トイレ
・こちら側、上田高校の学有林 (カラマツなど)
大小6個の岩がある
150m程斜面を横切る。
独鈷山、蓼科山などを望む
広く空が開ける
大きなケヤキの木が4本
S字に大きく回り込む。
カラマツ混じりの林の急斜面を歩く
僅かだが斜面から水が湧出、動物のヌタ場になっている。
ここから左へ。ヒノキ林の斜面に入る。
炭焼き釜の石垣が、いい形で残っている。
ヒノキなどの斜面200m近く横切る
大きな岩場に突きあたる
ヒノキ林
銃猟禁止区域 長野県
標識から左斜面に曲がる
炭焼き釜跡
緩く上がる
東之山神 西脇新町
山神周辺は小公園の雰囲気がある。休憩適地
(大山祇神社)
山神
大きなヒノキが2本
小さな岩石が崩れ落ちている斜面
所々に炭焼き釜の石垣跡が見られる
細かな石積み 昔、ここで畑作をしていた
青いポリタンが埋めてある
山火事防火用水
農場などの建物
左に廃屋がある
右に杉の林
右下がりの斜面を歩く
崩落注意
行き止まり
虚空蔵沢
登山口
沢に堰堤が造られている
虚空蔵堂
至上田バイパス 緑ヶ丘信号交差点
太いケヤキ(上田市指定保存木 幹周4.56m)
"くだり"
太郎山頂上
10分~20分 15~25分
西峠
30分 40分
山神
25分 30分
登山口
"のぼり"
コースタイム
アクセスマップ
太郎山
西峠
太郎山神社
登山口
虚空蔵堂
緑ヶ丘
北陸新幹線
R18上田バイパス
至長野
西友秋和店
R18
上塩尻東
至上田市街
至上田大橋

コースタイム （ゆっくりタイム）

上り:1時間45分　下り:1時間10分

［上り］当郷コース:登山口（1時間）→鳥居（45分）→頂上

［下り］頂上（30分）→鳥居（40分）→当郷登山口

参考地図

【2万5千分の1地形図】信濃西条・別所温泉

登山者休憩所（後方は子檀嶺岳）

畳石公園の松

25

子檀嶺岳

こまゆみだけ

青木村

当郷《とうごう》コース

1,223m

グレーディング

対象外
初級

見どころ

- 頂上の三つの祠の様子
- 田沢温泉、沓掛温泉
- 頂上からの展望

頂上の祠（右奥は四阿山）

当郷コースから登る

子檀嶺岳は、上田市塩田平の西の外れに一際目を引く形の山で、別に当郷《とうごう》岳、村松岳、冠者《かんじゃ》岳などと呼称される山岳信仰の山である。青木村にある夫神《おがみ》岳、十観《じゅっかん》山とともに「青木三山」と言われ、地質学的には、山麓部は青木累層礫岩、砂岩、泥岩からなり、頂上の絶壁部は、マグマが岩床状に貫入してできた岩石が浸食されたものだという。登山口は、青木村中心部からの村松西洞コース（100分）、東方からの当郷コース（90分）と、最短で登れる田沢嶺浦（西尾根）コース（80分）の3つがあるが、最近では、登山口に休憩所が設けられている当郷コースからが主流のようである。

四季を通して登山が楽しめる

上田地域は、県内でも降水量が少なく溜め池が多い地域で、気温も比較的温暖で、積雪も少ないことから、子檀嶺岳に限らず周辺の山も含めて四季を通じて登山が可能だ。当郷コースの登山口は当郷地区の山際にあるが、ここにも熊出没注意の標識がある。以前に熊とバッタリ出会ったのもこの近くなので鈴は必携だ。最近はスノーシューで登ったが、途中の林道は快適に歩け、鳥居から先は北向きの急斜面だが、冬山気分の登山が楽しめる。

この他、村松西洞コースは役場入口のバス転回場前から北に真直ぐ1.4km程進んだ村外れの林道の路肩に駐車し、500m程上がった「頂上まで100分」の標識から左に入る。薄暗い杉林の中を沢沿いに進み尾根に出る。辺りにはきのこの止め山を示すナイロンテープと「入山禁止」の紙がいくつも貼ってある。

登山口の様子

子檀嶺神社鳥居

麓から望む

静かな里山歩きを楽しむ

頂上は、6m×15m程の広さで、中央部には石祠と木造の祠が並んでいる。この山は山岳信仰で知られた霊山であり、山頂の子檀嶺神社は、当郷、村松、田沢の産土《うぶすな》神で、農耕や水神として崇められている。展望は抜群で、四阿山、浅間山、八ヶ岳、美ヶ原や北アルプスを望み、南に大きな夫神岳がある。子檀嶺岳は、展望が素晴らしく、静かなのんびりした山歩きが楽しめる里山。村松コースだが43歳の時、上り40分、下り24分だったが、今はゆっくり雰囲気を楽しみながら歩いている。

浅間山、上田盆地を望む

立ち寄り湯

室賀温泉 ささらの湯	上田市上室賀1232-1	☎0268-31-1126	営 10:00～21:00	休 第2・4木曜日	料 500円
田沢温泉 くつろぎの湯	小県郡青木村田沢3231	☎0268-49-1000	営 10:00～20:30	休 月曜日	料 300円

頂上に子檀嶺神社を祀る
青木村

子檀嶺《こまゆみ》岳

※青木三山の一つ、当郷地区から登る好展望の名峰

1,223m

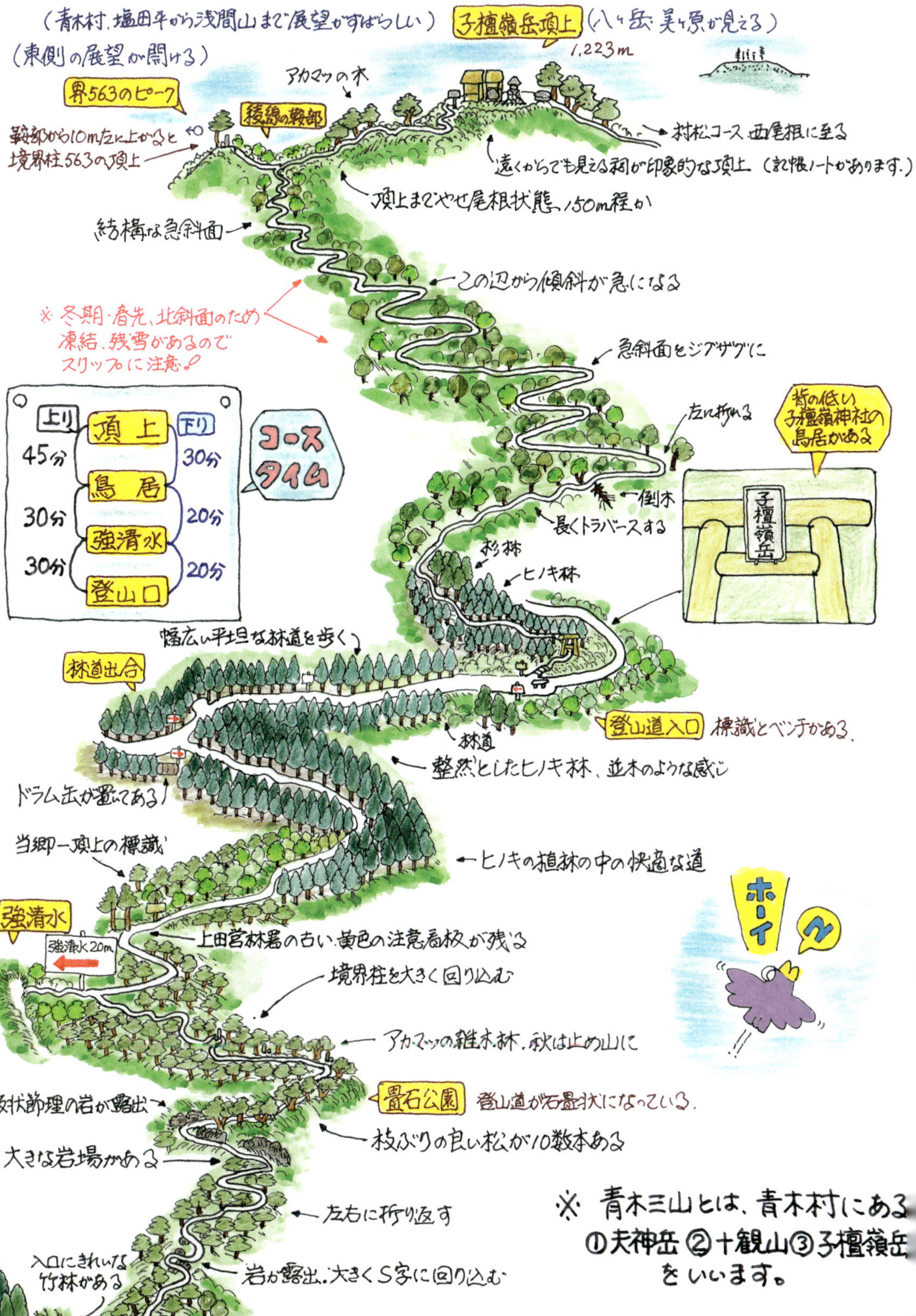

※ 青木三山とは、青木村にある
①夫神岳 ②十観山 ③子檀嶺岳
をいいます。

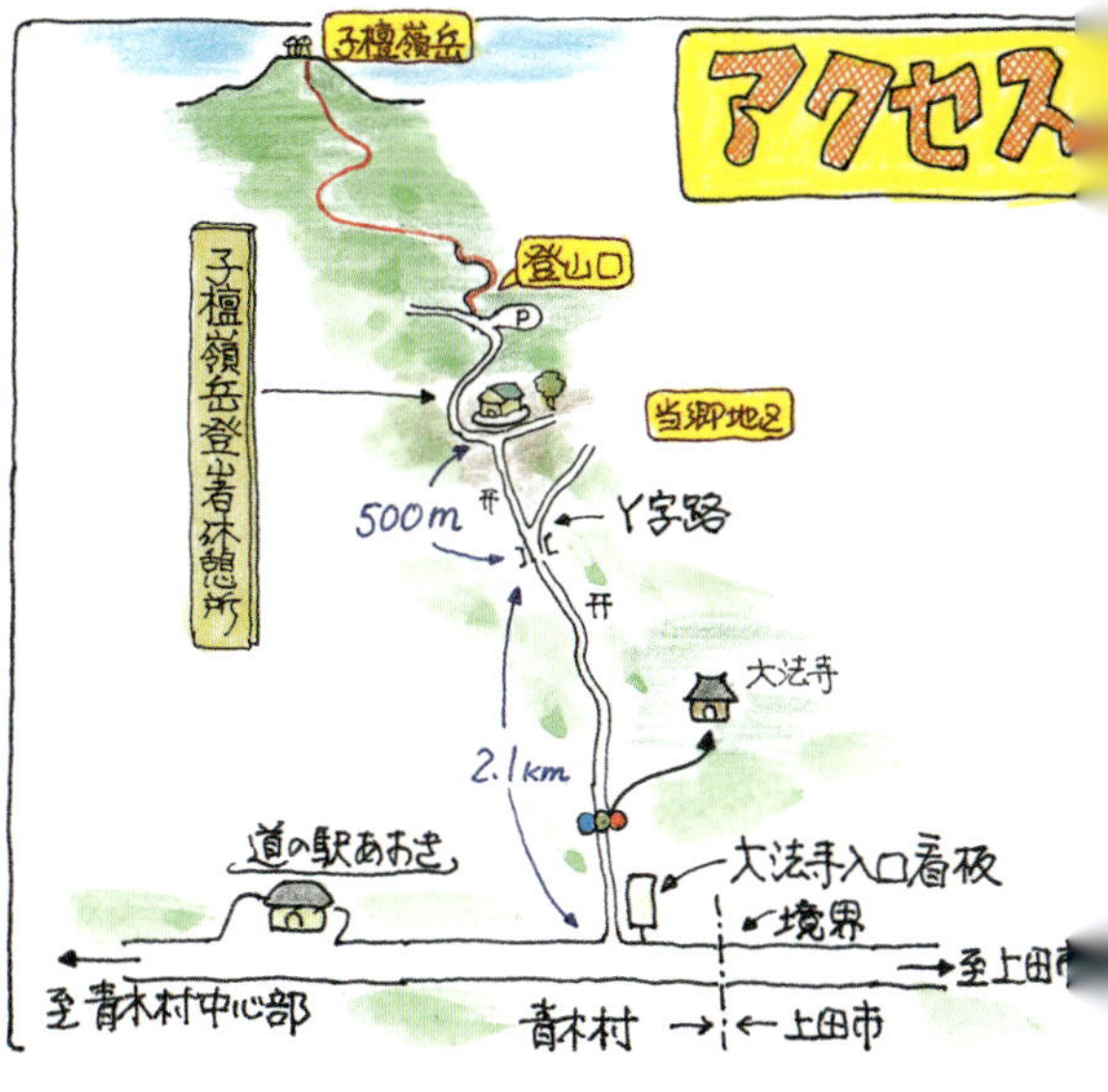

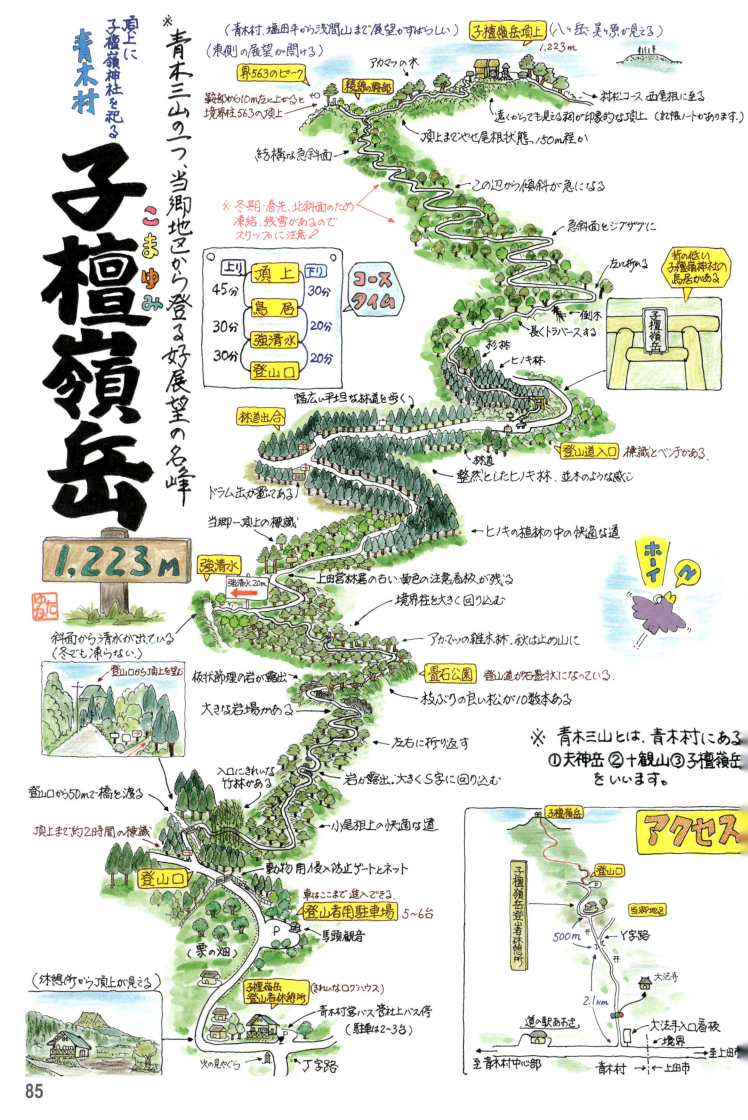

26-1

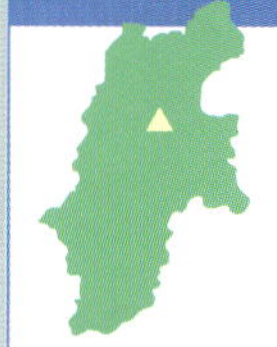

とっこさん

独鈷山

上田市

不動滝コース

1,266m

グレーディング

●対象外 **初級**

見どころ

- 塩野神社と国重要文化財の中禅寺薬師堂
- ミスミソウや福寿草
- 頂上やだるま岩からの展望

コースタイム

上り:1時間40分　下り:1時間20分

［上り］虚空蔵堂上登山口（1時間40分）→独鈷山頂上

［下り］独鈷山頂上（1時間20分）→虚空蔵堂上登山口

参考地図

【2万5千分の1地形図】**武石・別所温泉**

登頂記念（2018年5月）

近くの中禅寺薬師堂も見事

信州の鎌倉と呼ばれる塩田平の西前山地区に塩野神社と国重要文化財の中禅寺薬師堂がある。分厚い茅葺き屋根の建物が四季折々の風景にマッチして美しいが、春先の桜がよく似合う。独鈷山の西前山からの登山口は、村外れの虚空蔵堂の先にある。コース名は途中にある滝の名を取って不動滝コースとしたが、西前山コースでもいい。最近では、県外の団体が、登山口に近い「塩田の郷 マレットゴルフ場」の駐車場にバスを駐車し登山している。

村外れの六地蔵の並ぶ虚空蔵堂の前を通って動物除けのフェンスの門を開けて山側に入ると右に「頂上まで100分」の標識がある。

頂上まで100分

このコースには親切にも10分毎の時間と赤い矢印の標識がある。頂上まで100分ということだから、一応の目安にはなる。道は薄暗い杉林の中にあるが、舗装された林道が終わり、小沢を渡って10分程歩いた突き当たりには、大きな岩が重なった不動滝があり、沢水が細く流れ落ちている。高さも水量も少ないので、不動滝という名前は立派すぎる感じだ。左側の岩の間には不動明王と石祠が祀ってある。

胸突き八丁を上がって

大きく左・右と曲がり、沢沿いに真っすぐ上がると頂上まで80分の標識がある。豪雨の影響か小さかった沢が深く浸食されている。杉とヒノキの植林を過ぎて、高さが30m近いカラマツ林に入って、少しづつ右方向に上がる。右側に縄が巻かれた石祠がある辺りは、福寿草が群生している。薄暗いヒノキ林の中をジグザグに上がると、あと60分の標識がある。

急斜面を上がって頂上へ

ロープのある急坂を上がり小尾根からトラバースすると頂上まで30分の標識がある。ここからは再び、ロープにつかまって急斜面を上がる。大岩の下を右に巻いて、形の良い松の木などがある幅狭い岩稜に出ると、「奇岩だるま岩」がある。だるま岩の裏側からは、塩田平が一望できるし、四阿山や浅間山がよく見える。ここからは狭い稜線伝いに進み、林の中で沢山湖や宮沢口から来る道と出合って左に上がれば3分程で頂上。そこには素晴らしい展望が待っている。

だるま岩からの展望

だるま岩

重文の中禅寺薬師堂

10分おきにある標識

途中にある石祠

塩田の溜め池と独鈷山

立ち寄り湯　日帰り温泉 あいそめの湯　上田市別所温泉58　☎0268-38-2100　営 10:00〜22:00　休 第2・4月曜日　料 500円

塩田平を守る雨乞いの山
上田
独鈷山
1,266m
西前山・不動滝コース
コースタイム
上り一時間四〇分。
下り一時間二〇分。
(南北に切り開きがあって展望がすばらしい。)
独鈷山頂上
1,266m
北側 塩田のため池が光って見える
頂上部平坦地、休憩適地
この部分岩場がある
稜線の広場、3つのコースが合流、頂上まで3分
3分
至平井寺登山口
(下り70分)
至宮沢口。(下り1時間)
だるま岩
小ピーク
展望良好
至沢山湖
(沢山湖ルート、下り2時間)
至西前山の標識
あと10分
あと20分
幅狭い岩稜、赤松の木あり。
赤い矢印のある岩
大岩の下を通る、ロープあり、注意!
急坂
尾根と分かれてトラバース
頂上まで30分
岩
ここから下方、下りスリップ注意!
ここから稜線まで、下りスリップ注意!
ここまで急坂
胸突き八丁の急坂
大きな岩がある
頂上まで40分
岩
雑木林
急斜面をジグザグに
ホーイ
N
10分おきに
標識がある
あと50分
頂上まであと60分
あと60分
ひの木の植林
高さが30m以上ある大きなカラマツ林
縄が巻かれた1m程の石祠
登山道は小さな沢に沿っている
大きな杉の林
不動滝
沢に大岩が詰っている
石灯籠
頂上まであと70分
頂上まで90分
この辺まで舗装路
シイタケを栽培
所々に岩が露出、
沢が侵食されている
頂上まで100分の標識
ひの木の植林
登山口
あき地に駐車5~6台
車はここまで。
頂上まで80分
沢沿いに
幅広い緩い上り
重要文化財
薬師堂
虚空蔵堂
中部四十九薬師霊場
第三番札所
カラマツ林の林床に咲く
フクジュソウ
アズマイチゲ
山野の木かげに生える
ミスミソウ
塩野神社
中禅寺
P
独鈷橋
西前山地区
滝の沢川
ゆたか

ミスミソウ

26-2

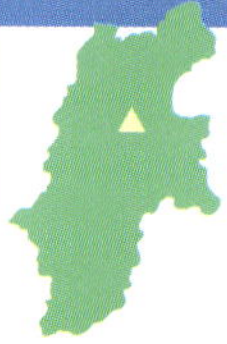

独鈷山

とっこさん

上田市

宮沢コース

1,266m

グレーディング

●対象外
初級

見どころ

- 頂上からの塩田平や浅間山などの展望
- 御屋敷平の桜、山之神の様子
- 登山道に点在する岩石と、杉やヒノキ、ケヤキの木々

コースタイム

上り:1時間35分　下り:1時間5分

［上り］御屋敷平登山口(5分)→山の神神社(1時間20分)→沢山湖分岐(10分)→独鈷山頂上

［下り］独鈷山頂上(5分)→沢山湖分岐(1時間)→御屋敷平登山口

参考地図

【2万5千分の1地形図】**武石・別所温泉**

頂上手前の厳しい上り

頂上から塩田平を望む

初冬は南斜面を登る

12月、あちこちで雪の便りが聞かれるが、里山も積雪し登山道も凍結するようになる。この時期の里山は、落葉して夏場には見られなかった木々の枝振りや岩場も見えるし、林の向こうにアルプスの山並みも透けて見える。特に冬場は空気が澄んでいるので景色も鮮明に見える。一般的に冬の山は、里山でも北斜面には雪が残り、凍結の場所も多いので、できるだけ南斜面に登山道のある山に登ることにしている。そんな意味合いからすると、独鈷山の都合4本ある登山道のうちでは、宮沢コースからの登山道が陽当たりが良く積雪も少ないので狙い目である。

賑わう独鈷山の頂上

頂上にて

山之神の鳥居

麦畑と独鈷山

植樹された桜が見事

宮沢コースの登山口は、丸子町内から国道254号を三才山トンネル方向に向かい、平井寺トンネル出口の荻窪信号から2.9km西進し、右側の独鈷山登山口の縦長看板から山側に入り、小集落を抜けた先の御屋敷平の車道を山側に上がる。この御屋敷平には、多くの桜が記念植樹されていて、春には斜面一帯が見事なピンク色に染まる。駐車はゲート手前の空き地か左奥の公園駐車場を借用する。公園には動物侵入防止用のゲートと柵があるので、ゲートを開けて入る。

急斜面を登って頂上へ

独鈷山は見るからに急峻な山容で、いずれの登山コースもかなりの急斜面を上がる。中でも宮沢コースは稜線手前で相当な急斜面を小さく折れながら上がるが、登山道の幅が狭いのと急斜面を横切るので、スリップや踏み外しによる滑落事故が発生している。特に残雪期や落ち葉が積もった秋には滑り易いので一層の注意が必要だ。上りはともかく下りではストックを使った方がいい。登山道は御屋敷沢を数回渡るが、あまり特徴の無いコースの中で、登山道脇に点在する大きな岩石、その岩石を掴むように生えている杉やヒノキ、株立ちの大きなケヤキ等も見所の一つである。急斜面の終わりころ、沢山湖への分岐に出たら稜線はすぐそこだ。

いつでも展望は最高

ところで以前から何の気無しに使っている「眺望」、「展望」という言葉だが、眺望とは「遠くまで広々と見渡した雄大な眺め」で、展望は「ぐるりと見渡せること」という意味だそうだ。私は「展望」を多く使っているが、日本語は難しいとつくづく思う。独鈷山頂上からの展望は、ほぼ360度。南半分に美ヶ原、霧ヶ峰、蓼科山、荒船山、浅間山などが、北半分には北アルプス、飯縄山や高妻山、四阿山、烏帽子岳等を望めるが、やはり眼下に広がる塩田平の田園風景が素晴らしく見事である。

沢山湖コースとの分岐

立ち寄り湯

霊泉寺温泉共同浴場　上田市平井2515　☎080-1261-8432　営 7:00～21:00　料 200円

大塩温泉共同浴場　上田市西内150　☎0268-42-1048　営 14:00～21:00　休 毎月15日、30日　料 200円

信州上田市
とっこさん
独鈷山
1,266M
南側の宮沢コースから御屋敷沢を詰めて塩田平を見おろす絶景の頂上へ
北アルプス
戸隠山
高妻山
飯縄山
鏡台山
聖山
大林山
夫神岳
子檀嶺岳
摺鉢山
城山
五里ヶ峰
女神岳
頂上から北側の展望
（360度の展望が広がる）
独鈷山頂上 1,266m
石祠、三角点が中央にある
記帳ノートがある
至平井寺
こちら南側絶壁
不動滝コース分岐
稜線に平坦な広場がある
頂上まで5分弱
沢山湖分岐
梅ノ木峠
こちら側 大きな岩場
カラマツ林の斜面に分岐がある。稜線まで約50m。
斜面に4m程の丸い岩
左にロープが張ってある。
急斜面、スリップ、踏み外し注意！
岩が詰っている
大岩にロープがある。
急斜面の幅狭い道、杭を打った階段が続く
これより上部、残雪期 秋の落葉で滑り易い。滑落に注意！
道幅狭く、踏み外し注意！
ケヤキ
大岩を左に上がる
ケヤキ
右、沢に大岩が詰っている
小尾根に出る
横断時スリップに注意！
ケヤキの根が露出、トラロープがある。
杭を打った階段が始まる
小尾根の先端の岩上にケヤキがある。
枯れ沢を渡る
大岩があちこちに点在
のっこして涸れ沢を渡る
"独鈷山"と書かれていたおにぎりの形をした岩
畑の跡か、石積みや平地が残る
杉林
右側に高く見上げるほどの大きな岩場
岩がつまった狭く急な沢
白い大岩の上を歩いて沢を渡る
杉や背の高いカラマツ
沢側が崩れた急斜面
5mの大岩
石積みが残っている
山之神の鳥居と石祠の様子
岩石が崩落した急斜面
山之神
黒い岩盤上を少量の水が流れる、滑滝
鳥居の先10mの所に石祠がある
登山口
杉・ヒノキ
動物侵入防止ゲートと柵
駐車スペース
あずまや
杉の木、右の空き地に5～6台
宮沢地区 御屋敷平
桜の木のオーナーを募集して植樹された千本桜の公園
120m
赤い屋根
標識
狭い道
220m
カネタ自動車
国道254号
至三才山トンネル・松本
至平井寺トンネル・丸子
コースタイム
独鈷山頂上
↑0:05 ↓0:02
稜線 梅ノ木峠
↑1:30 ↓1:00
御屋敷平登山口
N
ホーイ
頂上の石祠と三角点の様子
信州百名山 独鈷山 1266.4m
三角点
※ 稜線手前の急斜面では、下山時、特に踏み外しやスリップに注意が必要！
道路脇の案内板
独鈷山登山口
登山口にあった注意看板
登山者の皆様へ
滑落事故多発
特に山頂付近注意!!
無理の無い登山を
上田市
アクセスマップ
独鈷山
上田
塩田平
平井寺TN
丸子
登山口
（御屋敷平）
宮沢
鹿教湯
鹿教湯
R254
霊泉寺
荻窪
和子
武石沖
至松本
三才山TN
鹿教湯TN
至和田峠
ゆたか

登山口の様子

コースタイム

上り:2時間10分　下り:1時間45分

［上り］三城牧場登山口(1時間40分)→美ヶ原台上(30分)→王ヶ頭頂上

［下り］王ヶ頭頂上(25分)→塩くれ場(1時間20分)→三城牧場登山口

参考地図

【2万5千分の1地形図】山辺・和田

27-1

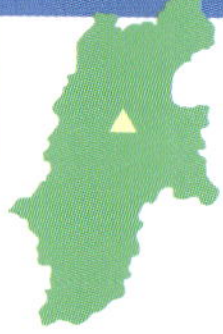

美ヶ原

うつくしがはら

松本市・上田市

百曲がりコース

2,034m

グレーディング

体力度 1 **2** 3 4 5 6 7 8 9 10

技術的難易度 A **B** C D E

見どころ

- 登山道脇に咲く高原の花
- 広々とした高原や牧場の様子
- 北アルプスなどの展望と、美しの塔のある風景

車でもいいが歩いて行きたい所

美ヶ原は長野県の中央部に位置する平均標高1850mの溶岩台地で、山というより高原と言った方がいい感じがする。台上の大部分が牧柵に囲まれた牧場で、春から秋まで乳牛が放牧される。電波塔が建ち並ぶ特徴的な頂上部からは、北アルプスや浅間、八ヶ岳など360度の展望が広がる。高原を訪れる人の9割以上が自家用車や観光バスを利用する観光客で、山本小屋ふるさと館駐車場、美ヶ原自然保護センター駐車場から牧場内の遊歩道を散歩したり、王ヶ頭まで1時間程の散策を楽しんでいる。また、美ヶ原のシンボルと言えば「美しの塔」で、記念写真に人気の場所でもある。車利用もいいが、できれば歩いて登頂したい山でもある。

登山コースは6コースも

美ヶ原は、一般的には新緑の春から紅葉までの自然が楽しめるのだが、最近では積雪期にスノーシュートレッキングを楽しむ人達もいるようだ。山並みは最高地点の王ヶ頭を頂点に、王ヶ鼻、茶臼山、牛伏山などと稜線続きで繋がり、頂上に至る登山道は、南側斜面を中心に東から茶臼山経由・百曲り・アルプス展望・ダテ河原・木舟・八丁ダルミ・焼山沢の各コースが整備されていて、台状で牧場の散策道に続いている。いずれも2時間程で登頂できる。

美しの塔の夕暮れ

百曲がり上部の岩場

百曲がり上部

牧場の様子

古い標識

好展望のコースは美ヶ原の醍醐味

代表的なコースは百曲がりコースで、三城《さんじろ》いこいの広場駐車場から沢沿いに広木場まで入り、急斜面をクネクネと何度も折れながら上がっていく。夏場には高原の草花が多く見られるコースで、途中からは溶岩斜面の様子が見られるし、背後にはアルプスの展望が広がる。台上に出たら牧場に沿って塩くれ場まで行き、観光客と一緒に遊歩道を歩いてもいい。王ヶ頭に達したらダテの河原コースを下っても、一旦塩くれ場に戻って茶臼山まで縦走して下っても良い。天候と相談して歩きたい爽やかな高原の道だ。

美ヶ原から浅間山方面を望む

立ち寄り湯　桧の湯　松本市入山辺8967-4-28　☎0263-31-2025　営 10:00～19:00　休 年末年始　料 300円

美ヶ原
百曲がりコース
2,034M
カーン
美ヶ原頂上
王ヶ頭 2034m
展望がすばらしい
三等三角点
美ヶ原のシンボルのひとつ
頂上のアンテナ群
こちら側に上田、浅間の展望がある
美ヶ原のシンボル
美しの塔
40分
美ヶ原の標識
ベンチ
焼山沢へ
焼山沢出入口
至山本小屋
三城に下る
ハクサンフウロ
ニッコウキスゲ
マツムシソウ
10分
景色は最高だモー
塩くれ場分岐
トイレ
15分
茶臼山へ
ようこそ
ウシシー
小屋
百曲がり上部
柵が残っている
板状節理の岩
大きい岩場
石がゴロゴロして崩れ易い
柵に沿って右側を歩く
斜面の木々がまばらに
マユミの木が多い
右側に水場
登山道に水が流れる
岩場から水が流れ落ちている
ここから上、携帯使用可能
60m程まっすぐ
登山道全般に鉄平石の石畳
6本に幹が分かれた太いカンバ
急斜面だが、ジグザグに上がるので、楽に上がることができる。
百曲がり上部まで90分
2本の赤松の木の間を通る
こちら側 きれいなカラマツの林の斜面
あずまやのある平らな広場
広小場
百曲がり登山口
駐車場、ここまで車で来られる
25分
アクセスマップ
三城ロッジ
P
登山口
車止め
大門沢川
山荘
遊歩道
王ヶ頭登山道
キャンプ場
クリの木
クリの木
センターハウス
至扉峠
みとれ橋
至松本市街
トイレ
太いモミの木がある
県民の森遊歩道
N
ホーイ
駐車場、車はここまで
小鳥の声、瀬音を聞きながら木漏れ日の林の中を歩く
登山口
三城センターハウスから登山口まで15分

コースタイム

上り:2時間10分　下り:1時間30分

［上り］三城荘バス停前王ヶ頭登山口（40分）→ダテ河原（50分）→王ヶ頭頂上（20分）→王ヶ鼻（20分）→王ヶ頭頂上

［下り］王ヶ頭頂上（1時間30分）→三城荘バス停前王ヶ頭登山口

参考地図

【2万5千分の1地形図】山辺・和田

27-2

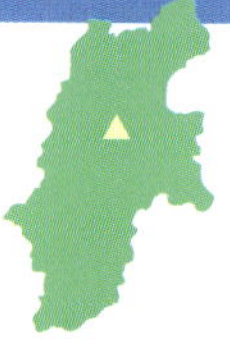

美ヶ原

うつくしがはら

松本市・上田市

王ヶ頭コース

2,034m

グレーディング

体力度 2

技術的難易度 B

見どころ

- 登山道脇に咲く草花、春先の芽吹きや紅葉
- 頂上からの展望
- 王ヶ頭・王ヶ鼻双方の石仏群

いつも期待を裏切らない美ヶ原

美ヶ原は、長野県のちょうど中央部に位置し、西の松本側からと南のビーナスライン側、そして東の上田市側から台上間近まで車やバスで行くことができる。山と言うよりその名のとおり高原だから、百名山などと言ってもピンと来ないはずだ。美ヶ原の頂上は、王ヶ頭ホテル横の王ヶ頭だが、ここは一年を通して、行楽客やアマチュアカメラマンが押し寄せる人気の場所でもある。台上は広い牧場だが、高原の雰囲気は満点で、芽吹きや残雪、高山植物と爽やかな夏、紅葉、そして白銀の世界と四季を通して、いつでも期待を裏切らない。

王ヶ頭コースを上がる

美ヶ原への登山道は何本もあるが、一般的には西側の三城《さんじろ》牧場からと武石村側の焼山沢川からのコースが知られている。台上まで車道が通っていることで複雑な気持ちになるが、それでも登山道を歩いてみると、車では味わえない美ヶ原を見ることができて感動することが請け合いだ。王ヶ頭コースの登山口は三城荘バス停近くにある。軽四なら入れるような作業道が水道施設の先まであって、その先はカラマツ林。登山道は真っ直ぐに上がっているが、右側には大門沢が白いしぶきを上げている。水道施設から30分程で林道に出たら右に折れて400m程進み、終点で左の林に入る。小さくジグザグに上がると古いバンガローや建物がある。標識に従って斜面に取り付き、衝立岩のような大きな岩を右、左に見てさらに上がる。相当きつい斜面は百曲りと遜色ないが、ジグザグのコースのお陰で急斜面という感覚は薄い。周囲が明るくなったと感じる頃、頭上に王ヶ頭ホテルが見えてくる。

王ヶ頭、王ヶ鼻とも絶景が広がる

王ヶ頭にも王ヶ鼻にも石仏群があって、昔から信仰と縁が深かったことが伺われる。標高では王ヶ頭（2034m）、王ヶ鼻（2008m）で王ヶ頭の方が26m高く、双方のピークは直線で約900m、歩いて20分程度だ。台状地形のせいか風当たりも強い。いつも天気の良い日を見計らって登山するのだが、これまで一度もスカッと晴れたためしがないので、山神様に「また来い」と言われているような気がする。登山者と観光客が入り交じった頂上だが、登山者の方が生き生きとして見える。

王ヶ頭の頂上にて

美ヶ原の魅力ハクサンフウロ

美ヶ原で多く見られるテガタチドリ

王ヶ鼻側から王ヶ頭を望む

頂上の御嶽神社奥の院

王ヶ鼻頂上の石仏群

立ち寄り湯　桧の湯　松本市入山辺8967-4-28　☎0263-31-2025　営 10:00～19:00　休 年末年始　料 300円

王ヶ頭 2034m
アンテナ群
石仏群
王ヶ頭ホテル
美しの塔へ
美ヶ原 王ヶ頭 2,034M
頂上の様子（石像仏群とケルン、三角点など）
ハクサンフウロ、テガタチドリ、お花畑
王ヶ鼻への分岐、岩場の下部を横切る。
天然カラマツが植生
王ヶ頭⇔王ヶ鼻 石切場
三城牧場
雪柱
石切場分岐
3mの岩
60m程斜面を横切る
岩の間を通る
急斜面を小さくジグザグに歩く
コメツツジが群生
カラマツ林
急な斜面、下山時、スリップ注意！
急斜面は草深いが お花畑が見られる
急斜面を何度もジグザグに小さく曲がる。
王ヶ頭 1.6km
三城牧場 2.2km
ついたて岩
100m程横に
4本立のダケカンバ
岩の間を通るがこの下部岩が露出
林の中に6mの大岩
シラビソ、コメツガの森
岩
王ヶ頭コースから
美ヶ原
最高点 王ヶ頭 2,034M
カンバの木
三城⇔王ヶ頭
水
岩
太いカラマツ
大きい堰堤が3つある
林道との分岐
林道終点、左の林内へ
350m程 広い林道を歩く
カラマツ林の急で真っすぐな上り
きた
ホーイ
この辺まで緩い坂道
古い水道施設
沢音が涼しく聞こえる
水道施設
大門沢
墓地
三城荘
ビーナスライン 三城牧場⇒
三城いこいの広場⇒
大きなクリの木
100m
至松本市街地
アザレアライン
至ビーナスライン扉峠
廃屋
登山口
至松本市街地
コースタイム
上り 2:00
下り 1:30
（注）車は三城いこいの広場に駐車、登山口まで徒歩で約10分
信州山歩きマップ

コースタイム

上り:①2時間45分 ②2時間5分 下り:①2時間25分 ②1時間25分

［上り］①地蔵峠登山口（35分）→鐘分岐（50分）→湯ノ丸山頂上（40分）→烏帽子岳の鞍部（40分）→烏帽子岳頂上
②地蔵峠登山口（15分）→湯ノ丸高原キャンプ場（1時間）→湯ノ丸山と烏帽子岳の鞍部（50分）→烏帽子岳頂上

［下り］①烏帽子岳頂上（40分）→湯ノ丸山と烏帽子岳の鞍部（50分）→湯ノ丸山（30分）→鐘分岐（25分）→地蔵峠登山口
②烏帽子岳頂上（40分）→湯ノ丸山と烏帽子岳の鞍部（30分）→湯ノ丸高原キャンプ場（15分）→地蔵峠登山口

参考地図

【2万5千分の1地形図】真田・嬬恋田代

28

烏帽子岳

えぼしだけ

東御市

地蔵峠コース

2,066m

グレーディング

体力度 1 **2** 3 4 5 6 7 8 9 10

技術的難易度 **A** B C D E

見どころ

- 頂上からの360度の展望
- 百体観音、雪山賛歌石碑、紅葉館の風呂
- 湯ノ丸山斜面のレンゲツツジ

好展望の山へ

東御市の湯ノ丸高原には、展望に優れた烏帽子岳と湯ノ丸山がある。新幹線や高速道で首都圏からも日帰りが可能で、一年を通して登山者が絶えない。春先には、湯ノ丸山の東側斜面にレンゲツツジが満開に、夏は高原の涼とコマクサなどの草花、秋は見事な紅葉、冬はスノーシューも楽しめる。烏帽子岳に通じる県道の東御市新張《みはり》から旧鹿沢温泉までの三里程の道路脇には、明治末期の湯道《ゆみち》の道しるべとして百体観音が設置されている。新張交差点脇の一番如意輪観音様は、右手で頬杖をついて眠そうな顔をしている。50番目の横には弘法大師の杖が根付いたというシナノキ「大師のさかさ杖」が、地蔵峠には地蔵と80番目の聖観音があり、大きな百番は旧鹿沢温泉にある。

スノーシューで歩く

湯ノ丸山経由で烏帽子岳に登るには、地蔵峠の無料駐車場に駐車し、湯ノ丸スキー場のゲレンデ脇から上がるのだが、ゲレンデの雪は堅く締まっている。30分程でリフト終点に着いたらスノーシューを着ける。ほぼ平坦に右側の牧柵に沿って進むと鐘《かね》のある分岐に着くので、ここから真っ直ぐ急斜面に取り付く。斜面の雪は思ったより軟らかく、深く沈むが、結構楽しい。木々が無い湯ノ丸山頂は、展望も良いが風当たりも強い。頂上からは急斜面を大胆にどんどん下って鞍部に出る。夏には深い笹の原も冬場は真っ白い雪原に変わる。自分でルート工作したトレースを後続の登山者がそのまま辿って来るのは見ていていい気分だ。

展望は超一級

鞍部からの夏道は、左方向に大きく斜面をトラバースしながら上がるが、冬場は右の小尾根を見計らって右下がりの斜面を稜線めがけて上がる。スノーシューでも思うように歩けないが、稜線まで最短コースを進む。稜線手前には小さい雪庇が張り出しているのでやや左に戻ってから這い上がる。頂上手前には大岩があるが、強風で雪が飛ばされて表面が出ている。これと言った特徴も無い頂上だが、展望だけは素晴らしく、浅間山、八ケ岳や富士山、南・中央・北アルプスと御嶽まで360度見渡せる。短時間で登頂できて、これほど眺望の良い山もめずらしい。下山後、群馬側に3km程下った、旧鹿沢温泉に立ち寄ったが、秘湯好みにはお薦めの温泉だ。

南方に広がる展望

新雪を踏んで頂上へ

スノーシューで頂上へ

富士山を望む

鞍部から烏帽子を望む

上田市街地を望む

浅間山を望む

立ち寄り湯

鹿沢温泉 湯本 紅葉館 群馬県吾妻郡嬬恋村田代681 ☎0279-98-0421 営 10:00〜16:00 料 500円

湯楽里館 東御市和3875 ☎0268-63-4126 営 10:00〜22:00 休 第3水曜日 料 500円

ホーイ
2
湯ノ丸山とセットで登る
好展望の山
烏帽子岳
2,066m
広がる三六〇度の大パノラマ
浅間山 2,568m
篭ノ登山 2,227m
西篭ノ登山 2,212m
前掛山 2,524m
黒斑山 2,404m
槍ヶ鞘
頂上から西方に見える浅間山
・北アルプス全山、御岳、中央アルプス、八ヶ岳、富士山など360°の展望
烏帽子岳頂上
三角点 2,065.6m
※この頂上からの展望すばらしい!!
岩の間を歩く
烏帽子の形に見える岩場
こちら側急な岩場
風を除ける大岩
稜線上の小ピーク
小烏帽子岳
風は強いが展望の良い快適な稜線
稜線に出る(夏道)展望が開ける
頂上まで約400m
冬場小さいが雪庇《せっぴ》ができる
所々に小木がある
稜線出口は緩斜面を選んで
赤茶色の砂れきの地面が露出
稜線めがけて上がる
冬山登山、ワカン、スノーシュー必要、アイゼン不要(コース全体で)
夏道、草地の斜面にお花畑
右下がりの斜面を右上にトラバースする
夏場花が見られる
所々に小崩落がある
左方向へ斜面横切る
積雪期には直登が可能
右斜面にとりつく(冬)
わずか折り返して上がる
(北アルプス、富士山、浅間山など360°の展望)
三角点峰 2098.6m
岩あり
湯ノ丸山頂上 2101m
頂上風が強いので注意!
カラマツ
冬期、ここの上りは厳しい!
根子岳、四阿山、妙高山など見える
湯ノ丸山・烏帽子岳鞍部
休憩適地
ササが茂る
池
冬期は鞍部をめがけてルートを外さないように
(木々はまばら)
急斜面、下りスリップ注意!
この辺から上部八ヶ岳など展望開ける
トレースないとき若干右上へ(冬)
冬場は、ほぼ直登する
(樹氷が見られる)
石ゴロ、下りはスリップ注意
案内板
烏帽子岳 1.5km Mt.eboshidake
湯ノ丸山 0.8km Mt.yunomaruyama
地蔵峠 2.6km
東御市新張《みはり》から始まる百体観音を訪ねてみるのも楽しみ。一番観音脇の案内板の説明書き。
百体観音石造町石
祢津の新張から旧鹿沢温泉まで約三里の間人家のない山間の険しい湯道を観音像を拝みながら、その功徳に導かれ、安全に温泉に至ることを願い、湯治に通う人々の道しるべとして建てたもの。
たどりつく先が寺や神社でなく湯治場で、しかも多様な観音像であるところに、この町石の特色がある。
この一番の如意輪観音像は、百体中、最大のもので有名な高遠の石工三沢伊兵衛の流れをくむ中山暉雲の作である。
台石に「西国一番」と刻まれているのは、西国、坂東、秩父三霊場巡礼の功徳にすがり、湯治の効能にあずかろうとした当時の人々の深い信仰によるものである。
百体観音はすべて江戸末期から明治初期にかけて建てられたもので、一番観音は、地元、新張村の寄進によるもの。
周辺の婦人の信仰も厚く、毎年「十九夜念仏」の祭りを行っている。
東御市指定文化財 東御市教育委員会
湯ノ丸山の斜面を水平にトラバース
頂上1,700m、地蔵峠2000mの古い標識
この辺から傾斜が急になる
樹間を通して八ヶ岳見える
案内板
鐘分岐
湯ノ丸山 0.8km
地蔵峠 1.2km
中分岐 0.4km
旧鹿沢 2.1km
0.4km
あずま屋
上信越高原国立公園 湯ノ丸高原の案内板
(こちら牧場)
柵沿いに歩く
中分岐
緩い上り、薄暗い林
烏帽子岳〈3,000m〉
中分岐
地蔵峠〈1,000m〉
湯ノ丸山〈1,300m〉つつじ平〈400m〉
白窪湿原〈800m〉
キャンプ場とリフト終点間の道 0.5km
湯ノ丸山 1.4km
地蔵峠 0.6km
キャンプ場 0.5km
リフト終点
カラマツ植林
白窪湿原
湯ノ丸キャンプ場
トイレ
炊事棟2棟
冬場はゲレンデの端を歩く
湯ノ丸スキー場
ゲレンデを歩くと早いよ
車道
登山口
至東部・湯ノ丸I.C. R18
ロッジ花紋
地蔵峠
きんれい荘
登山口
至高峰・車坂峠(湯ノ丸・高峰林道)
大駐車場
湯ノ丸自然学習センター
トイレ
コースタイム
烏帽子岳頂上
0:50 0:40
湯ノ丸山・烏帽子岳鞍部 0:50 0:40 湯ノ丸山頂上
0:40 0:40 0:40 0:30
中分岐 0:15 0:10 鐘分岐
0:20 0:15 0:10
キャンプ場 0:15 0:10 リフト終点
0:15 0:25 0:15
地蔵峠登山口
ゆたか

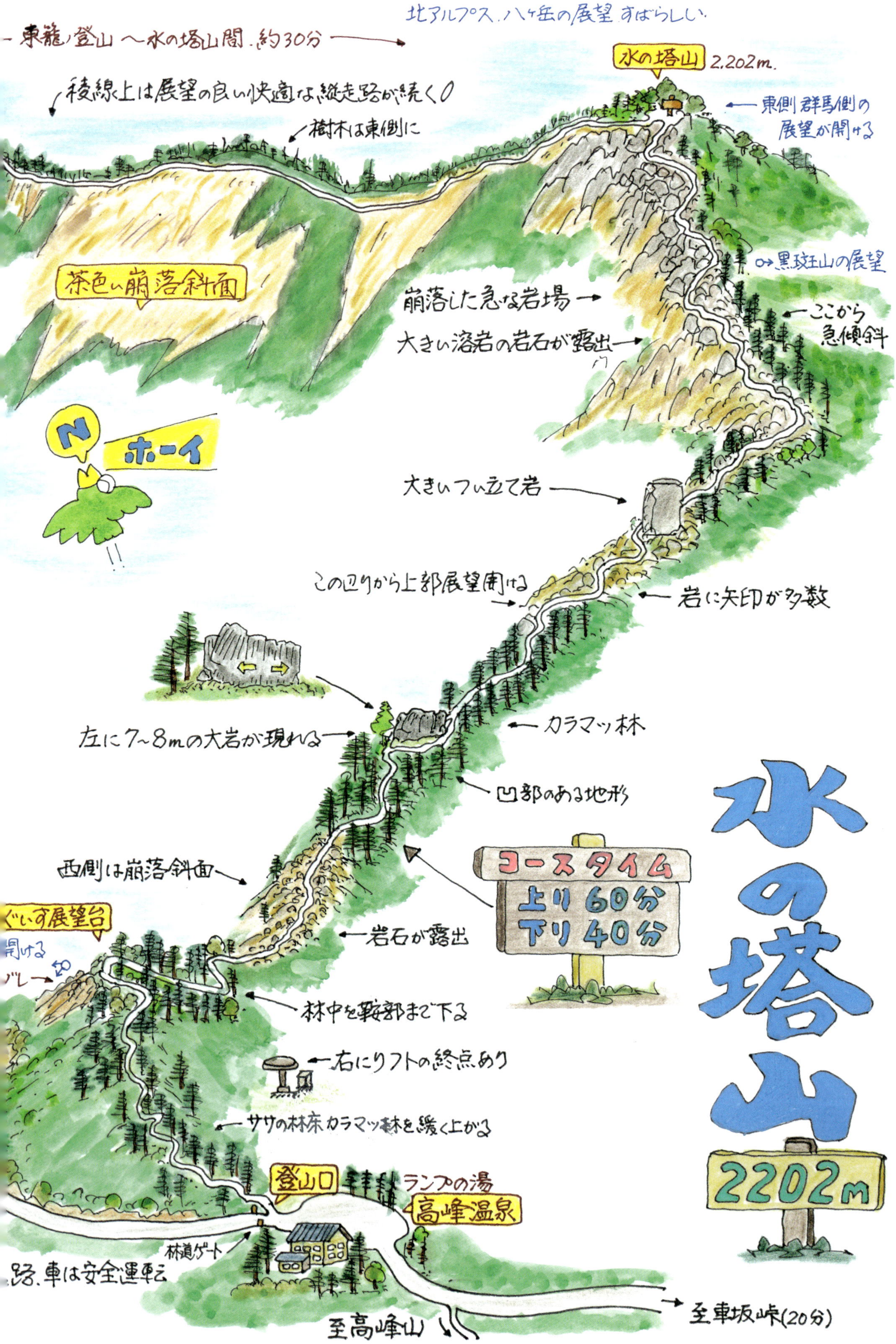

東籠ノ登山〜水の塔山間 約30分
北アルプス、八ヶ岳の展望すばらしい
水の塔山 2,202m
稜線上は展望の良い快適な縦走路が続く
樹木は東側に
東側群馬側の展望が開ける
茶色い崩落斜面
黒斑山の展望
崩落した急な岩場
ここから急傾斜
大きい溶岩の岩石が露出
ホーイ
大きいつい立て岩
この辺りから上部展望開ける
岩に矢印が多数
左に7〜8mの大岩が現れる
カラマツ林
凹部のある地形
コースタイム
上り60分
下り40分
西側は崩落斜面
うぐいす展望台
岩石が露出
林中を鞍部まで下る
右にリフトの終点あり
ササの林床カラマツ林を緩く上がる
登山口
ランプの湯
高峰温泉
林道ゲート
車は安全運転
至車坂峠(20分)
至高峰山
水の塔山
2202m

東御市
籠ノ登山
2,228M
水の塔山とセットで登る一等三角点峰
高木なく展望良好 湯ノ丸山 烏帽子岳を望む
360度の展望がすばらしい
西籠ノ登山 2212m
東籠ノ登山 2.228m
←15～20分→
一等三角点
砂れき地
鞍部
大石がゴロゴロ100m急登
1m程の岩
80m程右ななめ方向にトラ
高さ2～3mのカラマツ
岩石がゴロゴロしたガレ地
下山時石車に注意
急登になる
幅2～3mの薄暗い林の中の道を緩上か
緩い上り
コースタイム
上り40分
下り30分
カラマツ林が続く
窪んだ地形
平坦な道
下り60m
立入禁止の杭やロープが上の方まで続く
背の高いシヤクナゲ
案内板などがある登山口の広場
カラマツ天然林
登山口
至高峰温泉(40分)(非舗
管理棟・あずまや
天然カラマツが美しい
ここは兎平《うさぎだいら》
至池ノ平湿原
※山側からの落石
(林道を通る
トイレ
P
地蔵峠
(徒歩45分)
(注)湯ノ丸高峰林道
夏期、交通規制
冬期 道路閉鎖(11月～5月初旬)
の規制があるので確認を!
・駐車場は季節有料
500円
至三方ヶ峰・見晴岳
ゆうた

コースタイム 上り：①40分 ②2時間20分 下り：①1時間10分 ②40分

［上り］①兎平登山口（40分）→東籠ノ登山
②高峯温泉登山口（1時間）→水の塔山頂上（40分）→東籠ノ登山（20分）→西籠ノ登山（20分）→東籠ノ登山

［下り］①東籠ノ登山頂上（30分）→兎平登山口（40分）→地蔵峠
②水の塔山頂上（40分）→高峯温泉登山口

参考地図
【2万5千分の1地形図】嬬恋田代・車坂峠

29

籠（篭）ノ登山《かごのとやま》
東御市

2,228m

水の塔山《みずのとやま》
2,202m

高峰山《たかみねやま》
2,106m

グレーディング
●対象外 初級

見どころ
頂上からの展望
池ノ平湿原
カラマツの天然林

車坂山から籠ノ登山を望む

2012年10月頂上にて

水の塔山から縦走路（左奥は東篭の塔山）

籠ノ登、水の塔を望む

標高差のない登りやすい山

信州百名山に名を連ねているのは籠ノ登山だが、ここは是非とも水の塔山や高峰山、池の平湿原などとセットで、それも湯ノ丸高峰林道を歩いて周回するのがお薦め。池の平側の兎平からでも高峰温泉側からでもどちらからでも周回が可能で、展望も良く、時期によってはたくさんの花に出会える。芽吹き、夏の草花、紅葉、地蔵峠や車坂峠から歩くスノーシュートレッキングと、四季を通して高原の雰囲気が存分に満喫できるはずだ。ちなみに高峰温泉と水の塔山の標高差は252m、池の平駐車場と籠ノ登山は僅か167mしかない。好天日を選べばそう構えることなく登頂できるのも嬉しい。

スノーシューでの登山も楽しい

冬、スノーシューなら快適なトレッキングが楽しめる。湯ノ丸高峰林道は、冬期閉鎖されるので地蔵峠からだと林道と登山道を交互に歩き池の平へ向かい、兎平から籠ノ登山の頂上を目指す。また、車坂峠からだとスキー場のゲレンデを突っ切り、林道を高峰温泉まで歩いて、温泉の向かいから尾根に取り付けば水の塔山に登頂できる。夏場なら双方の山に登頂しての周回も可能だが、冬の林道歩きは雪崩の心配もあるので、通常は両山ともピストン型の山行がおすすめだ。また冬場は、雪と枝の間隔が詰まった真っ黒いカラマツの景色が美しい。

頂上からの展望が最高だ

兎平からカラマツ林を抜けて大石がゴロゴロしている急斜面を直登すると東籠ノ登山の頂上だ。高木がないので風当たりが強く、冬は雪もほとんど飛ばされて地面が見えている。一等三角点のある山頂は360度の展望で、空との境に北アルプスや八ヶ岳が遠望できる一級品だ。頂上まで小一時間なので折角だから西籠ノ登山に足を延ばしても良い。夏から初秋にか

立ち寄り湯
高峰温泉 小諸市高峰高原菱平704-1 ☎0267-25-2000 営 11:00〜16:00 料 500円 冬期（1〜4月）1500円（雪上車乗車料込）
高峰高原ホテル 小諸市高峰高原704 ☎0267-25-3000 営 11:00〜18:00 料 夏期（4〜11月）800円 冬期（12〜3月）500円

高原に咲くヤナギラン

けて頂上付近には青紫色のエゾリンドウや黄色が鮮やかなアキノキリンソウが咲いている。その後はカラマツが徐々に紅葉を始める。

夏場には高峰山から縦走も

夏場、天気が良ければ、車坂峠から高峰山に登って粒ヶ平分岐から高峰温泉に下り、水の塔山、籠ノ登山、池の平湿原と回って車坂峠に戻るのも面白い。健脚向きだが、きっと高峰高原を満喫できるはずだ。林道から山頂まではどの山からも1時間以内で下山できるはずだから、途中で疲れたら一番近い登山口に下ればいい。途中で温泉に入るという選択肢もある。6月から9月の初夏から秋にかけてはヤナギラン、コマクサ、ニッコウキスゲ、シャクナゲ、マツムシソウやエゾリンドウなどたくさんの花や蝶に巡り会えるのも嬉しい。

夏場、高峰高原は、お隣の湯ノ丸高原とともに多くの観光客で賑わい、一般車の交通規制が行われる程だ。中には高原散策の延長で普段着のまま高峰山や籠ノ登山に登って仕舞う人もいる。

頂上から水の塔山を望む（右は浅間山）

池の平湿原を望む

佐久平の向こうに八ヶ岳連峰を望む

コースタイム

上り:1時間40分　下り:1時間20分

[上り] 車坂峠登山口(20分)→車坂山(50分)→槍ケ鞘(15分)→トーミの頭(10分)→浅間山監視カメラ(5分)→黒斑山頂上

[下り] 黒斑山頂上(15分)→トーミの頭(5分)→中コース(1時間)→車坂峠登山口

参考地図

【2万5千分の1地形図】車坂峠

カモシカの親子に遭遇

30

黒斑山

くろふやま

小諸市

黒斑山のユキワリソウ

2,404m

グレーディング

体力度

1 **2** 3 4 5 6 7 8 9 10

技術的難易度

A B C D E

見どころ

- 黒斑山、トーミの頭からの浅間山の展望
- 湯の平のカラマツの芽吹きや紅葉
- ユキワリソウやコマクサ等の高山植物

火山情報を確認して浅間山の展望台へ

黒斑山は、浅間山の第一火口壁(外輪山)の最高峰で、浅間山や湯の平の展望場所として絶好の山である。浅間山は活発な活火山で今も噴煙を上げ続け、噴火警戒レベルは2(火口周辺規制で山頂火口から概ね2km以内立入禁止)のままで、本峰はもとより、前掛山にも登山できない状態が続いている。気象庁の火山解説情報によると、浅間山は現在も地下の熱水やガス、マグマが動いて生じる火山性微動がほぼ毎日観測され、また急増するとマグマの上昇が懸念される比較的高周波の地震も発生している。そんな状況の浅間山には登山できないので、黒斑山に登山することにした。

車坂峠から表コースか中コースを上がる

黒斑山の登山コースは、表コースか中コースを上がる。以前は蛇骨岳に上がる裏コースを歩いたが、展望も望めず距離も長いので敬遠され、今はほとんど使われず整備もされていない。最短は中コースで、展望はないがコメツガの林を抜け、雨水で深く浸食された登山道を真っ直ぐ上がるとトーミの頭手前の鞍部に出る。一般的には表コースから車坂山、槍ヶ鞘、赤ゾレの頭を経てトーミの頭に上がる。表コースはシャクナゲやコマクサ、ツマトリソウなどが見られるし、所々で展望が開ける。最近、滑りやすかった登山道にしっかりした階段や水抜きが整備されて歩き易くなった。

坂を上がると正面に初めて浅間山が姿を見せる。すぐ右上には「槍ヶ鞘《やりがさや》」の避難壕があるが、休まずに「赤ゾレの頭」に出る。火口壁の縁に立つと浅間山が大きく見える。

トーミの頭から頂上へ

左の鞍部まで下り、中コース分岐から100m程火口壁の縁を登ると浅間山の展望台「トーミの頭」に着く。(トーミは風を起こして穀物をより分ける農具)いつでも風が強いが、第一火口壁の絶壁の上に当たる岩場は、浅間山の絶景が足元から大きく開ける。休憩には最適で、写真撮影のポイントでもある。トーミの頭の下方の草すべりには、よくカモシカが姿を見せるし、ユキワリソウが咲いている。笹に覆われた草滑りは急斜面だが、黒斑山、蛇骨岳、Jバンド、湯の平と周回するには欠かすことのできないコースでもある。トーミの頭から火口の縁の急斜面を上がって、頂上までは15分程、浅間山の監視カメラの脇を過ぎると頂上はすぐそこ。頂上から見る浅間山の景観もすばらしい。

黒斑山は浅間山の展望台

トーミの頭にて浅間をバックに

仲間たちと

ライブカメラと警報装置

湯の平から見た黒斑山

立ち寄り湯　高峰温泉 小諸市高峰高原菱平704-1　☎0267-25-2000　営 11:00～16:00　料 500円　冬期(1～4月)1500円(雪上車乗車料込)
高峰高原ホテル 小諸市高峰高原704　☎0267-25-3000　営 11:00～18:00　料 夏期(4～11月)800円　冬期(12～3月)500円

車坂峠から登る
火口壁の山
浅間山の展望台
黒斑山
Mt. KuRoFu
2404m
黒斑山
Mt. Kurohu-Yama
2404m
ゆうた
東坂峠標高一九七三メートル
長野県 小諸市
表コース登山口の標柱
火口壁の淵を歩いて
鋸岳まで 80分
仙人岳まで60分
蛇骨岳まで 30分
浅間山の展望がすばらしい
黒斑山 2404m
※黒斑山の頂上は、浅間山の火口西端から真西に2.6km(図測)
湯ノ平を見おろす絶景の展望台
頂上の標識と並んで浅間山をバックに撮影するのがここの定番です。
監視カメラ
(拡声器など)
カメラから僅かで頂上
ネットでライブカメラの映像が見られる。
N
ホーイ
浅間山 2568m
※噴火警戒レベル2
火口周辺規制 2km
登山道
遅くまで残雪の縞紋様が見えます
トーミの頭
Tomino Kashira
トーミの頭に立つ標柱
シラビソなどの原生林
時々カモシカが見られる
トーミの頭《かしら》
浅間山の展望がすばらしい。
草すべり
草すべり分岐
赤茶の岩場
爆裂火口の様子が見られる
表コース
黒斑山頂上
15分
トーミの頭
15分
赤ゾレの頭
50分
車坂山
20分
車坂峠登山口
斜面一面にシラビソの密林
浅間山の展望すばらしい
火口の淵を上がる
(冬期、アイゼンが必要)
赤ゾレの頭
休憩適地
深く浸食された道
ぬかるみ多く滑るので注意!
分岐
岩が露出
槍ヶ鞘《やりがさや》
最初に浅間山が見えるポイント
槍ヶ鞘シェルター
中コース
車坂峠
70分
60分
分岐
シラビソの小木が密生
浸食された道に石積み・階段が設置されました。
中コースは近道だが途中の展望はない
残雪期・雨天時スリップ注意!
平坦で気持ち良い道
黒斑山天然カラマツ植物群落保護林
天然カラマツの保護にご協力をお願いします
崩落斜面
展望が開け休憩適地
岩石が露出した斜面
賽の河原
岩石の斜面
林の中、岩が露出
※裏コース
現在は整備されていないので通行困難
崩落斜面を歩く
暗い林を抜ける
幅広い道で平坦
裏コース分岐
崩落斜面
(岩石が露出して崩れ易い)
アサマ2000パーク
春、この辺のシャクナゲがきれい
車坂山 2,055m
(下りは石車に注意)
急斜面を下る 100m
休日には満車になる無料駐車場
天然のカラマツ林
高峰高原ビジターセンター
鞍部は笹の原
至高峰温泉
八ヶ岳の展望が開ける
1,973m
トイレ
車坂峠
中コース登山口
高峰登山口
至高峯山
火山岩が露出した緩い坂道(ゴゼンタチバナ・ツマトリソウ)
ツマトリソウ
棲取草
薄い紅色の縁取りがある高さ10cmほどの小さな花
砂れき地にコマクサが咲く
表コース登山口
案内板やベンチがある。
高峰高原ホテル
(0267-25-3000)
※登山届を提出してください。
※火山情報を確認してください。
ゴゼンタチバナ
御前橘
6枚葉でないと花が咲き実が付かない。
山の神神社
至小諸市

31 浅間山（前掛山）

あさまやま

小諸市・御代田町

2,568m

グレーディング

体力度 4

技術的難易度 B

見どころ

- 頂上からの展望
- 浅間山斜面の火山灰土の感触
- 湯の平からのカラマツの紅葉と浅間山の景観

コースタイム

上り:4時間25分　下り:3時間10分（※浅間山は活火山です噴火警戒レベルを確認して登山してください）

［上り］浅間温泉登山口（2時間）→火山館（5分）→湯の平口（20分）→賽の河原（1時間40分）→前掛山分岐（20分）→前掛山頂上

［下り］前掛山頂上（15分）→分岐（1時間15分）→賽の河原（20分）→火山館（1時間20分）→浅間温泉登山口

参考地図

【2万5千分の1地形図】浅間山・車坂峠

佐久から見た浅間山

前掛山頂上（レベル１の時に登山）

新緑の浅間山

噴火警戒レベル2

気象庁地震火山部は、2015年6月11日15時30分、浅間山に火口周辺警報（噴火警戒レベル2、火口周辺規制）を発表し、火口から概ね2kmの範囲への立ち入りを禁止した。その浅間山では、「2017年4月下旬から山頂直下のごく浅い所を震源とする体に感じない火山性地震が多い状態が続き、今後、火口周辺に影響を及ぼす小規模な噴火が発生する可能性がある。」との情報が出されている。

活火山の噴火は2014年9月27日の御嶽山、2018年1月23日には本白根山が3000年の時を越えて水蒸気爆発し犠牲者も出た。同1月下旬からは蔵王山でも火山性地震が発生している。日本では111山が活火山に指定されているが、「まさか」という意識を排除し情報を確認してから登山したいものだ。

浅間山荘から火山館経由で谷底部分を歩く

現在は火山館上部の賽の河原まで登山可能だが、そこの標識には、「自己責任で」という文言が記載されている。御嶽山の例を知る常識ある登山者なら、一線は越えられないだろう。登山禁止の浅間山本峰に代わるのが前掛山で、第一火口壁に当たるのが黒斑山なので、初めから黒斑山に登って浅間山を眺めるというのが常道かも知れない。黒斑山は浅間山の第一火口壁の山とはいえ特に立派な山である。

規制が解除されたら登ってほしい

登山口は浅間山荘前、無料駐車場は、右下方にある。

大鳥居をくぐり幅広い道を歩くが、途中からは、石ゴロの多い山道になる。深い森の中の長い坂を緩く上がり、不動滝を右下に見て、カラマツ林を抜けると壮大な風景が出現する。切り立った絶壁が見せる景観は日本離れしている。谷底の緩い草地の斜面を上がると右側に鉄分を含んだ茶色の沢が出現し硫黄臭がしてくる。よくカモシカが出現するのもこの辺だ。沢を渡ったすぐ上にはログハウスの火山館がある。無料休憩所で小諸市委託の管理人が常駐し、水場もトイレもあるが宿泊はできない。黒斑山の火口壁を左上に見ながら樹林の中を歩き、賽の河原を越えて浅間山の斜面に取り付く。

浅間山の上りはきついよ

前掛山までは、浅間山の北側の砂礫地を斜めに真っ直ぐ上がる。道はザラザラで滑るし、ホコリも立って歩きにくいので、靴に石が入らないようスパッツと、スリップ防止にストックが有効だ。浅間山本峰の頂上はすぐそこに見えるが、ここでは右にある二つの蒲鉾型のシェルターの横を通って稜線伝いに前掛山に向かう。火山灰土の快適な稜線を20分程で頂上に着く。浅間山からは白い噴煙が青空に映えている。南側は富士山まで見渡せる。

不動滝

火山館

浅間山で見られるシャクナゲ

立ち寄り湯

天狗温泉（浅間山荘）　小諸市野馬取　☎0267-22-0959　営 11:00〜16:00　料 800円

高峰高原ホテル　小諸市高峰高原704　☎0267-25-3000　営 11:00〜18:00　料 夏期（4〜11月）800円　冬期（12〜3月）500円

浅間山
黒斑山
2568m
警戒レベルに合わせて登る
ホーイ
浅間山頂上
第3火口壁
標高2568m,現在は登山禁止デス
直径450~500mの釜,北側が凹んでいる
二酸化硫黄が噴出,風向きに注意
釜の深さは,250mとも言われる
展望がすばらしい
鬼押出し園に続く溶岩流の跡が残る
避難ごう2棟
立入禁止の告知板
火口壁の絶壁
立入禁止
前掛山頂上
第2火口壁
長野原の高原野菜畑が見える
この辺から急に傾斜が増す
下山時石車転倒注意
黒斑山の展望が良くなる
北側斜面を斜めに上がる
鋸岳2254m
Jバンド~黒斑山 1:20
岩場を登る
クツに石が入り易い
天然カラマツ自生
(この辺り森林限界)
三ッ石
平坦でまっすぐの道
分岐~Jバンド 0:50
Jバンド
火口壁の淵を歩く
賽ノ河原
前掛山分岐
(Jバンド分岐)
北側捲く
緩い上り
林中を縫って歩く
仙人岳2319m
カラマツの紅葉が美しい
湯ノ平口
第1火口壁
湯ノ平高原
(草すべり分岐)
前掛山まで2:10
蛇骨岳2366m
池塘がある
水
火山館
林中を歩く
見晴らしの良い岩
牙山の岩場
黒斑山2404m
展望良好
上り1:20
カメラ
水の湧き出し
草スベリ
鉄分を含む茶色の川
裏コース荒廃
急な下り,滑落注意
トーミの頭
カモシカ平
展望が開ける
中コースは,下山に適
中コース分岐
爆裂火口の岩場
車坂峠へ50分
深い谷間
槍ヶ鞘避難小屋
浅間山はH27.6.11から噴火警戒レベル②火口周辺規制登山時は確認を!
樹林の中を歩く
ここで浅間山が見える
二ノ鳥居
不動滝
あさま2000スキー場
賽ノ河原
車坂山
一ノ鳥居
火山館まで2:00
中コース
凹部
登山口
P
登山口
黒斑山へ1:40
天狗温泉浅間山荘
表コース
登山指導所(登山者カード提出)
チェリーパークライン
車坂峠
高峰高原ホテル
P
至小諸市街
至小諸市街
トイレ
ゆた

コースタイム

上り:2時間　下り:1時間30分

［上り］長日向バス停先軽井沢ふれあいの郷登山口（2時間）→鼻曲山頂上

［下り］鼻曲山頂上（1時間30分）→長日向バス停先軽井沢ふれあいの郷登山口

参考地図

【2万5千分の1地形図】**軽井沢・浅間山**

分岐を左に上がる

32-1

鼻曲山

はなまがりやま

軽井沢町

乙女コース

1,655m

グレーディング

●対象外
初級

見どころ

カラマツ林の新緑、紅葉

頂上からの浅間山、八ヶ岳などの展望

白糸の滝

熊に要注意

鼻曲山の登山コースは、霧積《きりづみ》温泉、軽井沢ふれあいの郷別荘地から入る乙女コース、旧碓氷峠熊野皇大神社コースなどがあるが、中高年に人気なのは群馬側の霧積温泉コースで、登山道もよく整備されている。乙女コースや熊野皇大神社コースは、静かな山歩きが楽しめる隠れコースで、このうち乙女コースは、白糸ハイランドウエイを白糸の滝方面に向かう。長日《ながひ》向《なた》バス停先の軽井沢ふれあいの郷別荘地入口から右方向へ400m程入り、ゲート手前の路肩に駐車して林道を歩く。左側には熊出没注意の看板があるが、軽井沢は熊の出没が多く、過去には人身被害もあるので、こちらの存在を知らせる鈴や笛は必携。前方左右の状況をよく確認し複数で入山するなどの配慮も必要だ。

山に向かってまっすぐに歩く

長日向は、軽井沢町内の喧噪を離れて静かな自然の雰囲気を満喫できる。カラマツの芽吹き、夏の高原の爽やかさ、金色の紅葉も見応えがある。またコースの半分近くが、林道や作業道なのでスノーシューで歩く楽しみもある。カラマツ林の中の火山灰土の林道は少々歩きにくいが、ザクザクと音を立てて歩くのも楽しい。林道を横切ってからしばらく進むと、鼻曲峠への分岐がある。以前は鼻曲峠に出て霧積温泉方向に向かう近道だったが、崩落し通行止めになっている。分岐から左の急斜面を上がり、丸い尾根を登った先で最後の急斜面を上がると鼻曲山西側ピークの小天狗に着く。

浅間山の雄姿を満喫

小天狗の頂上からは、左右に裾野を広げたスケールの大きな浅間山を堪能できるが、いつも見ている浅間の形と違うせいか少し違和感がある。落葉期はいいものの、木々が成長し、展望が遮られてきているのが残念だ。小天狗から100m程東に、一旦大きく下って上り返した先が鼻曲山頂上の大天狗で、遠くから見てコブというか、鼻のように見える所になる。大天狗の頂上は南東側が切り開かれ、妙義山の奇岩群や関東平野方向が望め、北側には浅間隠山が見える。夏場には登山者も多いが、冬場はひっそりとしていて静かな山が楽しめる。景色を満喫したら下山しよう。折角だから白糸の滝に立ち寄って帰ろうか。

浅間山を望む

夏場は浅間山が望めない

妙義山を望む

雪の頂上にて

八ヶ岳を望む

鹿の角で傷ついたカラマツ

立ち寄り湯　星野温泉 トンボの湯　北佐久郡軽井沢町星野　☎0267-44-3580　営 10:00～23:00　料 1300円

西に浅間山を望む
鼻曲山
乙女コース
1655m
浅間隠山 1757m
浅間山 2568m
大天狗 鼻曲山頂上
1655m
小天狗
100m.3～4分
遠くから鼻形に見える岩場
カンバの木
南東の展望良好
ここから浅間が良く見える
大岩
この辺からひざ高の笹
至霧積温泉・留夫山へ
急坂を上がる
南側が開ける
ここで丸い尾根に出る
土のうがあるが崩れやすい砂れきの急斜面
スリップ注意
右に崩落止め工事をした斜面が見える
左へ回り込み平坦に
土のうを積んだ最初の急坂約100m
鼻曲峠分岐
鼻曲峠・霧積温泉方面通行止(崩落のため)
平坦の道
広い道ここまで、この上部は雑木林になる。
わずか崩落・倒木
中央部が雨水で侵食された道を250m真っすぐに
林道を横切る
徒歩80分
きりづみ温泉
鼻曲山方面
分岐にある大きい標識
小天狗から望む浅間山
林道交点
広い林道
カラマツの新緑が美しい
ほぼ真っすぐ400m程 カラマツ林の中の林道を緩く上がる
林道入口から
左右ともカラマツ林
所々に雨水の浸食跡がある
コースタイム
上り 2:00
下り 1:30
カラマツ除伐形式試験地
岩村田営林署
左側にある標柱
ホーイ
砂れきの快適な道が続く
大きくS字に曲がる
カラマツの新緑が美しい
案内標識
林道交点
250m程、ほぼ真っすぐ
林道入口から約10分
約130m
クマ出没注意の標識
ゲート
一般車は通行止、車は路肩に
林の中に別荘
ふれあいの森
林道入口
入口からゲートまで400m程
長日向バス停(軽井沢駅から20分)
・草軽交通バス(時間を確認のこと)
至峰の茶屋
白糸ハイランドウェイ
至JR軽井沢駅
アクセスマップ
白糸の滝・峰の茶屋
鼻曲山へ
マップはここから
長日向バス停
小瀬温泉
料金所¥300
白糸ハイランドウェイ
(有料)
三笠ホテル
旧碓氷峠
旧道地区
離山
雲場
駅前
R18
かるいざわ
JR→東京
ホーイ
信州山歩きマップ

32-2 鼻曲山

はなまがりやま

軽井沢町

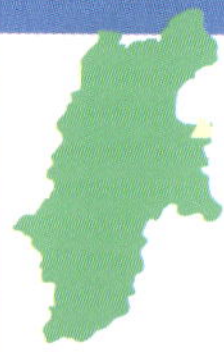

熊野皇大神社コース

1,655m

グレーディング

●対象外
初級

見どころ

▲▲▲ 熊野皇大神社の御神木や狛犬
▲▲ 思婦石・弁慶教字の歌碑
▲ 頂上からの展望

コースタイム

上り:2時間45分　下り:2時間10分

［上り］熊野皇大神社登山口(35分)→一ノ字山(1時間)→留夫山(55分)→鼻曲峠(霧積温泉分岐)(15分)→鼻曲山頂上

［下り］鼻曲山頂上(10分)→鼻曲峠(50分)→留夫山(40分)→一ノ字山(30分)→熊野皇大神社登山口

参考地図

【2万5千分の1地形図】**軽井沢・浅間山**

登山口は熊野皇大神社の先

旧碓氷峠の熊野皇大神社は、参道の真ん中に長野と群馬の県境があって社も社務所も双方にある。両神社の御神木は長野がシナノキ、群馬がイチイで、見所は長野県最古の狛犬や、サッカー日本代表のシンボル八咫烏《やたがらす》を祀る社などがあり由緒は日本武尊《やまとたける》の時代に遡る。登山口は神社から200m程先の旧中山道の仁王門跡横にある。この付近には日本武尊にかかる思婦石《おもふいし》の歌碑や右に100m程下った所にある弁慶の一つ家の碑などの見所がある。

サラサドウダンの花が満開

十数年振りに地図の確認のために熊野神社から登山した。6月は見所はないと思っていたが、頂上ではサラサドウダンの花が満開でビッシリと木を覆っていた。これほどの花を見るのは初めてで驚いた。この他、この山のご馳走は、小天狗からの浅間山の展望だが、落葉期には透けて見えた景色も、夏場は雑木の成長により見えなくなった。展望を楽しみに来る登山者も多いので支障木の除去をお願いしたい。

登山口の様子

霧積温泉分岐の標識

6月頂上に咲くサラサドウダン

留夫山一等三角点

頂上から関東平野を望む

登山口から左に300m程進んで右方向に上がると、あとはほぼ真っ直ぐ県境の稜線に沿って進む。登山道は以前と違い、溝の中でなく溝に沿って雑木を縫うように上がっている。10数年前に比べ木々が成長して林が深く薄暗くなっている。一ノ字山の頂上は気付かず通過、急坂を上下する留夫山《とめふ》は一等三角点峰なのに展望はない。また、留夫山を登らず左方向の林道を歩くこともできる。登山道は良く整備され、笹の立ち枯れもあって、以前のように笹が茂って迷うような所もない。小さくアップダウンし鼻曲峠で霧積温泉コースと合流して最後の急坂を15分程上がると頂上横の稜線に出る。大天狗からは関東平野が望める。一ノ字山や鼻曲山は群馬側からの方が形良く見える。

頂上にて（2018年6月13日）

熊野皇大神社御神木のシナノキ

弁慶一つ家の碑

立ち寄り湯　星野温泉 トンボの湯　北佐久郡軽井沢町星野　☎0267-44-3580　営10:00～23:00　料1300円

熊野皇大神社から続く稜線

コースタイム

上り:1時間20分　下り:①1時間50分　②1時間5分

［上り］荒船不動尊登山口(50分)→星尾峠(30分)→経塚山頂上

［下り］①経塚山頂上(40分)→艫岩(30分)→狭岩修験道場跡(40分)→内山峠登山口

②経塚山頂上(30分)→星尾峠(35分)→荒船不動尊登山口

参考地図

【2万5千分の1地形図】信濃田口・荒船山

33-1

荒船山

あらふねやま

佐久市

北側の国道254号から見上げる艫岩

艫岩大岩壁の上に立つ

高さと言うか深さと言うか、150m以上もある艫岩《ともいわ》大岩壁の上に立つと、私などは自然と足がすくんでしまうが、それにしても足元から前方に広がる大展望は素晴らしいの一言に尽きる。左の北アルプスから右端の妙義の山々までの絶景が続き、真正面には浅間山が裾野を広げている。そんな大展望の大岩壁だと普通なら岩壁の縁から後ずさりしてしまうと思うのだが、中にはスッと先端まで行って平気?そうに下を覗いたり、岩場の縁で弁当を広げている人もいる。いつもそう思うのだが、こういう人は一体どういう神経の持ち主だろうか。思い出しただけでもツチフマズがむずむずする。

荒船不動尊

経塚山の頂上の様子

艫岩の休憩所

荒船不動尊から経塚山に登る

荒船山の登山口は、内山峠からが一般的だが、荒船不動尊からのコースの方が距離も短いし楽だ。佐久側から国道254号の内山大橋西詰を右に入り、約2km上がった荒船不動尊の手前100m程の所に大きな駐車場がある。春なら大きなツツジの塊が見事な荒船不動尊前を通って星尾峠までは、小さな沢に沿って50分程。登山道は途中、崩落箇所もあるが注意していけば大丈夫だ。また、登山口には定番の「熊出没注意」の看板があり、実際に居るようなので鳴り物の携行をお勧めする。星尾峠は十字路で、右は兜岩山へ、真っ直ぐは南牧村、荒船山(経塚山)は左、5分程で黒滝山不動尊への分岐になるので左に上がる。台上までは急斜面だが、途中から丸太の階段が続く。台上の分岐から右へ10分程急斜面を上がると経塚山の頂上に着く。

内山地区から望む荒船山

舳先から甲板を歩いて艫岩へ

荒船山は、最高峰の経塚山(1422.7m)が南側にぴょこんと飛び出した山で、舟で言う舳先《へさき》に当たる。頂上は群馬県側になり、樹間に八ケ岳や兜岩山のローソク岩が望めるくらいで人気の山にしては地味な頂上だ。艫岩に向かう途中台上は船の甲板部分だが、中央辺りに「皇朝最古修武之地」の石碑が立っている。石碑の設置は昭和初期だが、物語は天照大神の時代の謂われがあるので見学したい。艫岩には相変わらず中高年の姿が多い。荒船山は、萌黄色の芽吹き、涼しい木陰、紅葉、そして雪上の散歩と四季を通して楽しめる。今度は夏に行ってみたい。

荒船不動コース

1,423m

グレーディング

体力度 2（1〜10）

技術的難易度 A（A〜E）

見どころ

- 三角点のある経塚山の展望
- 艫《とも》岩《いわ》からの展望
- 「皇朝最古修武之地」の石碑など四季の台状の雰囲気

台上に立つ皇朝最古修武之地の石碑

立ち寄り湯　平尾温泉 みはらしの湯 佐久市下平尾2682 ☎0267-68-0261 営 10:00〜22:00 休 不定休 料 800円

荒船山
荒船不動尊から星尾峠の最短コースから
経塚山、溶岩台地を経て艫岩展望台へ
経塚山標高
1,423M
北アルプス
浅間山
妙義山
北側に北ア.浅間を展望
※内山牧場からは、荒船山の絶景を見られます。
艫岩
溶岩台地
経塚山
※山名は、経塚山、行塚山、京塚山とも呼ばれる。
石祠と標柱のある頂上.展望は僅か
経塚山頂上
1,423m
急坂を登り右へトラバース
10分
樹間にローソク岩 八ヶ岳を望む
頂上.星尾峠分岐
丸太の階段連続
約10分
急登が続く
案内板
至黒滝山
黒滝分岐
上り5〜6分
下り5分
至群馬県南牧村《なんもくむら》
兜岩山・田口峠 4.1km
少し掘れた峠は四本の道が交差
星尾峠《ほしお》
崩落あり、通行注意!
樹間に頂上を望む
急斜面を左右に大きく曲って
しっかりした橋が残っているが
以前あった橋が崩壊、通行注意!
登山口〜星尾峠
上り50分、下り35分
沢筋崩落注意!
右岸の狭い道を歩く
草やぶで道幅が狭い
荒船不動尊
左・崩落注意!
ガンガン パチパチ とお参り
瀬音が聞こえる
登山口
全体にコースが荒れ気味
至御岳山
(注)荒れている
林道
駐車場7〜8台
至内山大橋の西詰
経塚山 星尾峠・荒船不動尊に至る 1.2km
艫岩絶壁 0.2km
相沢 三ッ頭 2.6km
笹原の先20m程の所に立つ石柱。高さは3m程で入口に説明書がある。パワースポット
※休憩適地だが、手摺りや柵がないので、岩壁には近寄らないこと!!
艫岩《ともいわ》展望台
休憩舎・トイレ
※水場、流水があるが動物が多いので飲用に不適
壊れた橋の残がい
相沢分岐
小沢 水
「皇朝最古修武之地」の石碑 昭和9年建立
パチ、パチ
荒船神社石祠
数百メートルの高さがある垂直の岩壁 艫岩 船尾にあたる
溶岩台地、多少のアップダウンはあるが林中の快適な道 1.6km
至内山峠 1:30
艫岩〜分岐 30分
星尾峠 荒船不動尊へ
艫岩展望台へ 1.6km
山遠足記念
古い標識
ホーイ
Z
みんなで楽しむハイキングコース
荒船山コース
荒船艫岩西端
○マツダランプ
レトロな標識がある
※岩壁は、命を落とす場所ではありません。
コースタイム
登山口〜艫岩
1:40
熊出没注意!
アクセス
経塚山 1423
至R254至由藤岡市内
艫岩
内山峠(県境)
内山峠登山口
この間 1:00
登山口
星尾峠
荒船不動尊
P あるが混む
P 7〜8台
至内山牧場
(長野県側)
内山トンネル
(内山川)
滑津川
舗装路
林道へ入る
内山大橋
国道254号 (コスモス街道)
内山大橋の西詰の細い道を入る。
(ドライブイン)
至中込方面

コースタイム

上り:2時間　下り:1時間40分

［上り］内山峠登山口（50分）→狭岩修験道場跡（40分）→艫岩（30分）→経塚山頂上
［下り］経塚山頂上（30分）→艫岩（30分）→狭岩修験道場跡（40分）→内山峠登山口
（荒船不動尊登山口まで1時間）

参考地図

【2万5千分の1地形図】**信濃田口・荒船山**

鹿による被害が深刻

33-2

荒船山

あらふねやま

佐久市

内山峠コース

1,423m

グレーディング

体力度 2

技術的難易度 A

見どころ

艫《とも》岩《いわ》からの浅間山の展望と台上の散歩
ツツジや芽吹きの木々、紅葉
狭岩修験道場跡の沓石

狭岩修験道場跡の沓石

艫岩の斜面

遠景が荒波に漂う船

荒船山は、群馬、長野の県境にある死火山で、荒船の名前は「『遠景が荒波に漂う一隻の船に見える』ことに由来する」と案内板にある。船は南端の経塚山が舳先《へさき》、北側の大岩壁、艫岩《ともいわ》側が船尾である。妙義荒船佐久高原国定公園の中でも特に人気のこの山は、危険箇所も無く一年中登山が可能だ。荒船山は、槍ケ岳をはじめ、北アルプスの稜線からでも、東の稜線に浮いた舟のような山容が見えるし、群馬側からも右側がカクンと切れ落ちた山が見える。

所々に架け橋がある

レトロな看板が残る

艫岩から浅間山を展望

艫岩の方位盤

長野側からの登山道は2コース

長野側からの登山道は、内山峠と荒船不動尊側からの2コースがある。内山峠登山口は、国道254号の内山トンネルの上にあって、内山大橋を渡りトンネル手前を右に入ると5分程で着く。週末には首都圏からの登山者も多く、30台程が駐車可能な駐車場も満車になる。駐車場から一旦右に10m程下り、西方に張り出した尾根大きく回り込んでから県境の尾根に戻る。頂上に向かって西側に張り出した小尾根を何度も回り込み、アップダウンしながら上がっていく。途中の岩場には「危険注意」などの看板があるが、登山道は良く整備されて歩き易く、普通に歩いていれば転落する心配はない。

左に岩壁を見て台上へ

架け橋をいくつか渡り、緩く50m程下ると大きな岩場のある「狭岩修験道場跡」の広場に着く。この山は昔、修験道の修業が盛んで、その名残として大きくえぐれた岩場や、建物の土台に使った直径60㎝程の沓石《くついし》（6個）が見られる。道場跡の先には「一杯水」の案内板があって「荒船山頂より流れるこの水は、登山者に昔から喜ばれ親しまれ、ここで必ず一杯口にしたことから『一杯水』と名づけた。」と説明がある。岩の割れ目から僅かに水が出ているが、飲用には量的にも向いていない。水場の先には手すりやハシゴのある小岩場があるが、ここは下山時に踏み外しや小ジャリの石車に注意が必要だ。岩場の上部に出て左斜めに100m程上がれば、艫岩展望台はすぐそこだ。

内山牧場から望む荒船山

狭岩修験道場跡の岩間

立ち寄り湯　平尾温泉 みはらしの湯　佐久市下平尾2682　☎0267-68-0261　営 10:00〜22:00　休 不定休　料 800円

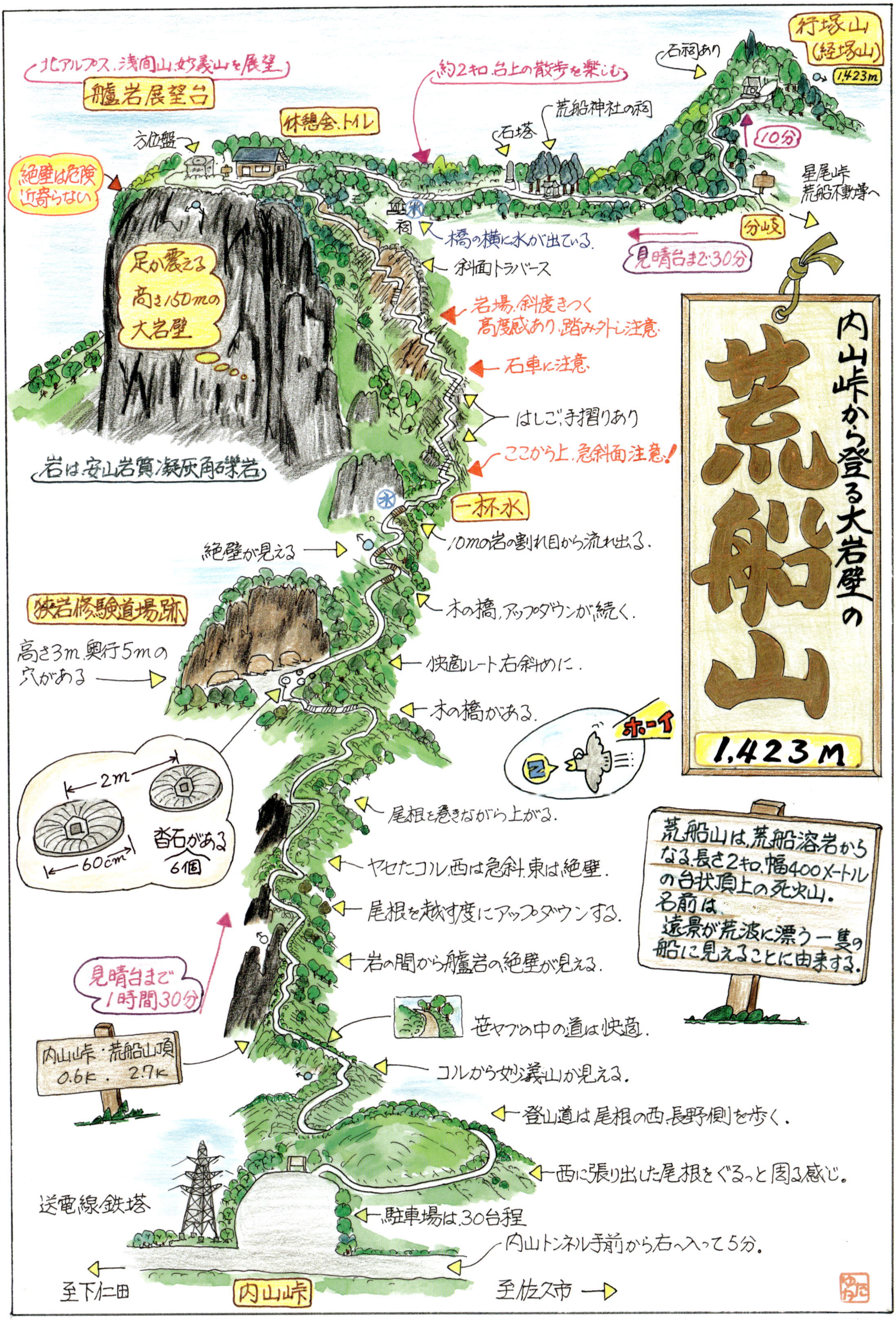

内山峠から登る大岩壁の
荒船山
1,423m
北アルプス、浅間山、妙義山を展望
艫岩展望台
休憩舎、トイレ
方位盤
絶壁は危険 近寄らない
足が震える 高さ150mの 大岩壁
岩は安山岩質凝灰角礫岩
約2キロ、台上の散歩を楽しむ
石祠あり
行塚山（経塚山）
1,423m
荒船神社の祠
石塔
10分
星尾峠 荒船不動尊へ
分岐
見晴台まで30分
祠
橋の横に水が出ている。
斜面トラバース
岩場、斜度きつく 高度感あり、踏み外し注意
石車に注意
はしご、手摺りあり
ここから上、急斜面注意！
一杯水
10mの岩の割れ目から流れ出る。
絶壁が見える
木の橋、アップダウンが続く。
狭岩修験道場跡
高さ3m、奥行5mの 穴がある
快適ルート右斜めに。
木の橋がある。
ホーイ
2m
60cm
沓石がある 6個
尾根を巻きながら上がる。
ヤセたコル西は急斜、東は絶壁。
尾根を越す度にアップダウンする。
岩の間から艫岩の絶壁が見える。
見晴台まで 1時間30分
笹ヤブの中の道は快適。
内山峠・荒船山頂 0.6K 2.7K
コルから妙義山が見える。
登山道は尾根の西、長野側を歩く。
西に張り出した尾根をぐるっと回る感じ。
送電線鉄塔
駐車場は30台程
内山トンネル手前から右へ入って5分。
至下仁田
内山峠
至佐久市
荒船山は、荒船溶岩からなる、長さ2キロ、幅400メートルの台状頂上の死火山。名前は遠景が荒波に漂う一隻の船に見えることに由来する。

コースタイム

上り:①2時間　②2時間　下り:①1時間30分　②1時間30分

［上り］①槙沢登山口（2時間）→茂来山頂上　②霧久保沢登山口（2時間）→頂上

［下り］①頂上（1時間30分）→槙沢登山口　②頂上（1時間30分）→霧久保沢登山口

参考地図

【2万5千分の1地形図】海瀬

34 茂来山

もらいさん

佐久穂町・小海町

1,718m

グレーディング

● 対象外　初級

見どころ

- 頂上からの展望
- 霧久保沢のトチノキ（幹周：531cm 樹齢：推定250年）
- 茂来山南方にある三滝

頂上から佐久平を望む

佐久穂町から望む春の茂来山

三滝の氷

大王トチ

頂上の石祠後方は浅間山

作業用道路が造成されていた

長野市に住んでいる娘が、どういうわけか登山を始め、職場のレクなどで時たま山歩きをしているようだ。その娘が「先週、茂来山に行ってきたけど、槙沢登山口から上の方まで林道ができてたよ」と教えてくれた。しばらく登山してなかったので、11月中旬に確かめに出掛けてみた。案の定、登山口からかなり上の方まで道幅が3〜4mもある作業道が造成されていた。道は特段整地されているわけではなく山の斜面をブルドーザーで削っただけの状態だ。登山道脇の山の斜面がスッキリとしているので、樹木を間伐して木材を運び出したのだろう。作業道は、ぬかっていて歩きにくく足元が泥んこになる。作業のために開けられた道だが、沢沿いに歩く雰囲気の良い道がなくなったのは、少し寂しい感じがする。

誰もが口を揃えていい山だと言ってくれる

HPや本で紹介して以来、茂来山は多くの人に「いい山ですね」「展望が素晴らしい」などと言われる。山の魅力の感じ方や見方は人それぞれで違っていて当然だが、そうした中で故郷の山が「いい山だね」と言われるのは、何か誇らしく嬉しいものだ。茂来山の登山道は、西側の槙沢口、南側の親沢口がある他、東側の四方原山《よもつばらやま》から稜線伝いのコースがあるがこれは一般的でない。車が2台あれば、どちらからでも良いので霧久保沢と槙沢コースを上下するのがお薦め。親沢コースは、小海町の地元で元旦登山が行われている。

中部横断道の開通に期待

平成17年3月、平成の大合併で佐久町と八千穂村が合併し、佐久穂町となったが、今では佐久穂町という名称も違和感がなくなった。新しく佐久南ICから中部横断自動車道が延伸になり、平成30年4月には八千穂高原ICまで開通したが、レタスなど農産物の物流や、地域の観光事業に大きく貢献すると期待されている。そうすると茂来山にも多くの登山者が訪れるかも知れない。また、佐久地域の自然や山村の雰囲気を感じながら登山したいなら、海瀬駅からの駅からハイクを計画しても面白い。歩行コースはJR小海線海瀬駅で下車してから、畑中《はたけなか》、向原《むかいはら》、館《たて》、旭の集落を通って槙沢登山口まで6.5km、1時間40分。2時間で登頂後、下山は1時間30分で霧久保沢に下山、霧久保沢登山口から海瀬駅までは、8km、1時間50分。歩行時間7時間の健脚向きだが面白いと思う。

故郷の名山は「縁結びの山」

当然のことだが、昔に比べ山の木々が成長し、登山道からの展望は皆無に等しいが、その分頂上からの展望は余計に素晴らしく浅間山、八ヶ岳や佐久平の雄大な眺めを堪能できる。茂来山は、佐久平の至る所から見える形の良い山だが、夏場、アゲハ蝶やトンボが飛び交う様子は昔と少しも変わっていない。近年その山名にかけて、嫁にもらいたい、婿にもらいたいという「縁結びのパワースポット」として密かに知られている。霧久保沢コースでは、日本「森の巨人たち百選」のトチノキ・コブ太郎に出会える。帰りは、大日向に下って川久保で一周。秋の一日、やはり茂来山は自慢できる故郷の山だ。

茂来山コブ太郎

立ち寄り湯　さんびあ温泉　佐久市根岸3203-2　☎0267-63-3900　営 10:30（土日祝日10:00）〜21:00　休 第3木曜日　料 500円

佐久穂町

茂来山《もらいさん》 1,718M

悠然と聳える佐久の名山は故郷の山

槙沢コース 霧久保沢コース

コースタイム

茂来山頂上	
↑10分	↓7分
霧久保コース分岐	
↑30分	↓20分
北尾根の鞍部	
↑55分	↓35分
槙沢コース登山口	

・アクセスガイド

国道141号、佐久穂町千曲病院入口信号を佐久市方面から左折、国道299号を十石峠に向かい4.2km程の右側に「茂来山登山口まで3.5km」の標識がある所を右折、舗装された林道を1.7kmで左に鋭角に曲がる[標識あり]。細い道を900m先で左、たじま橋をわたり約700mで登山口に着く。(駐車は、余裕で)

コースタイム

上り:2時間　下り:1時間30分

[上り] 栗生登山口(30分)→不動の滝(1時間)→御岳神社石祠(30分)→御座山頂上

[下り] 御座山頂上(20分)→御岳神社(50分)→不動の滝(20分)→栗生登山口

参考地図

【2万5千分の1地形図】**信濃中島**

35-1

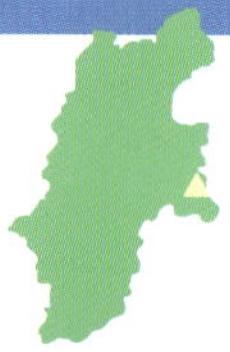

御座山

おぐらさん

北相木村・南相木村

栗生コース

2,112m

グレーディング

体力度 2

技術的難易度 B

見どころ

高度感ある頂上と八ヶ岳などの展望

不動の滝、不動明王の石仏

「ん」(運)の木

ん(運)の木をくぐる

避難小屋

御岳神社の石祠

栗生登山口から不動の滝へ

御座山の登山口のうち、比較的短時間で登頂できるのは南相木側の栗生コースだが、登山口までは、タクシーか自家用車によるしかない。車は林道御座線から約1.5㎞先の広場まで入れる。登山口を入ってすぐに岩場の下を右に巻き、大きな岩石だらけの涸れ沢に下りて右岸を辿る。途中から左斜面に駆け上がり、カラマツ林の中を沢沿いに上がる。カンバの大木を過ぎ、左の高い岩場の下を右に巻くと正面に「不動の滝」の黒い岩場が出現する。水量は少なめだが、夏なら岩にダイモンジソウが見られるし、冬場には白くて長い氷柱《つらら》が下がっている。滝の真下にはパンチパーマで右手に剣を持った何ともかわいらしい「不動明王」の石仏がある。横の標識には「頂上まで1350m」とある。

鞍部から頂上を見上げる

氷柱ができた不動の滝

不動滝の不動明王

「ん」(運)の木(気)を見つけて

滝の右斜面を横切り、雑木林の草むらを上がって、大きな岩場の下を右側に横切り、急斜面を何度もジグザグに曲がりながら高度を上げる。特徴の無い登山道だが、途中に「ん」字形の倒木をくぐる。幹にねじれ模様のある古い倒木は10年前に見つけたものだが未だに倒れず残っている「ん」(運)のある木(気)を見つけると御利益があるかも知れない。さらに左側の岩場の下を巻いた先の岩場が、このコースの核心部で長い鎖場があるが、鎖は上りよりも下りの方がありがたい。岩上に出ると南の金峰山方向の展望が開ける。シラビソ林を上がった先の小ピークには御嶽神社の石祠があるが、ここからは急で狭い岩稜を注意して下る。途中で大岩壁を見上げ、鎖を使って鞍部に下りたら、今度は太い倒木を跨いで急斜面を上り返す。大きな岩場の下を右に横切り、コメツガ林をわずか上がると前方に避難小屋が見えてくる。無施錠で一般開放された板張りの小屋は夏場なら快適に過ごせそうだ。

展望が素晴らしい

左方向に僅かで岩場に出るが、頂上は右奥で、新しい石祠と丸太の輪切りの団子型の「二一一二　御座山」の標識がある。展望は大きく開けてほぼ360度、目前の天狗山、男山の後方に連なる八ヶ岳、南・北アルプス、東側には両神山も見え、足下の高度感はかなりのものがある。御座山の名の由来には、「神様のおいでになる山ということから、天皇がお座りになる所をさす高御座《たかみくら》の御座《みくら》に由来する」という説もある。見た目は急峻な岩山だが、登山口から2時間程で登頂できるのがありがたい。登山口までの交通の便は少々やっかいだが、静かな山歩きと素晴らしい展望が楽しめる佐久の名山だ。

頂上にて

立ち寄り湯　南相木温泉 滝見の湯　南佐久郡南相木村5633-1　☎0267-91-7700　営 10:00～21:00　休 第2・4火曜日　料 450円

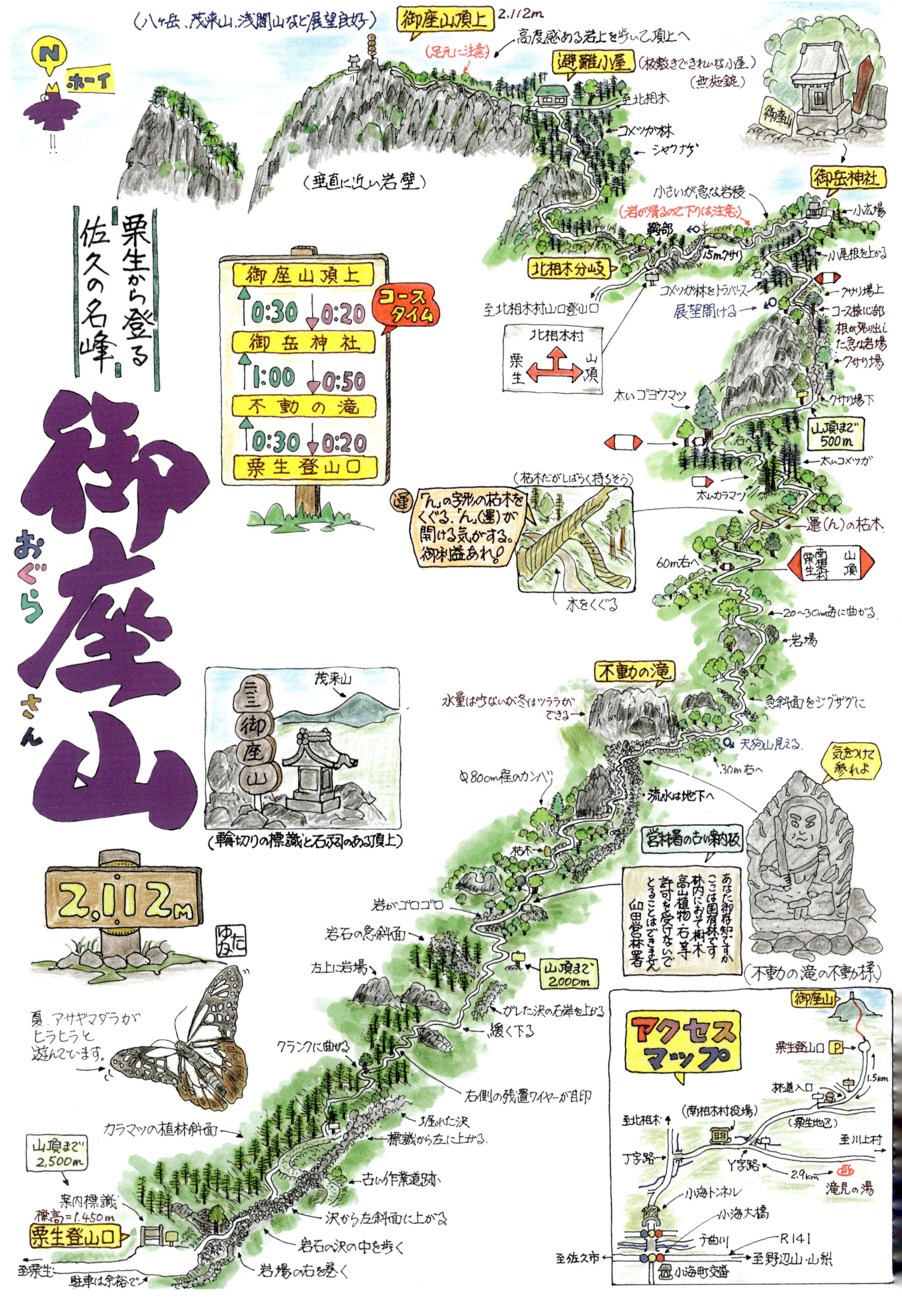

(八ヶ岳、茂来山、浅間山など展望良好)
御座山頂上 2,112m
高度感ある岩上を歩いて頂上へ
(足元に注意)
避難小屋 (板敷きできれいな小屋)(無施錠)
至北相木
コメツガ林
シャクナゲ
(垂直に近い岩壁)
N ホーイ
栗生から登る 佐久の名峰
御座《おぐら》山《さん》
コースタイム
御座山頂上
0:30 0:20
御岳神社
1:00 0:50
不動の滝
0:30 0:20
栗生登山口
御岳神社
小広場
小さいが急な岩稜
(岩が滑るので下りは注意)
鞍部
15mクサリ
小尾根を上がる
北相木分岐
右へ
コメツガ林をトラバース
クサリ場上
展望開ける
コース核心部
根が張り出した急な岩場
クサリ場
至北相木村山口登山口
北相木村 栗生 山頂
太いゴヨウマツ
クサリ場下
山頂まで500m
太いコメツガ
太いカラマツ
運(ん)の枯木
(枯木だがしばらく持ちそう)
「ん」の字形の枯木をくぐる。「ん」(運)が開ける気がする。御利益あれ!
木をくぐる
60m右へ
南相木村 栗生 山頂
20~30m毎に曲がる
岩場
不動の滝
水量は少ないが冬はツララができる
急斜面をジグザグに
天狗山見える
30m右へ
φ80cm程のカンバ
流水は地下へ
営林署の古い制札
あなた御存知ですか ここは国有林です 林内において樹木 高山植物・石草 許可を受けないで とることはできません 臼田営林署
気をつけて参れよ
(不動の滝の不動様)
茂来山
御座山
(輪切りの標識と石祠のある頂上)
2,112m
枯木
岩がゴロゴロ
岩石の急斜面
左上に岩場
山頂まで2,000m
ガレた沢の右岸を上がる
緩く下る
クランクに曲がる
右側の残置ワイヤーが目印
涸れた沢
標識から左に上がる
カラマツの植林斜面
古い作業道跡
沢から左斜面に上がる
岩石の沢の中を歩く
岩場の右を巻く
山頂まで2,500m
案内標識
標高=1,450m
栗生登山口
至栗生
駐車は余裕で
夏、アサギマダラがヒラヒラと遊んでいます。
アクセスマップ
御座山
栗生登山口 P
1.5km
林道入口
至北相木
(南相木村役場)
(栗生地区)
至川上村
T字路
Y字路
2.9km
滝見の湯
小海トンネル
小海大橋
千曲川
R141
至佐久市
至野辺山・山梨
小海町交番

コースタイム

上り:2時間25分　下り:1時間50分

［上り］白岩登山口(35分)→長者の森分岐(35分)→見晴台(40分)→前衛峰(35分)→御座山頂上

［下り］御座山頂上(30分)→前衛峰(30分)→見晴台(25分)→長者の森分岐(25分)→白岩登山口

参考地図

【2万5千分の1地形図】信濃中島

35-2

御座山

おぐらさん

北相木村・南相木村

白岩コース

2,112m

グレーディング

●対象外　初級

見どころ

見晴台、前衛峰や頂上からの展望

シャクナゲの群生

カラマツの紅葉

「神が御鎮座まします山」

御座山は難読の山名で「おぐらさん」と読める人は少ないと思う。「神が御鎮座まします山」という意味があるという。この山の頂上部には急峻な岩場があって、その存在感の大きさから佐久地方の名山と言われている。主な登山口は、栗生口が南相木村、白岩口が北相木村にあるが、白岩登山口は国道141号の小海交番前の小海大橋信号交差点を東に折れる。北相木村内を抜けた白岩地区で相木川に架かる白岩向橋を渡ったら、標識を見て右折する。県道分岐には「バス進入禁止、長者の森登山道をご利用ください。」とある。狭い農道を突き当たりまで進むと3〜4台駐車できる空き地に着く。御座山は、車が2台あれば南側の栗生登山口に下れるが、さもなければ往復せざるを得ない。

所々で展望を楽しみながら登る

登山口からカラマツ林の中を70m程直進し、右に鋭角に登山口方向へ戻ってから左に曲がり北尾根に出て、尾根伝いに進むと登山口から40分程で長者の森からのコースと合流する。急斜面をジグザグに上がり、シャクナゲがトンネル状に道を覆っている斜面を上がると見晴台に出る。木々の間から浅間山、北八ヶ岳の展望が開ける。一旦下って木の根の階段を上がると前衛峰に着くが、ここでは休まずに一旦岩場を下り、鞍部から倒木や根が露出した針葉樹林の急斜面を上がる。頂上手前の鞍部にはまだ新しい木造の避難小屋が建っている。左の林から栗生コースが上がって来ているが、西にわずかで頂上の岩場に着く。お団子型の輪切りの標識も健在だ。頂上での展望の爽快感は何にも代え難い。八ヶ岳や佐久の山々、両神山などを眺めたら、ゆっくりと下ろうか。

頂上と茂来山（後方）

頂上の岩稜（右奥は浅間山）

後輩の柳沢賢二さんと

見晴台から北八ヶ岳を望む

北相木村から望む御座山

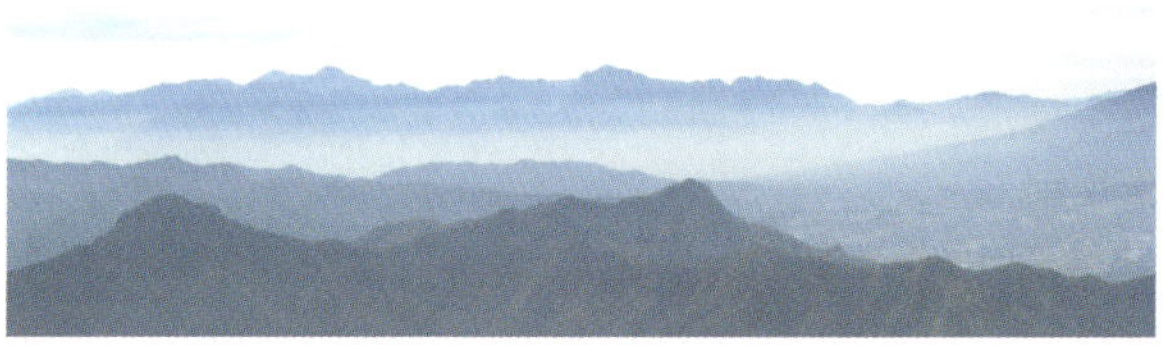
頂上から天狗山、男山の向こうに南アルプスを望む

天狗山から御座山を望む

立ち寄り湯　南相木温泉 滝見の湯　南佐久郡南相木村5633-1　☎0267-91-7700　営 10:00〜21:00　休 第2・4火曜日　料 450円

南佐久 御座山 2,112m

北相木村白岩コースから登る
佐久の名山 大展望の岩山

・コースタイムのめやす

上り＝2時間25分　下り＝1時間50分

山頂（標高2,112m）		前衛峰（標高1,992m）		見晴台（標高1,750m）		長者の森登山道分岐		白岩登山口（標高1,460m）
	0:35 ←		0:40 ←		0:35 ←		0:35 ←	
	→ 0:30		→ 0:30		→ 0:25		→ 0:25	

アクセスマップ

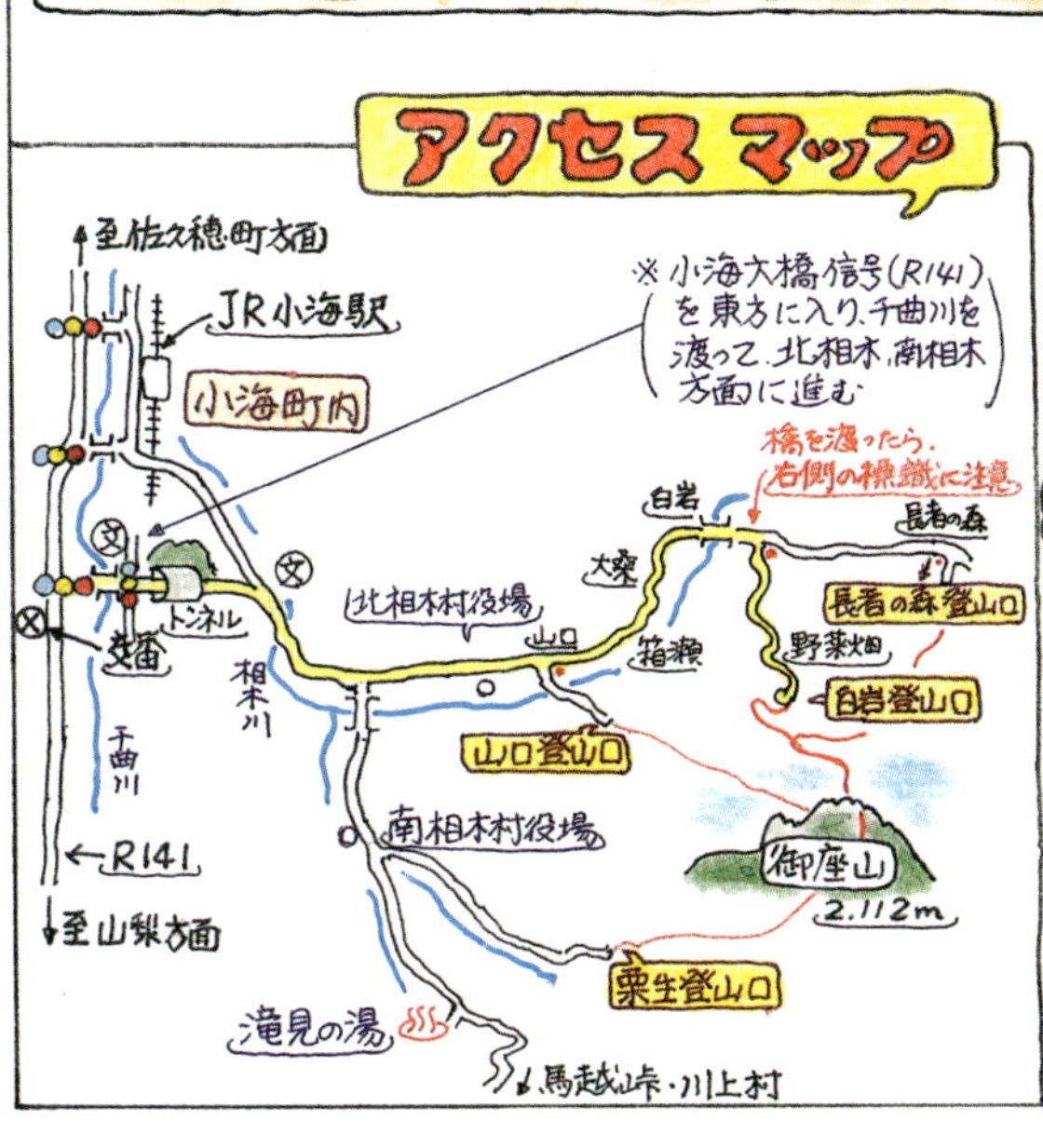

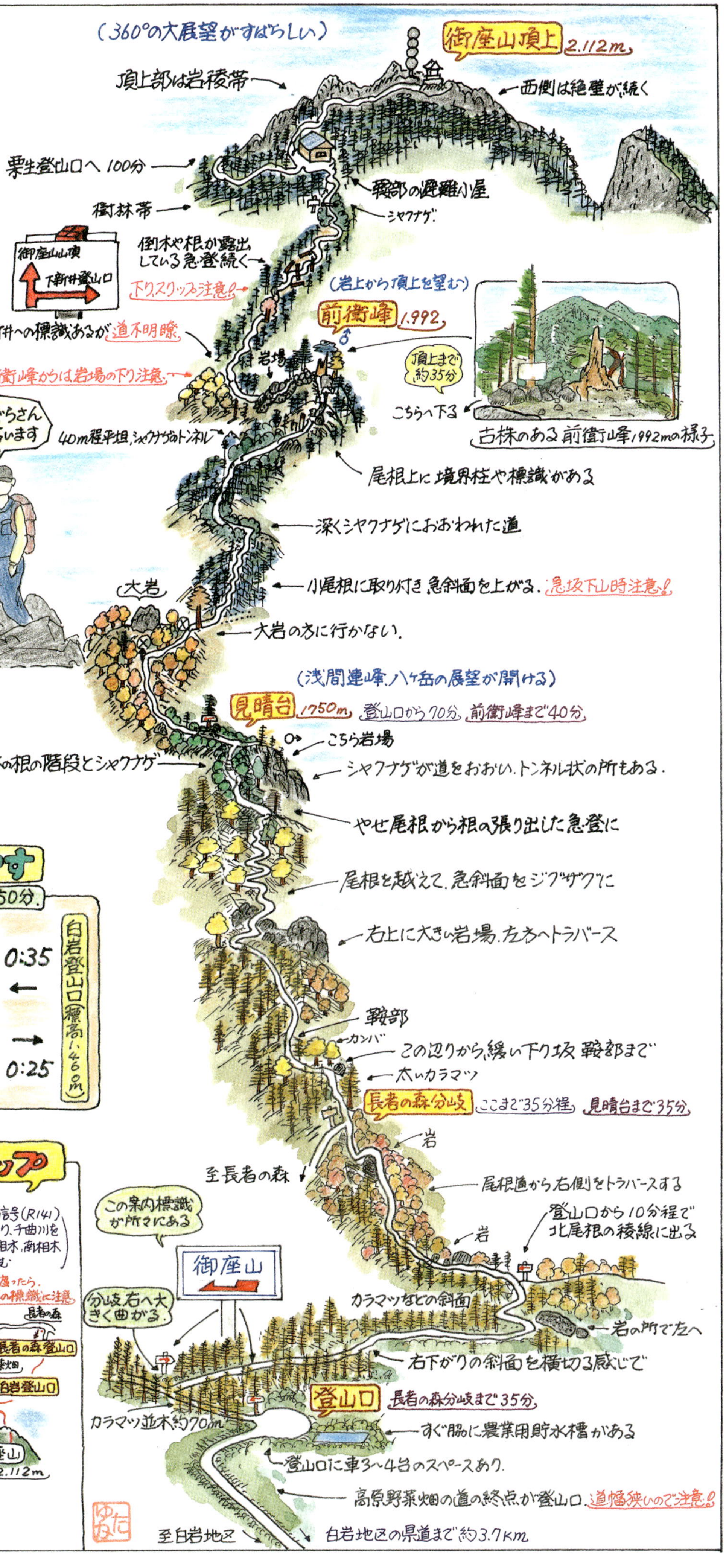

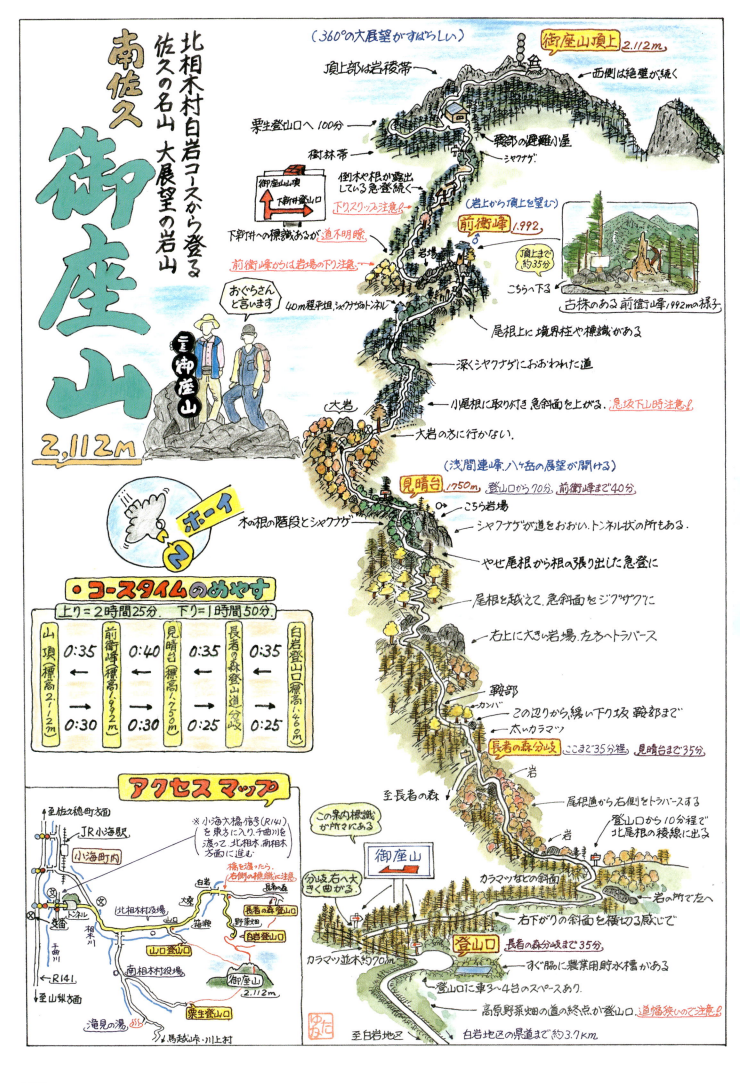

コースタイム

上り:3時間　下り:2時間45分

[上り] 馬越峠(1時間)→天狗山頂上(2時間)→男山頂上

[下り] 男山頂上(2時間)→天狗山頂上(45分)→馬越峠登山口

参考地図

【2万5千分の1地形図】御所平

川上村の高原野菜畑を望む

36-1

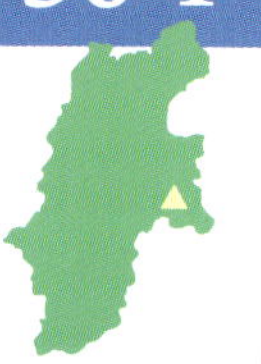

天狗山

てんぐやま

川上村・南相木村

1,882m

グレーディング

●対象外　初級

見どころ

- 頂上からの展望
- 鞍部から先の岩場の登下降
- コブのような大きな山容

大きな兜のような天狗山

久々に天狗山へ

30度以上の真夏日が続いているというのにやはり山の上は涼しい。天狗山も小川山も長野市からおよそ120kmと結構遠距離にある山なので、折角だからと小川山に登った後、馬越《まごえ》峠から天狗山に登った。実はこの日は男山まで縦走してピストンする予定だったが、歳のせいか、小川山登山の疲労が回復しなかったのと雷雲が発生したため断念した経過がある。時間があれば男山、天狗山のどちら側からピストンしても日帰りは十分可能だ。

1時間程で登頂できる

登山口は、川上村側でも南相木村側からでもいいが県道2号線の馬越峠に向かうと、第41号カーブの川上村側にある。切り通しになったこの峠が村境で、南斜面が川上村、北側斜面が南相木村になり、駐車場は峠の前後にそれぞれ4~5台のスペースがある。また、道を隔てて御陵山《おみはか》の登山口がある。峠から川上村の野菜畑を眺めて斜面に取り付き、小尾根を10分程上がると稜線部に出る。所々に岩石が露出する稜線を緩い傾斜で上がっていく。意外と殺風景だが、所々にナデシコが咲いている。僅かに右方向に斜面を横切ると、鉄兜のような山容の天狗山を一望できる岩頭に出る。写真を撮ろうにも山が大きすぎて画面に入りきらない。

馬越峠登山口の石仏など

天狗山頂上にて

天狗岳から男山を望む

高度感のある展望が広がる

岩稜を一旦鞍部に下ってから上り返すが、鞍部から先には適当な岩場があって、僅かながら岩を掴んでのクライミング気分が楽しめる。所々にやや太い白色のロープが設置されているが、ここでは極力ロープを使わず三点支持の練習をしてもいいくらいだ。結構急に見える傾斜だが、取り付いてみるといつの間にか頂上に達してしまう。石が積まれた天狗山の標識の左に二等三角点、その隣にはまだ新しい石祠がある。南側を除いて大きく展望が開け、稜線伝いの男山方向に八ヶ岳、北には浅間山、その右に御座山などを見渡せる。爽やかな風が気持ちよい。下山したら、南相木村の滝見の湯で汗を流して帰ろう。

男山から天狗山を望む

立ち寄り湯　南相木温泉 滝見の湯　南佐久郡南相木村5633-1　☎0267-91-7700　営 10:00～21:00　休 第2・4火曜日　料 450円

信州百名山

川上村 南相木村

天狗山

馬越峠から登る好展望の岩山

二等三角点(頂上)

1,882.1m

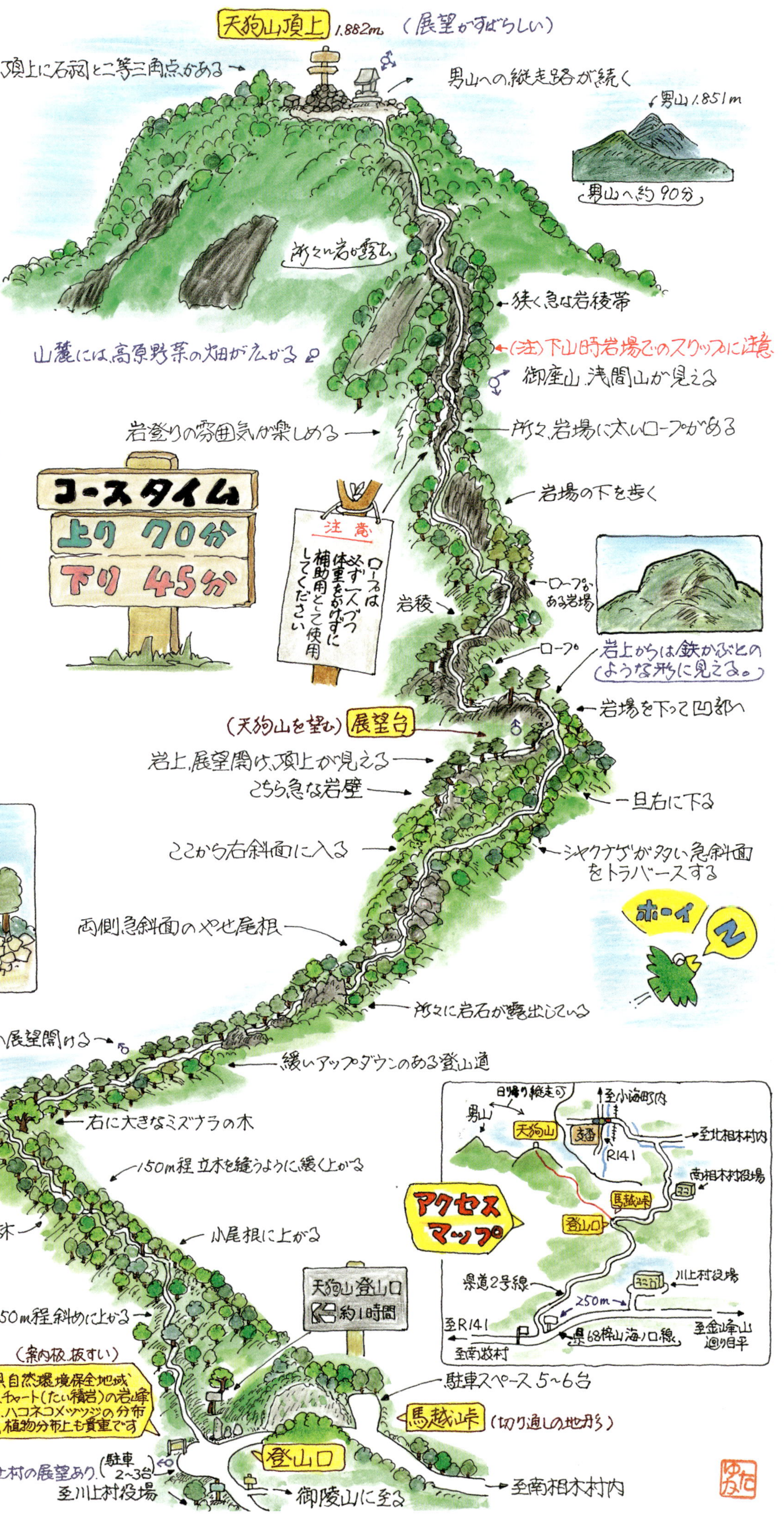

コースタイム （天狗山までは片道約2時間）

上り:2時間30分　下り:2時間

［上り］JR小海線信濃川上駅（30分）→林道入口（1時間15分）→林道終点（45分）→稜線鞍部（2分）→男山頂上

［下り］男山頂上（1分）→稜線鞍部（30分）→林道終点（1時間）→林道入口（30分）→信濃川上駅

参考地図

【2万5千分の1地形図】御所平

36-2

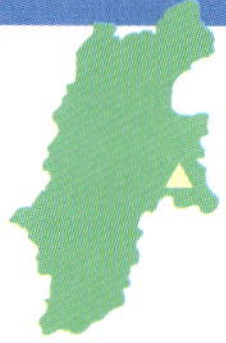

男山

おとこやま

川上村・南牧村

1,851m

グレーディング

●対象外
初級

見どころ

- 八ヶ岳など360度の展望
- ドウダンツツジやシャクナゲ
- ビニールが光る高原野菜畑の様子

逆から読むと「山男」

「男山」を逆から読んだら山男になるが、頂上の黒い標識の横で撮った写真はお気に入りの一枚になった。南牧村の国道141号を南下し市場坂を上がり切った左側の野菜畑の上に、天を貫くように形良く尖った男山が見える。形の良さは山好きでなくても興味を覚えるだろうし、山好きなら登高意欲をそそられる山容でもある。高原野菜畑を隔てて見える山は、独立峰のように見えるが、稜線伝いに東方の天狗山（1882m）や、馬越峠を挟んで御陵山《おみはか》（1822m）まで続いている。頂上からは、ほぼ360度の展望が可能で、特に八ヶ岳連峰を一望できる特等席でもある。ほかに南アルプス、近くに茂来山、御座山、天狗山、金峰山などが望め、眼下には高原野菜畑が広がっている。登山者の多くは、馬越峠から天狗山経由で縦走しているようだ。

川上駅から歩いてもよい

男山は、JR小海線信濃川上駅を降りた正面に頂上部が望める。駅前通りを直進しT字路を右折、千曲川に架かる「男橋」を渡り、T字路を左折して約1kmの所にある3階建ての教員住宅の横から害獣防止柵を開けて右斜めの狭い非舗装道路に入る。登山口には、「男山頂上2時間」の標識がある。林道を約3km、1時間程歩くと林道は終わり山道となる。

また、馬越峠や立原高原からのコースは、稜線の縦走路を何度かアップダウンし、頂上手前の鞍部で林道コースと合流する。ここからは急斜面を数分で登頂できる。車の手配ができれば、縦走がお勧めで時間も半分で済む。

稜線付近にはヤマツツジやドウダンツツジの群生があるし、天狗山方向にはシャクナゲも見られる。やや広い鞍部で一息ついて、100m程急斜面を登り切ると頂上に着く。青空が天井いっぱいに広がって、特に八ヶ岳の展望が素晴らしく一級品だ。この山は快晴の日を選んで登りたい。

頂上から岩稜と八ヶ岳を望む

男山鞍部の標識

逆から読んだら山男、お気に入りの1枚

南牧村から男山を望む

登山道から男山を望む

信濃川上駅前から男山の頂上が見える

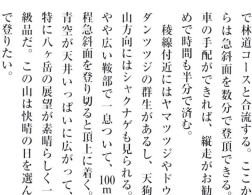

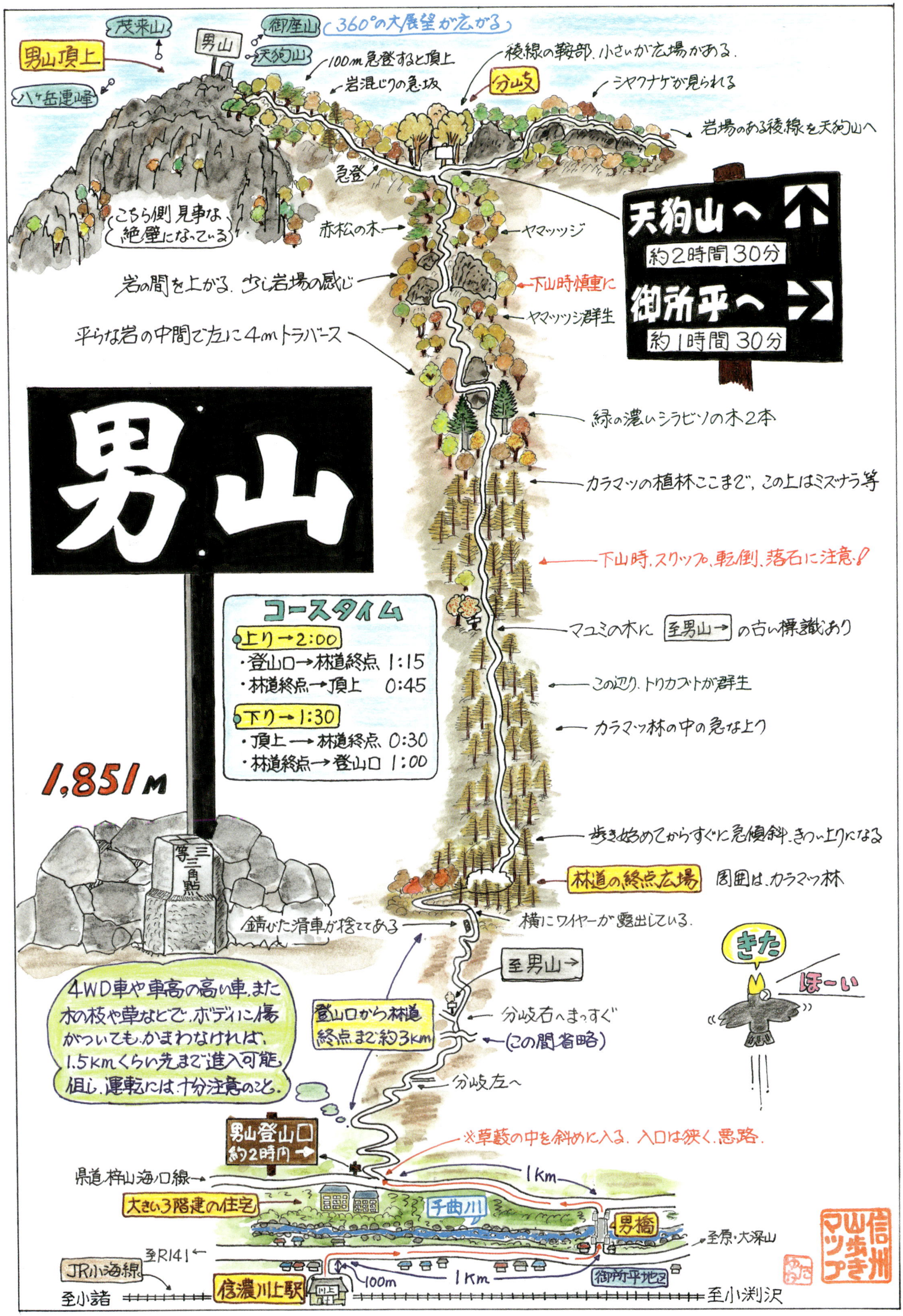
男山
1,851M
茂来山
御座山
360°の大展望が広がる
男山
男山頂上
天狗山
八ヶ岳連峰
100m急登すると頂上
岩混じりの急坂
稜線の鞍部、小さいが広場がある。
分岐
シャクナゲが見られる
岩場のある稜線を天狗山へ
急登
天狗山へ
約2時間30分
御所平へ
約1時間30分
こちら側見事な絶壁になっている
赤松の木
ヤマツツジ
岩の間を上がる、少し岩場の感じ
下山時慎重に
ヤマツツジ群生
平らな岩の中間で左に4mトラバース
緑の濃いシラビソの木2本
カラマツの植林ここまで、この上はミズナラ等
下山時、スリップ、転倒、落石に注意!
コースタイム
上り→2:00
・登山口→林道終点 1:15
・林道終点→頂上 0:45
下り→1:30
・頂上→林道終点 0:30
・林道終点→登山口 1:00
マユミの木に 至男山→ の古い標識あり
この辺り、トリカブトが群生
カラマツ林の中の急な上り
歩き始めてからすぐに急傾斜、きつい上りになる
林道の終点広場
周囲は、カラマツ林
三等三角點
錆びた滑車が捨ててある
横にワイヤーが露出している。
至男山→
きた
ほーい
4WD車や車高の高い車、また木の枝や草などで、ボディに傷がついても、かまわなければ、1.5kmくらい先まで進入可能。但し、運転には十分注意のこと。
登山口から林道終点まで約3km
分岐右へまっすぐ
(この間省略)
分岐左へ
男山登山口
約2時間
※草藪の中を斜めに入る、入口は狭く、悪路。
県道 梓山海ノ口線
1km
大きい3階建の住宅
千曲川
男橋
至原・大深山
至R141
JR小海線
信濃川上駅
100m
1km
御所平地区
至小諸
至小渕沢
信州山歩きマップ

コースタイム

上り:3時間55分　下り:3時間20分

［上り］毛木場（平）（1時間40分）→ナメ滝（1時間20分）→千曲川水源地帯（30分）→稜線国師ケ岳分岐（25分）→甲武信ヶ岳頂上

［下り］甲武信ヶ岳頂上（20分）→稜線国師ケ岳分岐（20分）→千曲川水源地帯（1時間10分）→ナメ滝（1時間30分）→毛木場（平）

参考地図

【2万5千分の1地形図】金峰山・居倉

西沢を渡る最初の橋

国師ヶ岳（左）と金峰山（右）を望む

37

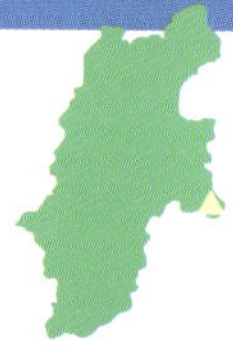

甲武信ヶ岳《こぶしがたけ》

川上村

千曲川源流コース

2,475m

グレーディング

体力度（周回コース）　4

技術的難易度　B

見どころ

▲千曲川源流　▲頂上からの富士山

▲十文字峠のシャクナゲ

▲木造の古い山小屋、十文字小屋と甲武信小屋

毛木場から西沢沿いに

登山口の毛木平の案内板には毛木場と記載がある。川上村最深部の梓山から高原野菜畑の農道を直進すると、60台分程の広さの無料駐車場に着く。トイレや東屋があり周囲にはきれいなシラカバ林がある。ゲート脇を入り車道幅の林道を進むと左に十文字峠方面への道が分れるが、千曲川源流コースの方が急登や上り下りが無い分楽に歩ける。西沢の大きな瀬音を左耳で聞きながら進むと「山の祇大神」の祠があり、その前には源流まで4kmの標識がある。右側の高さ4～50mの大岩には避難場所に使える程の大きな洞穴があり、その先の大岩の上には「山津波の慰霊碑」がある。シラカバ林やカラマツの植林が続くが、林床の草枝は鹿に食べられている。水流が岩上を滑り落ちる「ナメ滝」を過ぎ、初めて長い丸木橋で西沢本流を右岸に渡る。以前は何度も橋を渡ったが現在は、本流を渡るのは1回だけ。千曲川源流の標柱は、薄暗い樹林の中に立っている。すぐ下の沢に下ると足下から水が湧出しているが、この水が故郷の千曲川の源流かと思うと感慨無量だ。

下山は十文字峠経由でも

源流から右の樹林帯の急斜面を20分程で稜線の広場に出る。右は国師ヶ岳、左が甲武信ヶ岳頂上で、シラビソやシャクナゲがある稜線を進むと、右に富士山の絶景を望める岩場がある。頂上直下の100m程の岩稜を上がると好展望の頂上に着く。百名山にしては少々地味だが、石垣上の「日本百名山甲武信ヶ岳」の大きな標柱が印象的だ。長野、山梨、埼玉に跨がり、富士川、荒川、千曲川の水源という点でこの山の存在感は大きい。

千曲川源流を訪ねるなら、そこから頂上まで1時間程なので登頂をお薦めする。帰りは三宝山、十文字峠経由で下山してもいい。古い木造の十文字小屋周辺は、6月にはシャクナゲの花目当ての写真家や登山者も多い。小屋から急な八丁坂を下り西沢を渡れば、毛木場はすぐだ。

頂上にて

富士山を望む

ナメ滝の様子

水源地にて

水源地の湧水

立ち寄り湯　八ヶ岳海尻温泉 灯明の湯　南佐久郡南牧村海尻栗谷上日向中1465-1　☎0267-91-4111　営 11:00～21:00　休 不定休　料 800円

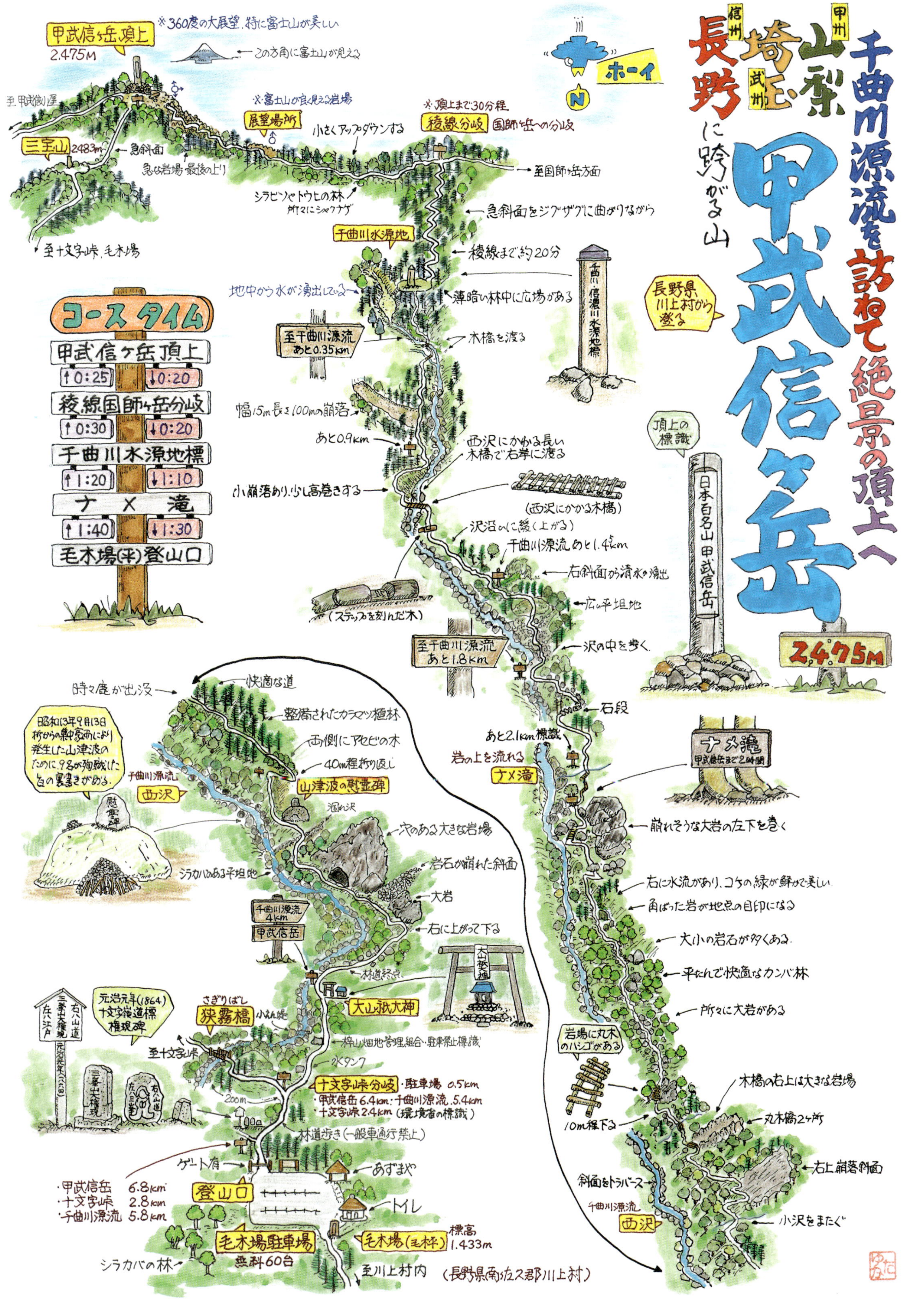
千曲川源流を訪ねて絶景の頂上へ
甲州 山梨
武州 埼玉
信州 長野
に跨がる山
甲武信ヶ岳
2,475M
ホーイ
N
長野県川上村から登る
甲武信ヶ岳頂上
2,475M
※360度の大展望、特に富士山が美しい
この方角に富士山が見える
至甲武信小屋
三宝山 2483m
急斜面
急な岩場・最後の上り
※富士山が良く見える岩場
展望場所
小さくアップダウンする
※頂上まで30分程
稜線分岐
国師ヶ岳への分岐
至国師ヶ岳方面
シラビソやトウヒの林
所々にシャクナゲ
急斜面をジグザグに曲がりながら
至十文字峠、毛木場
千曲川水源地
稜線まで約20分
地中から水が湧出している
薄暗い林中に広場がある
千曲川 信濃川水源地標
至千曲川源流 あと0.35km
木橋を渡る
頂上の標識
日本百名山 甲武信岳
幅15m 長さ100mの崩落
あと0.9km
西沢にかかる長い木橋で右岸に渡る
小崩落あり、少し高巻きする
（西沢にかかる木橋）
沢沿いに緩く上がる
千曲川源流 あと1.4km
右斜面から清水の湧出
（ステップを刻んだ木）
広い平坦地
至千曲川源流 あと1.8km
沢の中を歩く。
コース タイム
甲武信ヶ岳頂上
↑0:25 ↓0:20
稜線国師ヶ岳分岐
↑0:30 ↓0:20
千曲川水源地標
↑1:20 ↓1:10
ナメ滝
↑1:40 ↓1:30
毛木場(P)登山口
石段
あと2.1km標識
岩の上を流れる
ナメ滝
ナメ滝 甲武信岳まで2時間
崩れそうな大岩の左下を巻く
時々鹿が出没
快適な道
整備されたカラマツ植林
西側にアセビの木
40m程折り返し
昭和13年9月13日折からの豪雨により発生した山津波のために9名が殉職した旨の裏書きがある。
千曲川源流
西沢
山津波の慰霊碑
涸れ沢
穴のある大きな岩場
慰霊碑
岩石が崩れた斜面
シラカバのある平坦地
大岩
千曲川源流 4km
甲武信岳
右に上がって下る
右に水流があり、コケの緑が鮮かで美しい。
角ばった岩が地点の目印になる
大小の岩石が多くある。
林道終点
平たんで快適なカンバ林
大山祇神
大山祇大神
所々に大岩がある
元治元年(1864)十文字道標権現碑
さぎりばし
狭霧橋
小えん堤
梓山畑地管理組合・駐車禁止標識
岩場に丸木のハシゴがある
至十文字峠
水タンク
十文字峠分岐・駐車場 0.5km
甲武信岳 6.4km・千曲川源流 5.4km
十文字峠 2.4km（環境省の標識）
木橋の右上は大きな岩場
丸木橋2ヶ所
200m
林道歩き（一般車通行禁止）
10m程下る
ゲート有
あずまや
右上崩落斜面
斜面をトラバース
・甲武信岳 6.8km
・十文字峠 2.8km
・千曲川源流 5.8km
登山口
トイレ
千曲川源流
西沢
小沢をまたぐ
毛木場駐車場
無料60台
毛木場（毛木平）
標高 1,433m
シラカバの林
至川上村内
（長野県南佐久郡川上村）

コースタイム

上り：1時間　下り：1時間

［上り］大弛峠登山口（50分）→三繋平（みつなぎだいら）（10分）→国師ヶ岳頂上

［下り］国師ヶ岳頂上（10分）→三繋平（10分）→北奥千丈岳頂上（40分）→大弛峠登山口

参考地図

【2万5千分の1地形図】**金峰山**

金峰山、朝日岳を望む

38 国師ヶ岳

こくしがたけ

川上村

2,592m

北奥千丈岳

きたおくせんじょうだけ

2,601m

グレーディング

●対象外
初級

見どころ

「夢の庭園」と展望、連続する板道
国師ヶ岳、前国師ヶ岳、北奥千丈岳からの展望
古い大弛小屋や大弛峠の雰囲気

北奥千丈岳にて

登山者の多くは山梨側から入山

国師ヶ岳の登山口に当たる大弛《おおだるみ》峠は、長野県と山梨県の境にある金峰山と甲武信ヶ岳を結ぶ稜線の中間辺りに位置する標高2360m程の峠である。峠までの道路は、山梨側と長野側とでは雲泥の差がある。県境の北、長野県川上村側は、川端下地区から非舗装の林道を約11km、40〜50分の行程だが、凹凸が激しく、普通車はもとより四駆車でも車底部を擦ったり、パンクや転落のおそれがある。山梨県側からは、幅広い舗装された峰越林道が通じていて、JR塩山駅から1時間20分程で来られる。峠には、広い駐車場やトイレも完備しているので登山者の多くは山梨県側から上がっている。

富士山はいつも雲の中

木造の大弛小屋

階段や板道が連続

途中「夢の庭園」を回って

大弛峠は金峰山への登山口でもあるが、乱立する標識を見て登山口から僅か上がると木造の古い大弛小屋がある。小屋の前を通って右に回り込むとすぐに木製の階段が始まるが、シラビソの林の中に延々と続いている。途中「夢の庭園」の標識の分岐から右に入ると、目の前が大きく開け、深い谷を隔てて金峰山が望める。手摺りのついた木段を上がった所が「夢の庭園」で、ここでしばらく展望を楽しんだら上の分岐に出てコースに戻り、引き続き階段を上がっていく。登山道脇に若杉さんの遭難碑を見て、左右の大岩を過ぎると前国師ヶ岳に着く。前国師の先、三繋平《みつなぎだいら》は北奥千丈岳への分岐だが、帰りに立ち寄るとして先に国師ヶ岳へ。三繋平からシラビソの密生した平坦な登山道を進むと、10分程で大石が露出した国師ヶ岳に着く。南に富士山を望み、指呼の間に北奥千丈岳が見える。国師ヶ岳は日本百名山の金峰山と甲武信ヶ岳の名峰に挟まれてやや人気薄の感もあるが、秩父山系最高峰の北奥千丈岳という付録もついてうれしい山でもある。三繋平に戻ったら左方向に10分程上り返せば、やはり大岩が重なる頂上に着く。岩上からは北側の展望が開け、先に登った国師ヶ岳を望める。

北奥千丈岳から国師ヶ岳を望む

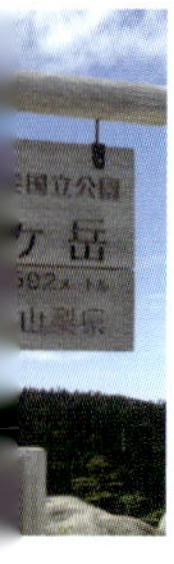
山頂にて

立ち寄り湯　八ヶ岳海尻温泉 灯明の湯　南佐久郡南牧村海尻栗谷上日向中1465-1　☎0267-91-4111　営 11:00〜21:00　休 不定休　料 800円

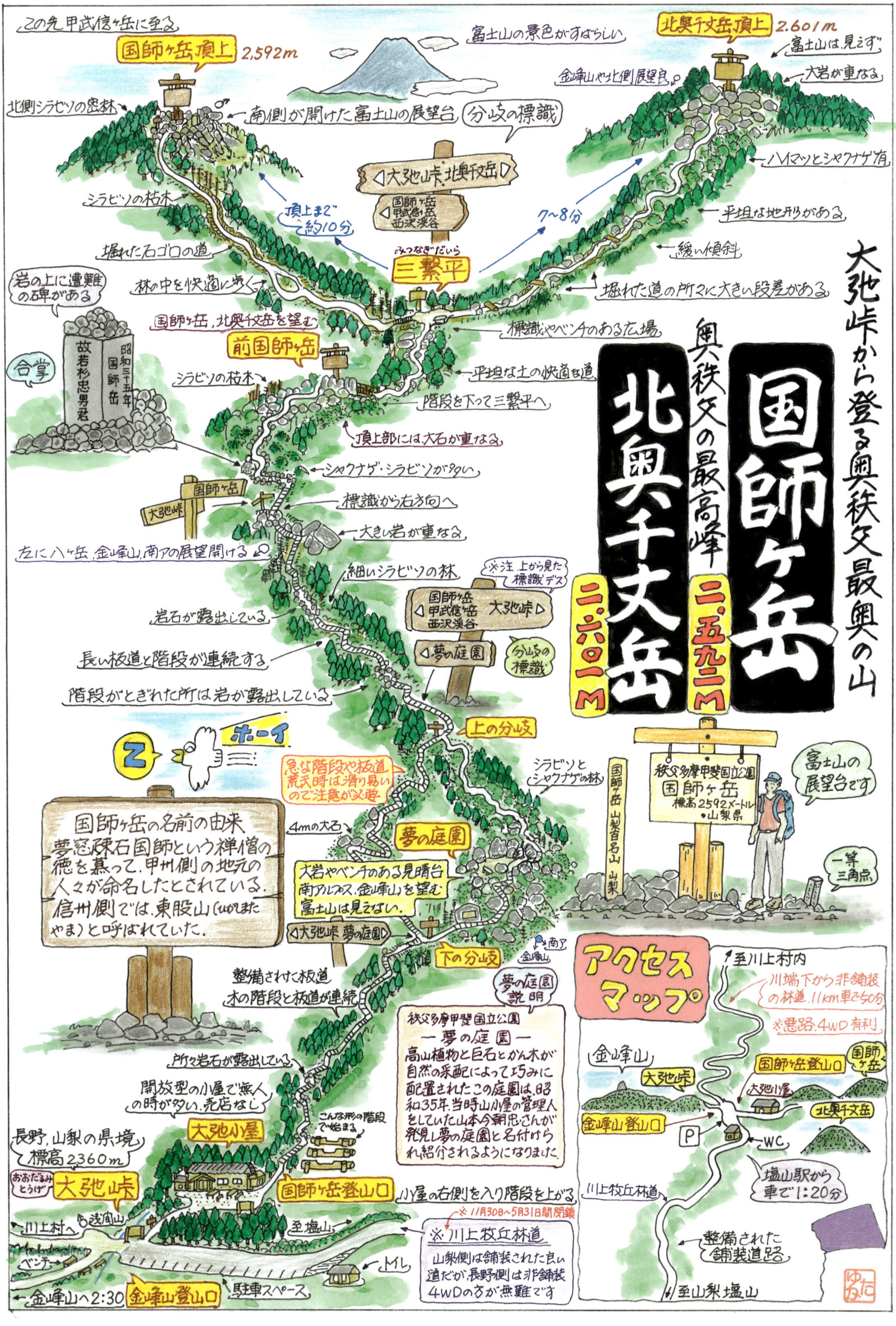
大弛峠から登る奥秩父最奥の山
奥秩父の最高峰
国師ヶ岳 二、五九二M
北奥千丈岳 二、六〇一M
この先甲武信ヶ岳に至る
国師ヶ岳頂上 2,592m
富士山の景色がすばらしい
北奥千丈岳頂上 2,601m
富士山は見えず
大岩が重なる
金峰山や北側展望良
北側シラビソの密林
南側が開けた富士山の展望台
分岐の標識
大弛峠.北奥千丈岳
国師ヶ岳 甲武信ヶ岳 西沢渓谷
ハイマツとシャクナゲ有
シラビソの枯木
頂上まで約10分
7〜8分
平坦な地形がある
緩い傾斜
堀れた石ゴロの道
三繋平《みつなぎだいら》
岩の上に遭難の碑がある
林の中を快適に歩く
堀れた道の所々に大きい段差がある
国師ヶ岳、北奥千丈岳を望む
標識やベンチのある広場
前国師ヶ岳
故若杉忠男君 昭和三十五年 国師岳
合掌
シラビソの枯木
平坦な土の快適な道
階段を下って三繋平へ
頂上部には大石が重なる
シャクナゲ・シラビソが多い
国師ヶ岳 大弛峠
標識から右方向へ
大きい岩が重なる
左に八ヶ岳、金峰山、南アの展望開ける
細いシラビソの林
※注 上から見た標識デス
国師ヶ岳 甲武信ヶ岳 西沢渓谷 大弛峠
岩石が露出している
夢の庭園
分岐の標識
長い板道と階段が連続する
階段がとぎれた所は岩が露出している
上の分岐
ホーイ
急な階段や板道 荒天時は滑り易いので注意が必要
シラビソとシャクナゲの林
秩父多摩甲斐国立公園 国師ヶ岳 標高2592メートル 山梨県
国師ヶ岳 山梨百名山 山梨
富士山の展望台です
一等三角点
国師ヶ岳の名前の由来
夢窓疎石国師という禅僧の徳を慕って、甲州側の地元の人々が命名したとされている。信州側では、東股山（ひがしまたやま）と呼ばれていた。
4mの大石
夢の庭園
大岩やベンチのある見晴台 南アルプス、金峰山を望む 富士山は見えない。
大弛峠 夢の庭園
下の分岐
南ア
金峰山
整備された板道
木の階段と板道が連続
夢の庭園説明
秩父多摩甲斐国立公園 ―夢の庭園― 高山植物と巨石とかん木が自然の采配によって巧みに配置されたこの庭園は、昭和35年当時山小屋の管理人をしていた山本今朝忠さんが発見し夢の庭園と名付けられ紹介されるようになりました。
所々岩石が露出している
開放型の小屋で無人の時が多い、売店なし
こんな形の階段で始まる
大弛小屋
長野、山梨の県境 標高2360m
大弛峠《おおだるみとうげ》
国師ヶ岳登山口
小屋の右側を入り階段を上がる
※11月30日〜5月31日間閉鎖
川上村へ
浅間山
至塩山
※川上牧丘林道
山梨側は舗装された良い道だが、長野側は非舗装 4WDの方が無難です
ベンチ
WC
駐車スペース
金峰山へ2:30
金峰山登山口
アクセスマップ
至川上村内
川端下から非舗装の林道、11km車で50分
※悪路、4WD有利
金峰山
大弛峠
国師ヶ岳登山口
国師ヶ岳
大弛小屋
北奥千丈岳
金峰山登山口
P
WC
塩山駅から車で1:20分
川上牧丘林道
整備された舗装道路
至山梨塩山

コースタイム

上り:3時間20分　下り:2時間25分

［上り］廻り目平登山口（1時間）→中ノ沢出合（55分）→中間地点（1時間5分）→金峰山小屋（20分）→金峰山頂上

［下り］金峰山頂上（15分）→金峰山小屋（40分）→中間地点（40分）→中ノ沢出合（50分）→廻り目平登山口

参考地図

【2万5千分の1地形図】瑞牆山・金峰山

39

金峰山

きんぽうさん

川上村

2,595m

グレーディング

体力度　1 2 **3** 4 5 6 7 8 9 10

技術的難易度　A **B** C D E

見どころ

- 金峰山川の流れ
- 中間点付近のシャクナゲの群生
- 頂上からの富士山の展望と五丈石

五丈石全景

頂上にて

登山道から瑞牆山・八ヶ岳を望む

外装はモダンな金峰山小屋

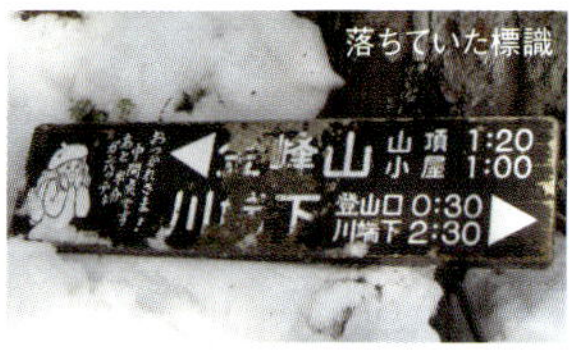

落ちていた標識

大きなシャクナゲが群生

金峰山は、長野県の佐久地方では「キンポウサン」、山梨側では「キンプサン」と呼んでいる。どっちでも構わないが、佐久生まれの私は昔からキンポウサンだ。登山道は「廻り目平」からのほか、瑞牆《みずがき》山《やま》方向からと大弛峠からのコースがある。廻り目平には、金峰山荘やキャンプ場があり、近くの小川山はロッククライミングのメッカとして知られている。車は金峰山荘の有料駐車場に止め、西股沢沿いに7号堰堤の前まで林道を歩き、左岸の河原に入ると1時間程で八丁平との分岐の中ノ沢出合に着く。金峰山は左に下って砂洗沢の丸太橋を渡り、砂防堰堤を越えて狭い河原を歩き右斜面に上がる。出合から30分程で最終水場に着くが、ここも千曲川の水源地だ。

最終水場からは尾根まで若干急坂になる。右斜面に取り付き、左にトラバース気味に高度を上げ、丸木橋を過ぎると中間地点に着く。周辺には、高さが5m程もあるシャクナゲが群生しているが、毎年6月の第1週頃は花を目当てに訪れる登山者も多い。この辺りからは登山道に針葉樹の根が網の目ように張り出しているので、特に下山時にはスリップに注意が必要だ。振り返ると樹間に瑞牆山が見えてくる。

山小屋に宿泊して楽しみたい山

平坦な道を左斜め方向に進むと金峰山小屋の前に出る。右手の物置小屋の間を通って、岩が重なるハイマツ帯の登山道を上がると20分程で大きな花崗岩が無造作に重なった一等三角点の頂上に着くが、視線はすでに80m程南方の巨大な五丈石に向いている。遠方からでも、あれが金峰山と分かる巨大な五丈石は、大岩が積木のように重なりガンダムの頭部を連想させる。高さは20m程だが近づいてみるとその大きさに驚く。石の前には赤い鳥居があり、右の岩上には小さい祠がある。金峰山は修験道の山として栄えたが、五丈石は、室町時代に蔵王権現が祀られ「御像石」とも呼ばれたそうだ。五丈石の裏側は絶壁で、その様子からしてもこの石の存在は不思議だ。五丈石とともに、この山の見所は富士山の展望だろう。なかなかスカッと晴れないが、次はお天気と相談してシャクナゲの時期に来よう。金峰山は、廻り目平からだと日帰りが十分可能だが、山小屋に宿泊して夕日やご来光を見てみたい。

向かって左横から見た五丈石

立ち寄り湯　金峰山荘　南佐久郡川上村川端下546-2　☎0267-99-2428　営 12:00〜19:00　休 11月上旬〜4月下旬　料 400円

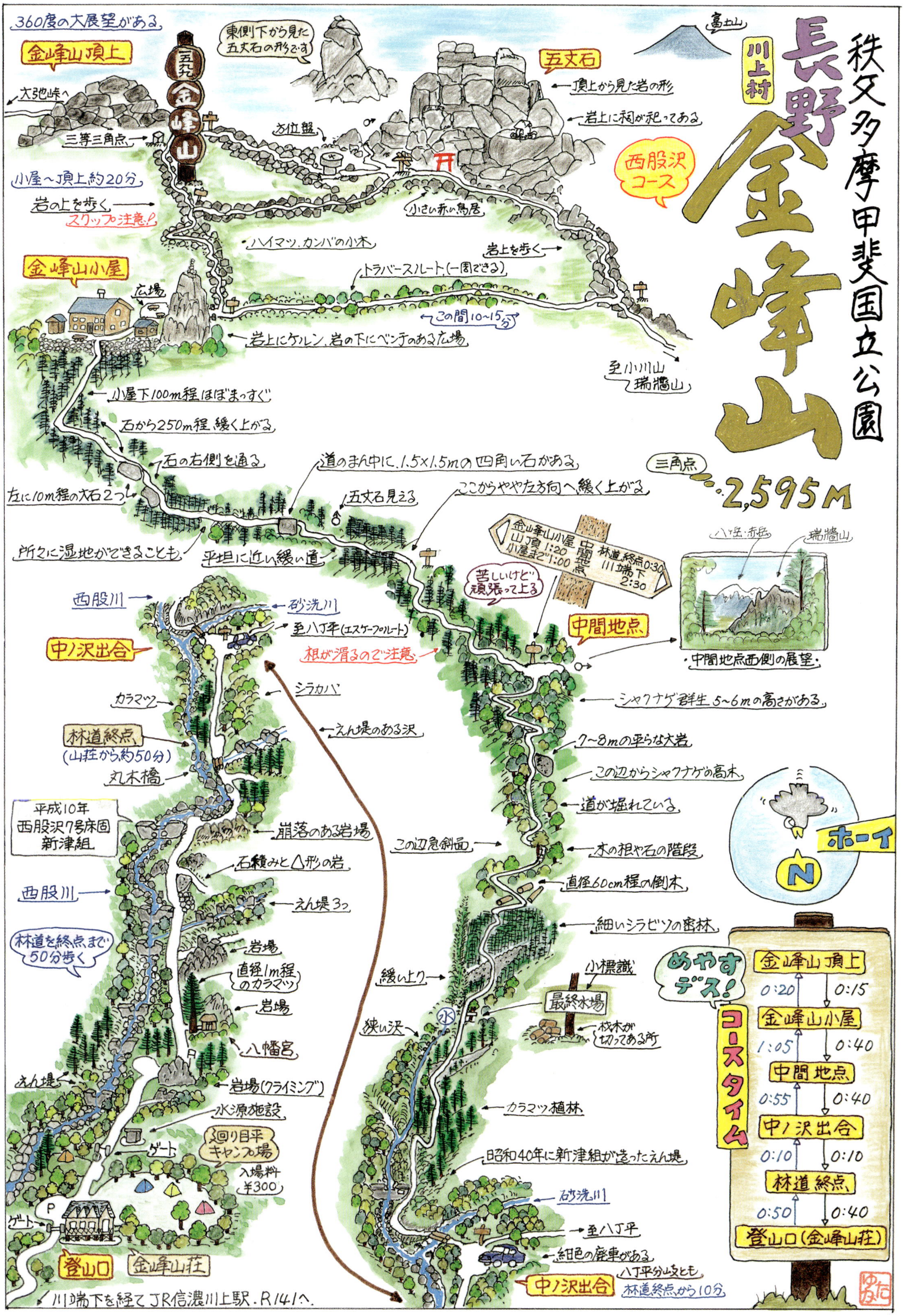

長野 川上村
金峰山
秩父多摩甲斐国立公園
西股沢コース
三角点
2,595M
360度の大展望がある
金峰山頂上
大弛峠へ
三等三角点
二五九九 金峰山
東側下から見た五丈石の形です
富士山
五丈石
頂上から見た岩の形
岩上に祠が祀ってある
方位盤
小さい赤い鳥居
小屋～頂上約20分
岩の上を歩く
スリップ注意!
ハイマツ、カンバの小木
岩上を歩く
トラバースルート(一周できる)
この間10~15分
金峰山小屋
広場
岩上にケルン、岩の下にベンチのある広場
至小川山 瑞牆山
小屋下100m程ほぼまっすぐ
石から250m程 緩く上がる
石の右側を通る
左に10m程の大石2つ
道のまん中に、1.5×1.5mの四角い石がある
五丈石見える
ここからやや左方向へ緩く上がる
所々に湿地ができることも
平坦に近い緩い道
金峰山小屋 山頂1:20 小屋まで1:00 中間地点 林道終点0:30 川端下2:30
苦しいけど頑張って上る
八ヶ岳・赤岳
瑞牆山
中間地点西側の展望
西股川
砂洗川
至八丁平(エスケープルート)
中間地点
中ノ沢出合
根が滑るので注意
シラカバ
カラマツ
シャクナゲ群生 5~6mの高さがある
えん堤のある沢
林道終点
(山荘から約50分)
丸木橋
7~8mの平らな大岩
この辺からシャクナゲの高木
道が掘れている
平成10年 西股沢7号床固 新津組
崩落のある岩場
この辺急斜面
木の根や石の階段
石積みと△形の岩
西股川
直径60cm程の倒木
えん堤3つ
細いシラビソの密林
林道を終点まで50分歩く
岩場
直径1m程のカラマツ
岩場
緩い上り
小標識
最終水場
狭い沢
枕木が切ってある所
八幡宮
ホーイ
N
めやすデス!
コースタイム
金峰山頂上
0:20 0:15
金峰山小屋
1:05 0:40
中間地点
0:55 0:40
中ノ沢出合
0:10 0:10
林道終点
0:50 0:40
登山口(金峰山荘)
えん堤
岩場(クライミング)
水源施設
カラマツ植林
廻り目平キャンプ場
入場料 ¥300
ゲート
昭和40年に新津組が造ったえん堤
P
ゲート
砂洗川
至八丁平
紺色の廃車がある
登山口
金峰山荘
中ノ沢出合
八丁平分岐とも
林道終点から10分
川端下を経てJR信濃川上駅、R141へ。
ゆたか

コースタイム

上り:①3時間45分　②4時間5分　下り:①2時間55分　②2時間45分

［上り］①廻り目平登山口（1時間）→唐沢の滝分岐（2時間40分）→頂上手前分岐（5分）→小川山頂上
②廻り目平登山口（1時間）→唐沢の滝（20分）→唐沢の滝分岐（以下①に同じ）

［下り］①頂上（1時間55分）→唐沢の滝分岐（10分）→唐沢の滝（50分）→廻り目平登山口
②頂上（1時間55分）→唐沢の滝分岐（50分）→廻り目平登山口

参考地図

【2万5千分の1地形図】**瑞牆山・金峰山**

岩上の小川神社石祠

40

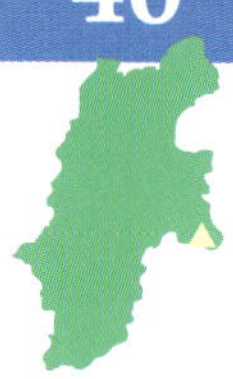

小川山

おがわやま

川上村

2,418m

グレーディング

●対象外　初級

見どころ

- 稜線に続く花崗岩の奇岩と展望台からの岩峰群の展望
- 唐沢の滝
- ロッククライミングの様子

クライマーで賑わう小川山

登山基地でもある川上村の廻り目平は、岩場に取り付くクライマーと、金峰山に向かう登山者、そしてキャンプ目的の家族連れなどで大いに賑わっていて、休日ともなれば駐車場は満車状態だ。山梨県境に接するこの周辺には、金峰山、瑞牆《みずがき》山、甲武信ヶ岳と日本百名山三座を擁していて、観光振興といった面では、他の自治体が羨ましがると思うのだが、さらに小川山は、ロッククライミングのメッカとして知られるようになった。花崗岩質の岩場が点在する一帯には、週末ともなれば多くの若者の声が響いている。

人気薄の山だが、さて

廻り目平からは、金峰山への登山者が九分九厘、小川山には一厘程度だろうか。人気度はイマイチだ。名前の単純さと長時間掛けて登頂した頂上からの展望がほとんど望めないというのが主な要因かと思われるが、そうはいってもこちらは信州百名山だ。

周辺の山に登って小川山だけが残っていたので、この夏、実家の墓参りのついでに登ってみることにした。下界は猛暑だというのにさすが高原野菜の川上村、爽やかな風が通り過ぎる…とはいえ、やはり直射日光は厳しく暑い。帽子とサングラスは必携だ。

変化に富んだ登山道を歩く

白樺混じりの雑木林を上がると徐々に花崗岩の露出が目立ってくる。眩しいくらいの岩肌を見上げながら高度を上げていくと、所々で展望台ならぬ景色が開ける場所があって金峰山や隣の尾根の岩峰群が見える。登山道にも大きな花崗岩の岩が多く露出していて飽きが来ない。かもしかコースは分岐から唐沢の滝方向に下って一周する約3時間コースだが、なかなか面白い山という印象だ。この山の凄いところは、シャクナゲの多さ、それも5m以上もある大きな木が作る林、あまり高すぎて逆に花が見られないが、なかなか見事だ。

また、ミツバツツジも群生しているが、これらは多分6月頃が見頃だろう。

目を見張る岩峰群

登山道は尾根伝いに付いているが、途中では大きな岩場の下部を通り、足元にかなりの高度感を感じるところもある。大岩が重なった所には、はしご場もあって面白い。唐沢の滝の分岐を過ぎると、岩場に薄く展望台と書かれた岩場があるがこの岩に上がってみると、目を見張るような岩峰群の展望が開ける。さらにその先には小川神社の祠があるが、これは気をつけていないと知らずに通り過ぎてしまう。だらだらと長い林内を上がって左から金峰山からの登山道を合わせて右に5分程上がると頂上に達するが、残念なことに周囲の樹木に阻まれて展望はほとんど無い。

小川山はクライミングのメッカ

頂上の展望はない

アルミ梯子やロープのある岩場

小川山の岩峰群

唐沢の滝

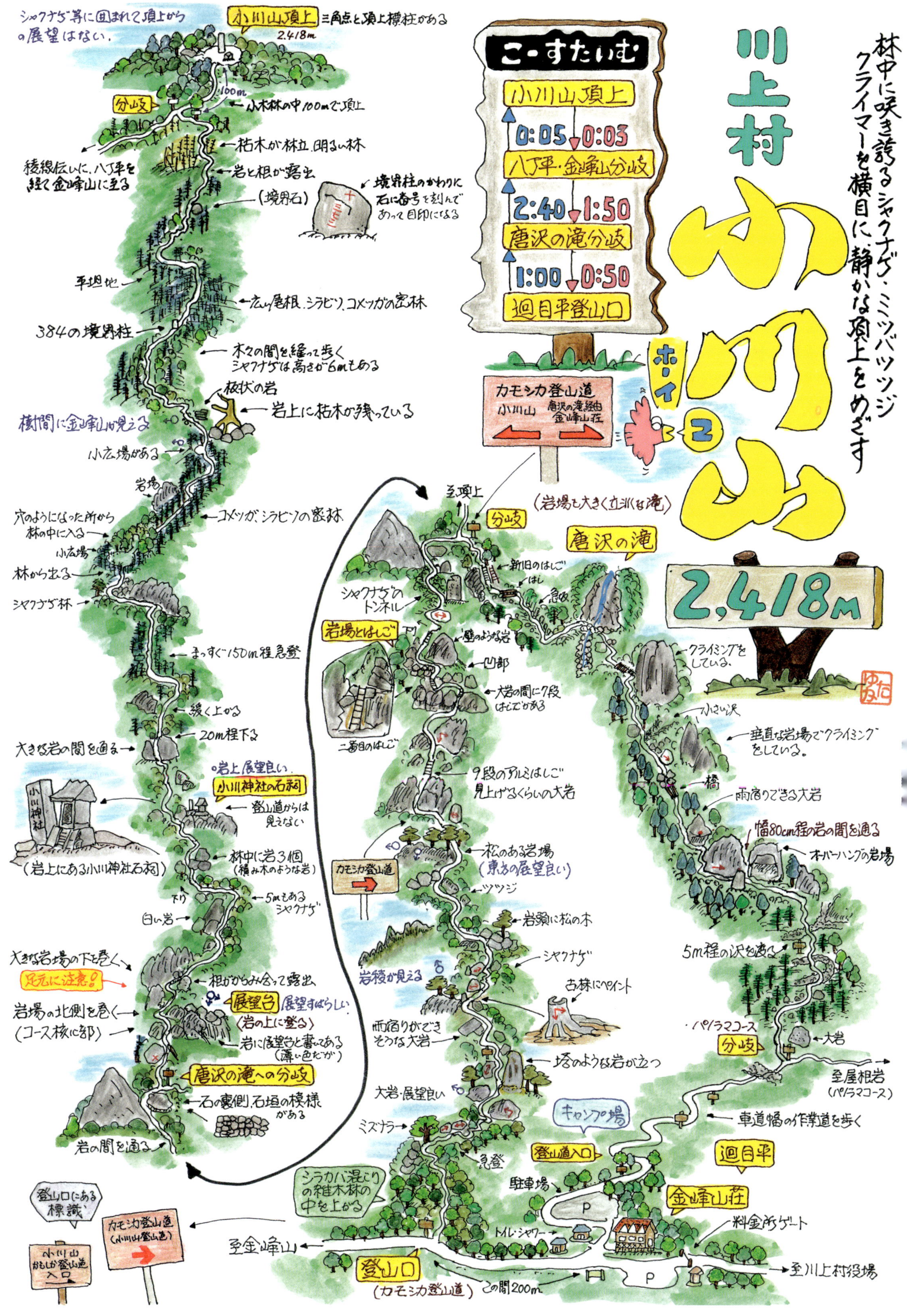
川上村
小川山
2,418m
林中に咲き誇るシャクナゲ、ミツバツツジ
クライマーを横目に、静かな頂上をめざす
こーすたいむ
小川山頂上
0:05 0:03
八丁平・金峰山分岐
2:40 1:50
唐沢の滝分岐
1:00 0:50
廻目平登山口
ホーイ
カモシカ登山道
小川山
唐沢の滝経由 金峰山荘
シャクナゲ等に囲まれて頂上からの展望はない。
小川山頂上
三角点と頂上標柱がある
2,418m
100m
分岐
小木林の中100mで頂上
枯木が林立、明るい林
稜線伝いに、八丁平を経て金峰山に至る
岩と根が露出
(境界石)
境界柱のかわりに石に番号を刻んであって目印になる
平坦地
広い尾根、シラビソ、コメツガの密林
384の境界柱
木々の間を縫って歩く
シャクナゲは高さが6mもある
枝状の岩
岩上に枯木が残っている
樹間に金峰山が見える
小広場がある
岩場
コメツガ、シラビソの密林
穴のようになった所から林の中に入る
小広場
林から出る
シャクナゲ林
まっすぐ150m程急登
緩く上がる
20m程下る
大きな岩の間を通る
岩上展望良い
小川神社の石祠
登山道からは見えない
小川神社
林中に岩3個
(積み木のような岩)
(岩上にある小川神社石祠)
下り
5mもあるシャクナゲ
白い岩
大きな岩場の下を巻く
足元に注意!
根がからみ合って露出
展望台
展望すばらしい
岩場の北側を巻く
(コース核心部)
(岩の上に登る)
岩に展望台と書いてある
(薄い色だが)
唐沢の滝への分岐
石の裏側、石垣の模様がある
岩の間を通る
至頂上
分岐
(岩場も大きく立派な滝)
唐沢の滝
新旧のはしご
はしご
急登
シャクナゲのトンネル
岩場とはしご
壁のような岩
凹部
大岩の間に7段はしごがある
二番目のはしご
クライミングをしている。
小さい沢
垂直な岩場でクライミングをしている。
9段のアルミはしご
見上げるくらいの大岩
橋
雨宿りできる大岩
幅80cm程の岩の間を通る
オーバーハングの岩場
カモシカ登山道
松のある岩場
(東方の展望良い)
ツツジ
岩頭に松の木
シャクナゲ
5m程の沢を渡る
岩稜が見える
古株にペイント
パノラマコース
分岐
大岩
雨宿りができそうな大岩
塔のような岩が立つ
至屋根岩
(パノラマコース)
大岩・展望良い
キャンプ場
ミズナラ
車道幅の作業道を歩く
急登
登山道入口
廻目平
シラカバ混じりの雑木林の中を上がる
駐車場
金峰山荘
P
登山口にある標識
カモシカ登山道
(小川山登山道)
トイレ・シャワー
料金所ゲート
小川山
かもしか登山道
入口
至金峰山
登山口
(カモシカ登山道)
この間200m
P
至川上村役場

41-1 白馬岳

しろうまだけ

白馬村

コースタイム

上り:6時間5分　下り:3時間45分

［上り］猿倉登山口（1時間）→白馬尻小屋（2時間30分）→葱平（2時間）→村営宿舎（35分）→頂上

［下り］白馬岳頂上（1時間25 分）→葱平（1時間30分）→白馬尻小屋（50分）→猿倉登山口

参考地図

【2万5千分の1地形図】白馬岳・白馬町

2,932m

グレーディング

体力度　1 2 3 **4** 5 6 7 8 9 10

技術的難易度　A B **C** D E

見どころ

- 大雪渓の景色
- 咲き誇る数々の高山植物
- 稜線や頂上からの展望、頂上の方位盤

稜線から白馬岳を望む

初秋の大雪渓

避難小屋（葱平）

杓子岳北側斜面

強力が運んだ頂上の方位盤

大きく口を開けた大雪渓（葱平）

猿倉から朝日に輝く白馬岳

久々に猿倉から登山する

自宅を午前4時に出て猿倉に向かうと既に駐車場は満車状態だ。仕事以外で猿倉に来たのは何十年ぶりだが、早朝から登山者がやたらと多い。この年は夏場に天気が悪かったので、9月にそれを取り戻そうと多くの登山者が押し寄せたようだ。足慣らしを兼ねて作業用の車道を歩くが、途中右奥に白馬岳が姿を現す。ここでは右横の金山沢の高い堰堤から流れ落ちる滝の音が大きく谷間に響いている。作業道の終点から15分程で白馬尻小屋に着く。

9月の大雪渓はあちこちで崩落

この時期の大雪渓は、初夏のように大きさや残雪の輝きに迫力は感じられないが、その代わり雪渓の末端では雪塊が崩落し、スノーブリッジとなった雪渓が黒く大きく口を開けその下を勢いよく水が流れていて見応えがある。クレパスはまだ無いが、夏場に見られる雪渓上の登山者の黒い行列は、秋口には点線状態だ。スプーンカット雪面は、気持ちよくってアイゼンなんていらない。途中から右側にルートを取り、葱平《ねぶかっぴら》から石ゴロの急な登山道に取り付いた先には夏の名残の草花が風に揺れている。この時期トリカブトの鮮やかな青紫の花が斜面を覆っていて印象的だ。

久々の頂上は案外スッキリ

テント場をかかえる村営小屋の先で稜線に出ると、正面に清水岳が見え、左後ろの雲上には剱岳が頭を出している。頂上手前には大きく羽を広げたような白馬山荘が見え、その後ろに頂上が見える。頂上からの展望は最高なのだが、この山、スッキリ晴れてくれないようだ。ここでは新田次郎の「強力伝」に出てくる頂上の方位盤に注目してほしい。南に続く稜線が白く輝いて、おいでおいでと手招きをしているように見える。

白馬尻小屋

立ち寄り湯

白馬八方温泉 おびなたの湯　北安曇郡白馬村北城9346-1　☎0261-72-3745　営 夏期9:00～18:00 冬期10:00～17:00　休 12月中旬～1月中旬　料 600円

白馬塩の道温泉 倉下の湯　北安曇郡白馬村北城9549-8　☎0261-72-7989　営 10:00～22:00　料 600円

大雪渓から登る
花と展望 憧れの名峰へ
白馬岳
日本百名山
Mt. Shiroumadake
2,932M
N
ホーイ
頂上の方位盤
新田次郎の小説 強力伝に登場する
御来光と360度の展望がすばらしい
白馬岳頂上 2,932m
山荘から15分
旭岳 2867m
松沢貞逸氏顕彰碑
残雪がある
北ア最大の山荘
白馬山荘
快適な稜線の道 杓子岳方面へ
鞍部にテント場がある
旭岳分岐
石垣がすごい!
雪渓が残る
村営〜山荘間20分
村営白馬頂上宿舎
登山道から見える 杓子岳
大岩の下に建つきれいな 緊急避難小屋
斜面の大岩と稜線の尖った岩
(お花畑)
枕木の急な階段
大岩
石ゴロの急な上りが続く
森林管理署の黒い標識 高山植物とライチョウを守りましょう!
(村営宿舎まで20分)
避難小屋
岩室跡
この辺りから上部高山植物の宝庫 すばらしい!
ねぶかっぴら
葱平
春から初夏 この上に小雪渓が残る。
茶色の大岩が目立つ
枕木の階段
最上部、クレバスやスノーブリッジができる
秋口は右斜面に取り付く
※杓子岳側からの落石が多いので注意!
こちらも急な岩場 落石に注意!
杓子岳からの白い岩石が堆積
白馬岳の代掻き馬
休憩時も上部に注意すること!
(万年雪が残る日本一の大雪渓)
白馬大雪渓
こんな注意案内がある
雪渓上にある石は全て落ちてきた石です 早く通過して下さい。
ベンガラ(赤色顔料)のまかれたルートを歩く
年によっては クレバスができる
氷河のつめ跡が見られるらしい
裏面に 猿倉3km 白馬山頂4km のプレート
白馬山国有林 中部森林管理署
秋、こちら側の石ゴロ斜面を上がる
落石注意 遭難多発
大岩
夏場は雪渓上を歩く
周囲の景色が開ける
秋、雪渓の末端が崩壊する
※ケルンから上部は登山エリア。
ケルン
白馬尻小屋にある おつかれさんの岩
おつかれさん! ようこそ大雪渓へ
小屋の標識
白馬尻小屋 標高1560m
大きな岩
急な木の階段、雑木のトンネル
白馬尻小屋
※注意喚起の立看板をよく読んで入山しよう。
小屋前の広場から白馬岳、大雪渓の眺めが良い
板道を歩く
大きなえん堤のある 長走沢
ここから山道
沢を渡る
鑓温泉へ 4:30
工事用道路終点 (猿倉荘から45分)
分岐にある案内標識
鑓温泉登山口
板橋を渡る
ジャカゴ
白馬岳が見える
ブナ
イワギキョウ
ウルップソウ
ハクサンコザクラ
ミヤマオダマキ
参考コースタイム
白馬岳頂上
0:10
0:15
白馬山荘
0:15
0:20
村営白馬岳頂上宿舎
1:00
2:00
葱平岩室跡
1:30
2:30
白馬尻小屋
0:50
1:00
猿倉登山口
鑓温泉登山口
中部山岳国立公園 猿倉の石碑
一般車両通行禁止
ブナ林
猿倉登山口
猿倉荘
無料駐車場(シーズンは満車に)
県道322 白馬岳線
臨時駐車場
至白馬村内
マップは9月中旬の様子(花を除く)
©.2014. Nakajima

コースタイム

上り:10時間35分　下り:7時間30分

［上り］猿倉登山口（2時間30分）→小日向のコル（2時間）→鑓温泉（3時間）→鑓温泉分岐（40分）→白馬鑓ヶ岳頂上（40分）→杓子岳（1時間45分）→白馬岳頂上

［下り］杓子岳（1時間）→白馬鑓ヶ岳頂上（2時間50分）→鑓温泉（1時間50分）→小日向のコル（1時間50分）→猿倉登山口

参考地図

【2万5千分の1地形図】**白馬岳・白馬町**

41-2

白馬鑓ヶ岳《はくばやりがたけ》

白馬村

2,903m

杓子岳《しゃくしだけ》

2,812m

グレーディング

体力度

1 2 3 4 5 **6** 7 8 9 10

技術的難易度

A B **C** D E

見どころ

- 頂上からの展望と白い砂利に覆われた稜線の風景
- 咲き誇るコマクサの群生
- 鑓温泉に入浴したという満足感

鑓温泉に入りに行こう

救助などで何度も行っている白馬連峰だが初めて鑓温泉に入浴した。普段は混浴らしいが、秋口の温泉はまさにイモを洗うがごとくの混み様だ。入浴料を支払って入浴と相成るわけだが、恐ろしい集団心理というか、すぐ下側にあるキャンプ場に若い女性がいることなど眼中にないらしく、平気で浴槽のへりに腰掛けている。まあ開放感に浸っているのだろうがそれにしてもあまりの混雑に閉口だ。

この山行は日帰りの白馬周回

山小屋に宿泊するのがあまり得意ではないので、今でも日帰り山行が多い。テントもあるのだが、生来のせっかちな性格が故に、行って来いの日帰りが多い。猿倉から大雪渓を上がり白馬岳へ、そこから稜線伝いに杓子、白馬鑓と南下し、鑓温泉に下って猿倉まで。トレランの若者なら楽勝だろうが、62歳間近の体力で、メモをしながらの山行は厳しいものがある。山と一期一会というのも変だが、どんな山でも「この山はこれが最後だ」と思って登っている。だから日帰り縦走でも、見落としがないように意識して、できるだけ楽しみながら歩くようにしている。本当は花の時期に来たかったのだが残念。

白馬鑓の白い砂利の斜面

周回コースでの注意箇所

そうはいっても3000m近いアルプスなので、多くの危険が待ち受けている。大雪渓では5月連休などでの雪崩や、春から夏場の落石、小雪渓をトラバース時の滑落、強風や吹雪時の低体温症、鑓温泉上部クサリ場での滑落が多発しているので特に慎重な行動が求められる。また、鑓温泉から猿倉への下りはことのほか長距離に感じる。ペース配分と自分の疲労度を計算に入れて歩きたい。

頂上にて

シーズン中は混み合う鑓温泉

展望とお花畑を楽しむ

白馬連峰は、展望と高山植物が素晴らしい。シラネアオイ、ウルップソウ、コマクサ、ハクサンコザクラなど、可憐な数多くの山の花が見られる、まさに花の百名山に相応しい山で、透き通るような青空と白く輝く大雪渓、普段なかなか味わうことのできない雄大な景色が広がる白馬岳だが、できれば山小屋で一泊して杓子、鑓ヶ岳などの周回がお薦めだ。

白馬鑓から杓子岳の西斜面を望む

南方稜線から白馬岳を望む

立ち寄り湯　鑓温泉　北安曇郡白馬村　☎0261-72-2002（白馬館）　営 7月中旬～9月（毎年概ねこの時期：期間中無休）　料 500円

白馬鑓ヶ岳 2903m 杓子岳 2812m

お花畑と標高2,100mの露天温泉を楽しみ白馬岳に続く好展望の山をめぐる

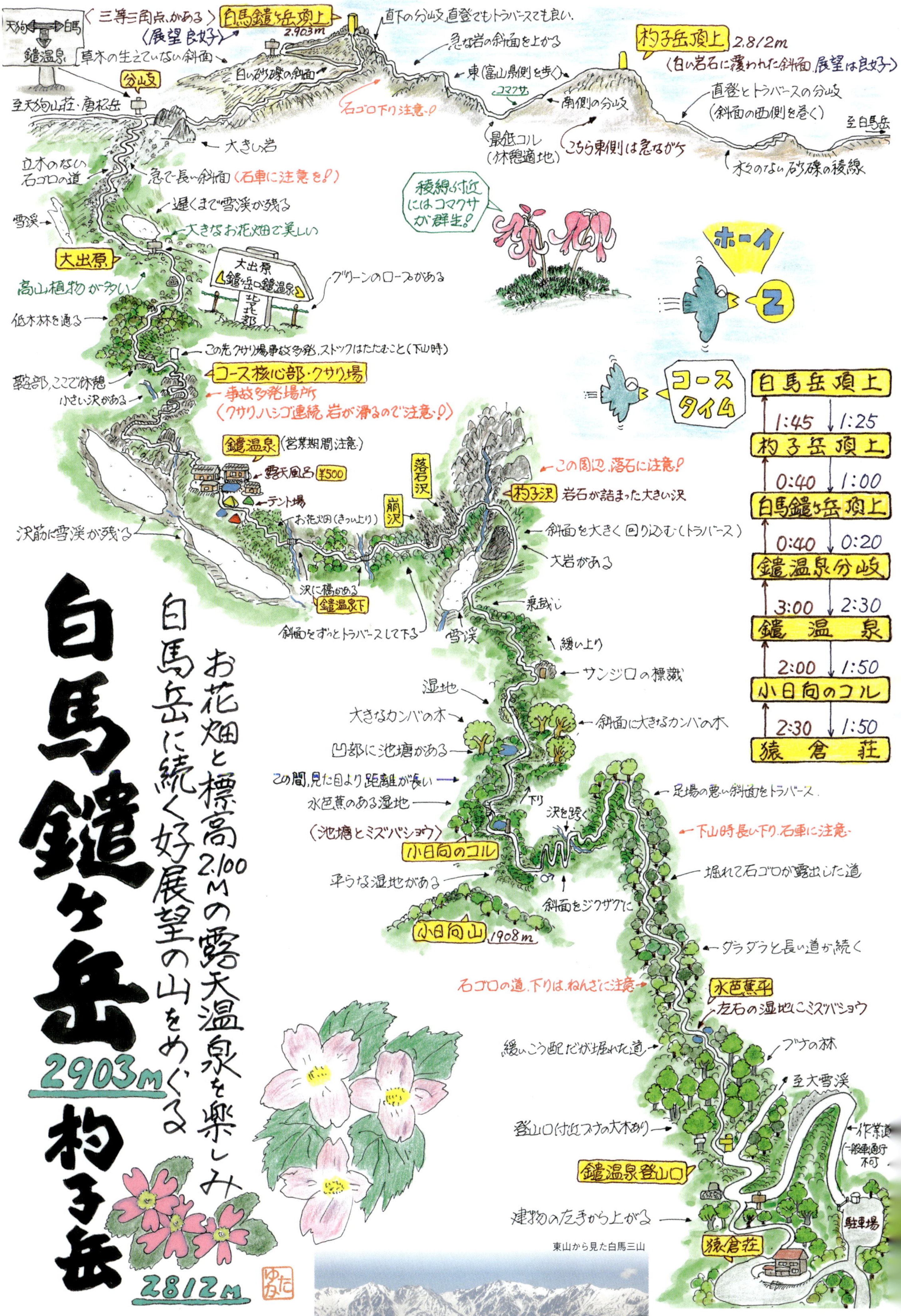

東山から見た白馬三山

コースタイム

上り:3時間50分　下り:3時間25分

［上り］八方池山荘（1時間）→八方池（2時間30分）→唐松頂上山荘（20分）→唐松岳頂上

［下り］唐松岳頂上（15分）→唐松岳頂上山荘（2時間）→八方池（40分）→八方池山荘（30分）

参考地図

【2万5千分の1地形図】白馬町

42

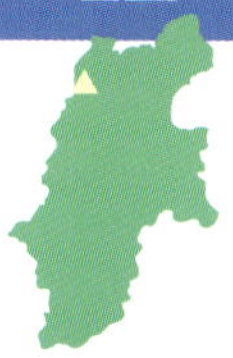

唐松岳

からまつだけ

白馬村

2,696m

グレーディング

体力度

1 2 **3** 4 5 6 7 8 9 10

技術的難易度

A **B** C D E

見どころ

- 八方尾根や頂上からの大展望
- 高山植物
- 八方池に映る白馬三山、扇雪渓

山荘から唐松岳を望む

朝から土砂降りの雨

日程が変更できない登山は、悪天候の場合に厳しい選択を迫られる。遠く九州や四国から飛行機や新幹線を乗り継いできた登山者には「折角だから」との意識が根強く、無理をしがちだが、特に天候を無視した無謀登山が遭難に結びつく例は多い。7月に全国各地から集まった団体と唐松岳に登山する機会があったが、当日は土砂災害警戒情報が出される程の土砂降り。登山は無理に決まっているが、それでも希望者だけで八方池まで登ることになった。覚悟を決めれば打ち付ける雨音も苦にならず、無風も幸いし全員が2時間程で八方池に到着できた。参加者の一人は、「ずぶ濡れで景色も見えなかったが、その分足元に小さな雪割草を見つけて感動した」と話していた。この年の7月1日、八方池には雪渓が残っていた。

八方池上部は登山装備が必要

唐松岳は子供でも日帰りが可能だが、夕日、朝日に感動したいなら唐松岳頂上山荘での宿泊がお薦めで、西に見える劔岳の雄姿は最高のご馳走だ。時期的には夏から秋口がお薦めで、八方尾根は高山植物の宝庫だし秋にはダケカンバなど紅葉が見事だ。経験者なら冬山や残雪期も快適だが、八方尾根は荒天時に方向を誤りやすく、道迷いでの遭難が多発している。若い頃、隣の遠見尾根にドカンドカンと落ちる雷を見て肝を冷やし小屋に逃げ込んだ思い出がある。八方尾根は避難場所がないので特に天候には注意が必要だ。

八方池に映る不帰Ⅰ～Ⅲ峰

秋まで残る扇雪渓

剣岳の展望が素晴らしい唐松岳頂上山荘

八方尾根から見える白馬三山

360度の大展望

天気が良ければ八方尾根は登山コースのどこからも展望が開ける。右には白馬三山が連なり、尾根の右上には不帰のⅠ～Ⅲ峰が並び、左には五龍岳、東側には上信越の山々が並ぶ。下の樺では奇妙に曲がったダケカンバ、上の樺の先には扇状雪渓が遅くまで残る。森林限界を超え、丸山ケルンに着くとさらに展望が広がる。山荘から唐松岳頂上へは北に20分程、360度の大展望が広がる。初心者にお薦めの山と問われれば、迷わず唐松岳と答えるだろう。

頂上で剣岳をバックに

立ち寄り湯

白馬八方温泉 八方の湯　北安曇郡白馬村北城5701-2　☎0261-72-5705　営 9:00（水曜日は12:00）～22:00　料 800円

白馬八方温泉 郷の湯　北安曇郡白馬村北城5170　☎0261-72-6541　営 12:00～21:00　休 火曜日　料 600円

白馬八方温泉 みみずくの湯　北安曇郡白馬村北城5480-1　☎0261-72-6542　営 10:00～21:30　料 600円

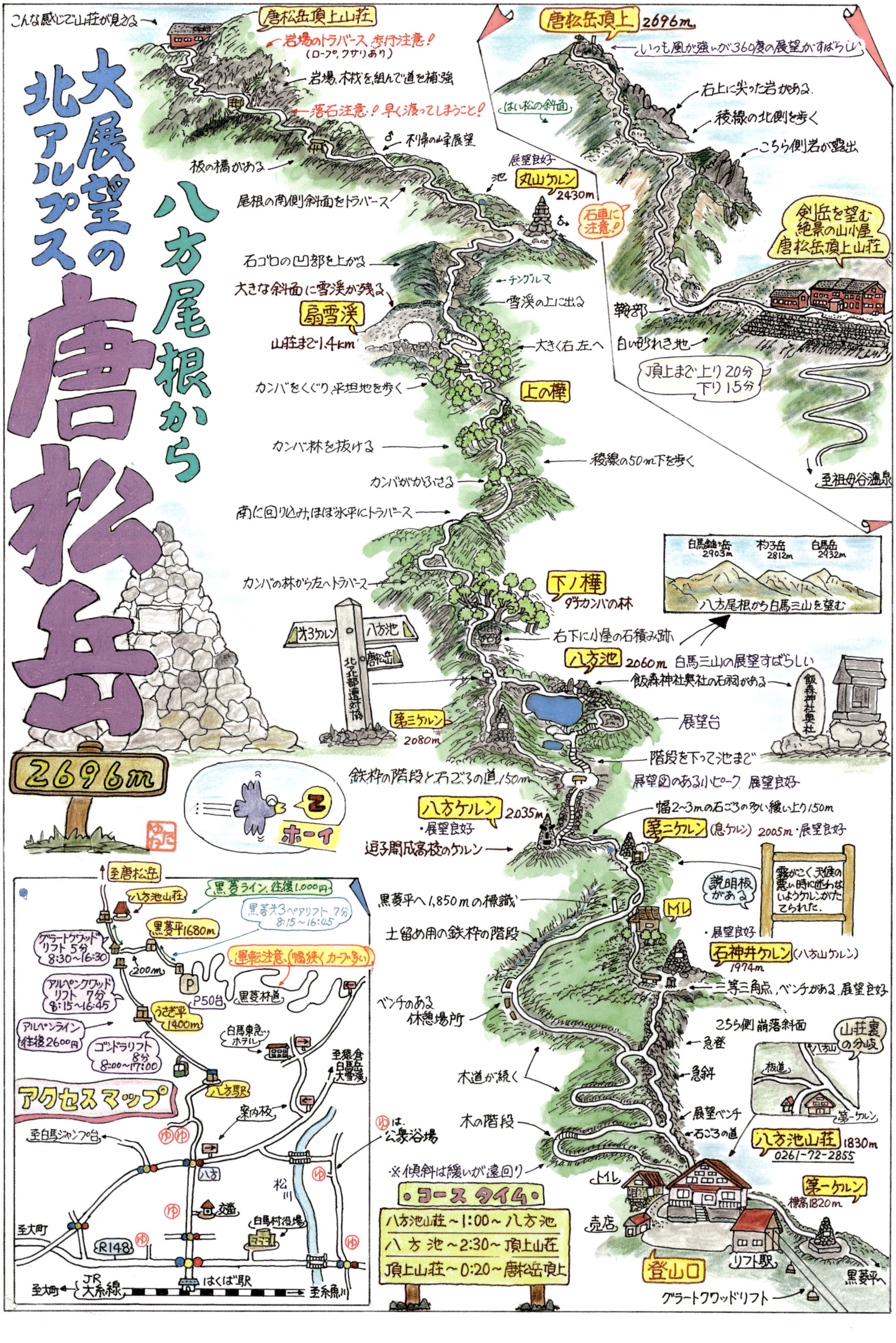

北アルプス
大展望の
八方尾根から
唐松岳
2696m
こんな感じで山荘が見える
唐松岳頂上山荘
岩場のトラバース 歩行注意！
（ロープ、クサリあり）
岩場、木枝を組んで道を補強
落石注意！早く渡ってしまうこと！
不帰の嶮展望
板の橋がある
尾根の南側斜面をトラバース
池
展望良好
丸山ケルン
2430m
石車に注意！
石ゴロの凹部を上がる
大きな斜面に雪渓が残る
扇雪渓
山荘まで1.4km
チングルマ
雪渓の上に出る
大きく右、左へ
カンバをくぐり、平坦地を歩く
上の樺
カンバ林を抜ける
稜線の50m下を歩く
カンバがかぶさる
南に回り込み、ほぼ水平にトラバース
カンバの林から左へトラバース
下ノ樺
ダケカンバの林
右下に小屋の石積み跡
八方池
2060m 白馬三山の展望すばらしい
飯森神社奥社の石祠がある
飯森神社奥社
展望台
第3ケルン
八方池
唐松岳
北アルプス北部遭対協
第三ケルン
2080m
階段を下って池まで
鉄枠の階段と石ごろの道 150m
展望図のある小ピーク 展望良好
ホーイ
八方ケルン
2035m
・展望良好
逗子開成高校のケルン
幅2〜3mの石ごろの多い緩い上り150m
第二ケルン（息ケルン）2005m・展望良好
説明板がある
霧がこく、天候の悪い時に迷わないようケルンがたてられた。
黒菱平へ1,850mの標識
トイレ
土留め用の鉄枠の階段
・展望良好
石神井ケルン（八方山ケルン）
1974m
三等三角点、ベンチがある、展望良好
ベンチのある休憩場所
こちら側 崩落斜面
急登
急斜
山荘裏の分岐
八方山
板道
第一ケルン
木道が続く
木の階段
展望ベンチ
石ごろの道
八方池山荘 1830m
0261-72-2855
※傾斜は緩いが遠回り
トイレ
売店
第一ケルン
標高1820m
登山口
リフト駅
黒菱平へ
グラートクワッドリフト
唐松岳頂上 2696m
いつも風が強いが360度の展望がすばらしい
はい松の斜面
右上に尖った岩がある
稜線の北側を歩く
こちら側岩が露出
剣岳を望む絶景の山小屋 唐松岳頂上山荘
鞍部
白い砂れき地
頂上まで上り20分 下り15分
至祖母谷温泉
白馬鑓ヶ岳 2903m
杓子岳 2812m
白馬岳 2932m
八方尾根から白馬三山を望む
コースタイム
八方池山荘〜1:00〜八方池
八方池〜2:30〜頂上山荘
頂上山荘〜0:20〜唐松岳頂上
アクセスマップ
至唐松岳
八方池山荘
黒菱ライン 往復1,000円
黒菱第3ペアリフト 7分 8:15〜16:45
グラートクワッドリフト 5分 8:30〜16:30
黒菱平1680m
200m
運転注意（幅狭くカーブ多い）
P
P50台
黒菱林道
アルペンクワッドリフト 7分 8:15〜16:45
うさぎ平 1400m
アルペンライン 往復2600円
ゴンドラリフト 8分 8:00〜17:00
白馬東急ホテル
至猿倉 白馬岳 大雪渓
八方駅
案内板
ゆは、公衆浴場
至白馬ジャンプ台
八方
松川
交番
至大町
白馬村役場
R148
至大町
JR大糸線
はくば駅
至糸魚川

コースタイム

上り:6時間20分　下り:4時間30分

［上り］五竜遠見テレキャビン アルプス平駅（1時間30分）→小遠見山頂上（1時間50分）→大遠見山（2時間）→五竜山荘（1時間）→五龍岳頂上

［下り］五龍岳頂上（40分）→五竜山荘（1時間20分）→大遠見山（1時間30分）→小遠見山（1時間）→五竜遠見テレキャビン アルプス平駅

参考地図

【2万5千分の1地形図】神城

五龍岳と鹿島槍ヶ岳

43

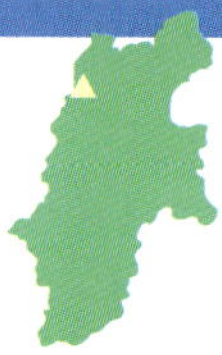

五龍岳《ごりゅうだけ》

白馬村

2,814m

小遠見山《ことおみやま》

2,007m

グレーディング

体力度 5

技術的難易度 C

見どころ

- 遠見尾根からの鹿島槍カクネ里（氷河）
- 夏の高山植物と秋の紅葉
- 西遠見の池に映る五龍岳

西遠見の池に映る五龍岳

カクネ里の氷河が見える

頂上にて

展望の良い小遠見山頂上

頂上手前の岩場

登山者の憧れの峰へ

北から白馬、唐松、五龍、鹿島槍と連なる後立山連峰の錚錚《そうそう》たる峰々は、稜線を境に富山県と接しているが、長野側は険しく切れ込んだ岩壁が続いているため、縦走路のほとんどは富山側にある。大部分は岩稜帯で、中でも五龍岳と鹿島槍ヶ岳の間の八峰キレット、唐松岳北側の不帰キレットは難所として知られている。五龍岳への登路は唐松岳や鹿島槍ヶ岳からの稜線伝いと、遠見尾根からの3ルートがあるが、遠見尾根を上がるのが最短である。

山名の由来はいろいろ

一般的には五竜岳だが、「竜」を旧字体にして五龍岳と表記されることもあり、国土地理院は「龍」を使用している。山名は、1700年（元禄13年）ころの絵図によると越中側では「餓鬼ヶ岳」とか「後立山《ごりゅうざん》」と呼ばれ、信州側では戦国時代に支配が続いた武田氏の紋章が「菱形」であったことから「御菱《ごりょう》」と呼び、これが「ごりゅう」に転訛したという説もある。白馬山麓では「割菱《わりびし》ノ頭《かしら》」とも呼ばれていたらしいが、戦国時代から武田菱の雪型を見ていたというのも感慨深いものがある。

無理せずに一泊したい山

65歳を目前に、やせ我慢して日帰りで遠見尾根ピストンを計画した。ゴンドラの始発は7時30分、下りは16時30分が最終なので9時間しかない。一般的には往復11時間必要だから2時間足りない。朝一のゴンドラに乗り、歩いて高山植物園のゲレンデを上がって小遠見へ、中遠見、大遠見、西遠見と遠見尾根を上がるが、小遠見から先は鹿島槍ヶ岳と五龍岳の展望が素晴らしく、特に国内四カ所目の氷河に認定されたばかりのカクネ里の雪渓、そして西遠見の池に映る五龍岳が印象的だ。登山道をアップダウンし白岳を越える頃には疲労がピークに達し、案の定五竜山荘前で太ももに強烈な痙攣が来た。芍薬甘草湯（通称68）やアミノサプリも効き目はイマイチだが、何とか1時間以上かかって登頂。下りは痙攣の足をさすりながら3時間で下山できた。

遠見尾根は、通常の注意をしていけば安全だが、西遠見山から白岳間の痩せ尾根や急斜面では、残雪期や荒天時に滑落しないよう十分注意が必要。また遠見尾根上部は、陽当たりも風当たりも強いので、熱中症、防風・防寒に注意する必要がある。できれば小屋に泊まってゆっくり歩きたい山だ。

地蔵の頭のケルン

立ち寄り湯　白馬かたくり温泉 十郎の湯　北安曇郡白馬村神城25555　☎0261-71-8160　営 10:00～22:00（冬期12月中旬～3月は23:00）　休 第2火曜日　料 600円

中遠見の頂上
北アルプス
遠見尾根から登る憧れの名峰
五龍岳
2814m
ホーイ 2
360度の大展望が広がる
鹿島槍分岐
五龍岳頂上 2814m
ビューポイント
至八峰キレット・鹿島槍
頂上まで分岐から80m程
急な岩稜
岩場あり 慎重に通過
遅くまで雪渓が残る
見上げる程の岩場始まる
快適な砂れきの登山道
小鞍部
尖った美しい三角形の岩峰
ガレた斜面を長くトラバース 緩く上がる
東側斜面は急峻な岩壁
五竜山荘
テント場
唐松岳分岐
至唐松岳 3:00
五龍岳、遠見尾根、唐松岳、立山などを展望。
積雪期、真っ白に見えるので白岳。
白岳頂上 2451m
ビューポイント
下り用の標識
これより岩場
ハイマツ帯
急な岩場にクサリ
高木なく好展望、左に山荘が
残雪期滑落事故多い
頂上へ1時間程
クサリ場
こちら側白い崩落斜面
石ゴロの急斜面、下山時滑落に注意。
※残雪期、この岩場に武田菱の雪形が出現する。凹部に雪が積もり岩が黒く浮き出て、菱形に見える。
遅くまで雪渓が残るシラタケ沢
ビューポイント
白岳・五龍岳が良く見える
これより岩場
長く急な階段
ガレた道を上がる
カンバ
ここから長い急斜面を上がる
鞍部でアップダウン
奇妙に曲がったカンバが目立つ
所々に白い岩場が見える
展望の良い尾根を大きく下る
西遠見 2,268m
岩
15m程白い崩落がある
西遠見
池に下る
西遠見の池 ビューポイント
(五龍岳がきれいに映る)
小さい標柱がある
五龍岳頂上 二八一四m
大遠見
白い崩れ
鞍部
カンバの大木
10m程の池塘
細長い月形の池
所々に板道がある
大遠見 平坦、休憩適地 2,106m
湿地、板道がある。
平たん地、展望が良い
鹿島槍ヶ岳のカクネ里雪渓は平成30年、国内4カ所目の氷河として確認された。遠見尾根からは、カクネ里雪渓が良く見える。
ビューポイント
ロープのあるきつい上り
湿地のある平から急登になる
カンバ
鞍部
鞍部まで急斜面を下る
カンバのある急な下り
鹿島槍ヶ岳、五龍岳の展望がすばらしい
ビューポイント
中遠見 2,037m
中遠見の様子
五龍岳
ケルン
中遠見
丸い岩
階段
白いロープ、右急斜面
岩、小さくアップダウン
階段のあるきつい上り
板道
5m程の池塘
下って上り返す
○至アルプス平駅(60分) テレキャビン下り最終16:15
小遠見山 2007m ここから眺望は360°の大展望です
ビューポイント
遠見尾根が始まる
小遠見山 2007m
休憩適地
鹿島槍ヶ岳、五龍岳の展望がすばらしい。
五龍岳登山口 案内板がある
小遠見山頂を過ぎずに遠見尾根に入る
五龍岳分岐(五龍岳へ6kmの標識)
至アルプス平駅 (1:00)
※遠見尾根は距離も長く、時間がかかるので時間に余裕を持つこと。
※積雪、残雪期は、スリップ・滑落事故が発生しているので十分に注意すること。
コースタイム
五龍岳頂上
↑1:00 ↓0:40
五龍山荘
↑2:00 ↓1:20
大遠見山
↑1:50 ↓1:30
小遠見山
↑1:30 ↓1:00
アルプス平駅
ゆうた
小遠見山頂上 2.007m
(鹿島槍・カクネ里の展望すばらしい)
至五竜山荘
(唐松岳・八方尾根、白馬村の展望が良い)
二ノ背髪 1950m ・小遠見山20分
五龍岳登山口
斜面にダケカンバ
日当たりの良い尾根道
コースタイム
小遠見山 ←1:30— アルプス平
—1:00→
ハイキングコース
一ノ背髪 1892m ・小遠見山(35分)アルプス平(35分)
板道
崩落(花崗岩の白い崩れ)
ベンチ
地蔵の頭ケルン 1,676m
(展望開ける)
見返り坂 1740m
急な階段
尾根に出る
好展望の山は五龍岳の登山口
小遠見山 2007m
気持ち良いブナ林 (展望が良い)
地蔵の頭
地蔵の頭 1676m 五竜岳6時間 テレキャビン 小遠見山90分 アルプス平駅20分
鞍部
階段がある
1676m
木道
パノラマリフト
地蔵の沼
白馬五竜高山植物園
五竜とおみゴンドラ
アルプス平駅 1515m

コースタイム

上り:8時間55分　下り:6時間5分

［上り］大谷原登山口(1時間10分)→西股出合(2時間50分)→高千穂平(2時間10分)→冷乗越(10分)→冷池山荘(1時間20分)→布引山(50分)→鹿島槍ヶ岳南峰(25分)→北峰頂上

［下り］北峰頂上(25分)→南峰頂上(40分)→布引山(50分)→冷池山荘(10分)→冷乗越(1時間10分)→高千穂平(1時間50分)→林道終点堰堤(1時間)→大谷原登山口

参考地図

【2万5千分の1地形図】神城

44

鹿島槍ヶ岳

かしまやりがたけ

大町市

赤岩尾根コース

2,889m

グレーディング

体力度　1 2 3 4 5 **6** 7 8 9 10

技術的難易度　A B **C** D E

見どころ

- 赤岩尾根のシラカバやヒノキの様子
- 赤岩尾根から鹿島槍ヶ岳などの展望、上部の岩場の様子
- 立山や剱岳の展望

川底をトンネルでくぐる

赤岩尾根の登山口までは、大谷原の駐車場から一般車両通行止の林道を1時間程歩く。北沢の左岸を遡ると終点の西股出合には、工事業者が設置した簡単な休憩所とボックストイレがある。右側はそそり立つ絶壁で、その下部には谷を塞ぐように幅広く大きな堰堤がある。コンクリートで固められたえん堤には川底を通る歩行者用の隧道（トンネル）が通っていて増水時も安全に通行できるが、これは珍しい仕組みだ。隧道で右岸に渡り、左折した所が登山口で、ここから赤岩尾根に取り付き、小さくジグザグに急斜面を上がる。

高千穂平まで急な尾根が続く

本来このコースは日帰りでは少しきつい。登山道には大きな岩石や根が張り出しているので、足場を選んで一歩一歩高度を稼ぐ。木や金属のハシゴが至る所に設置されているが、木製のハシゴの多くは刷り減っていて年季が入った半ば芸術的とも言える形をしている。尾根には、ヒノキやブナ、白樺等が多く、複雑に曲がった樹形の面白さもこのコースの魅力かと思う。白樺平まで上がると目前に鹿島槍の東斜面が迫り、信越国境から富士山までの山並みが一望できる。尾根の核心部は、白樺平の先から冷乗越の間で、赤岩尾根の名のとおり赤茶の岩石が露出している。崩落斜面をトラバースする際は、傾斜が急なので、石車やつまずき、スリップに細心の注意が必要だ。特に5月連休や夏山でも残雪がある場所では、滑落事故が何件も発生している。できれば残雪期には通行したくない所でもある。

えん堤の中のトンネルを通る

大町市内から見える鹿島槍ヶ岳

遠見尾根から見たカクネ里の氷河

布引山頂上

崩落した赤岩尾根上部の登山道

冷乗越から頂上へアタック

冷乗越に出ると正面に立山や剱岳が見える。爺ヶ岳からの登山道と合流し、一旦下って林中を上り返し、小屋じまいした冷池山荘の前を通り、テント場の脇を通って稜線伝いに上がる。テント場の先は夏にはお花畑が出現するが、秋の風景は寂しい。この先で森林限界となり、ハイマツの他に木々が無くなり、陽当たりも風当たりも強くなるので体温低下に注意が必要だ。稜線の登山道は砂利道で、のこぎりの刃のように小刻みに曲がりながら高度を上げる。急斜面を上って布引山の頂上を踏んだら、いよいよ鹿島槍ヶ岳の頂上にアタックだが、最後の上りがかなり厳しい。頂上の展望は360度、北峰までは往復で1時間程だが、険しい岩場を上下する体力は残っていない。日帰りなので北峰は眺めるだけにして早めに下山を始めよう。この山は冷池山荘で1泊するのがお薦めだ。

冷乗越から鹿島槍を望む

立ち寄り湯

ゆ～ぷる木崎湖　大町市平10639-1　☎0261-23-7100　営 7:00～21:00　休 木曜日　料 650円

湯けむり屋敷 薬師の湯　大町市平2811-41　☎0261-23-2834　営 7:00（11月～6月は10:00）～21:00　料 700円

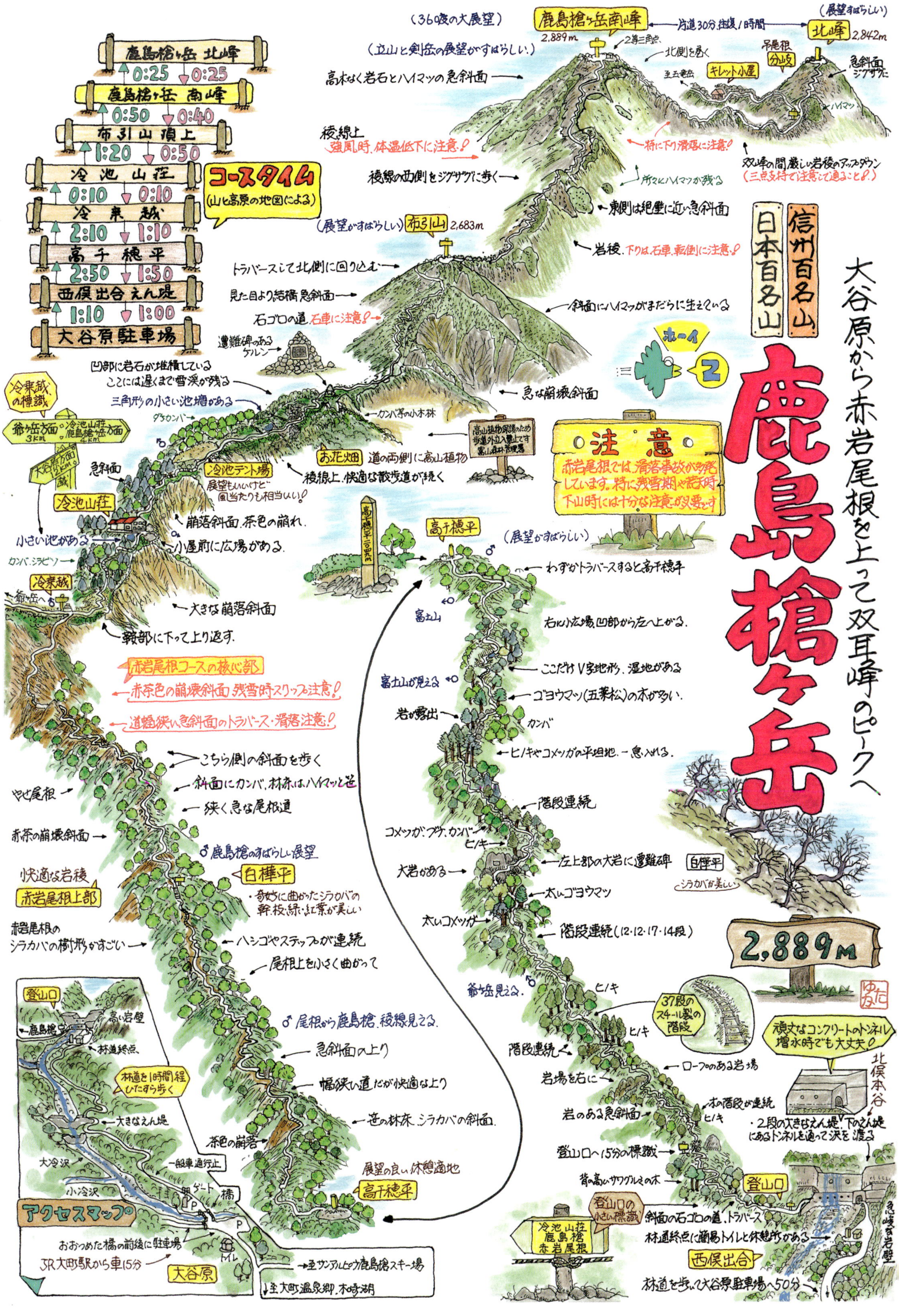

大谷原から赤岩尾根を上って双耳峰のピークへ
信州百名山
日本百名山
鹿島槍ヶ岳
2,889M
ゆたか
コースタイム
(山と高原の地図による)
鹿島槍ヶ岳 北峰
0:25 0:25
鹿島槍ヶ岳 南峰
0:50 0:40
布引山頂上
1:20 0:50
冷池山荘
0:10 0:10
冷乗越
2:10 1:10
高千穂平
2:50 1:50
西俣出合えん堤
1:10 1:00
大谷原駐車場
(360度の大展望)
鹿島槍ヶ岳南峰
2,889m
片道30分 往復1時間
(展望すばらしい)
北峰
2,842m
(立山と剣岳の展望がすばらしい。)
2等三角点
北側を巻く
吊尾根分岐
至五竜岳
キレット小屋
急斜面ジグザグに
ハイマツ
高木なく岩石とハイマツの急斜面
稜線上
強風時、体温低下に注意!
特に下り滑落に注意!
双峰の間、厳しい岩稜のアップダウン
(三点支持で注意して通ること!)
稜線の西側をジグザグに歩く
所々にハイマツが残る
東側は絶壁に近い急斜面
(展望がすばらしい)
布引山
2,683m
岩稜、下りは石車、転倒に注意!
トラバースして北側に回り込む
見た目より結構急斜面
斜面にハイマツがまだらに生えている
石ゴロの道、石車に注意!
遭難碑のあるケルン
ホーイ
凹部に岩石が堆積している
ここには遅くまで雪渓が残る
三角形の小さい池塘がある
ダケカンバ
カンバ等の小木林
急な崩壊斜面
冷乗越の標識
爺ヶ岳方面 3km
冷池山荘 鹿島槍ヶ岳方面 4km
大谷原方面
冷乗越
急斜面
冷池テント場
展望もいいけど風当たりも相当いい!
お花畑
道の両側に高山植物
高山植物保護のため歩道外立入禁止です 富山森林管理署
注意
赤岩尾根では、滑落事故が多発しています。特に残雪期や荒天時下山時には十分な注意が必要です
稜線上、快適な散歩道が続く
冷池山荘
崩落斜面、茶色の崩れ
小さい池がある
小屋前に広場がある。
カンバ、シラビソ
冷乗越
爺ヶ岳へ
大きな崩落斜面
鞍部に下って上り返す。
高千穂平
高千穂平
(展望がすばらしい)
わずかトラバースすると高千穂平
富士山
右に小広場、凹部から左へ上がる。
赤岩尾根コースの核心部
赤茶色の崩壊斜面、残雪時スリップ注意!
道幅狭い急斜面のトラバース・滑落注意!
ここだけV字地形、湿地がある
富士山が見える
ゴヨウマツ(五葉松)の木が多い。
岩が露出
カンバ
ヒノキやコメツガの平坦地、一息入れる。
こちら側の斜面を歩く
斜面にカンバ、林床はハイマツと笹
やせ尾根
狭く急な尾根道
階段連続
赤茶の崩壊斜面
コメツガ、ブナ、カンバ
ヒノキ
鹿島槍のすばらしい展望
白樺平
快適な岩稜
赤岩尾根上部
大岩がある
左上部の大岩に遭難碑
白樺平
シラカバが美しい
・奇妙に曲がったシラカバの幹、枝、緑、紅葉が美しい
太いゴヨウマツ
赤岩尾根のシラカバの樹形がすごい
太いコメツガ
階段連続(12・12・17・14段)
ハシゴやステップが連続
尾根上を小さく曲がって
爺ヶ岳見える
ヒノキ
37段のスチール製の階段
ヒノキ
登山口
高い岩壁
鹿島槍ヶ岳
林道終点
尾根から鹿島槍、稜線見える
頑丈なコンクリートのトンネル 増水時でも大丈夫!
北俣本谷
急斜面の上り
階段連続
ロープのある岩場
林道を1時間程ひたすら歩く
幅狭い道だが快適な上り
岩場を右に
木の階段が連続
ヒノキ
大きなえん堤
笹の林床、シラカバの斜面
岩のある急斜面
・2段の大きなえん堤、下のえん堤にあるトンネルを通って沢を渡る
大冷沢
茶色の崩落
一般車通行止
登山口へ15分の標識
展望の良い休憩適地
ゲート
小冷沢
高千穂平
背の高いサワグルミの木
登山口
橋
アクセスマップ
P
登山口の小さい標識
冷池山荘 鹿島槍 赤岩尾根
斜面の石ゴロの道、トラバース
おおつめた橋の前後に駐車場
JR大町駅から車15分
トイレ
林道終点に簡易トイレと休憩所がある
大谷原
至サンアルピナ鹿島槍スキー場
西俣出合
急峻な岩壁
至大町温泉郷、木崎湖
林道を歩いて大谷原駐車場へ50分

コースタイム

上り:4時間50分　下り:3時間10分

[上り] 扇沢橋爺ヶ岳登山口(3時間50分)→種池山荘(1時間)→爺ヶ岳中峰頂上

[下り] 中峰頂上(40分)→種池山荘(2時間30分)→扇沢橋登山口

参考地図

【2万5千分の1地形図】神城・十字峡・黒部湖

扇沢登山口の様子

45 爺ヶ岳

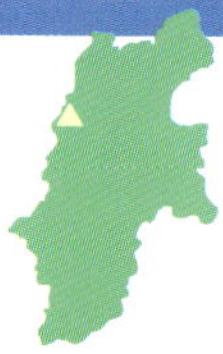

じいがたけ

大町市

柏原新道コース

2,670m

グレーディング

体力度 1 2 3 **4** 5 6 7 8 9 10

技術的難易度 A **B** C D E

見どころ

- 頂上からの展望、南峰に出現する雪形「種まき爺さん」
- トウヤクリンドウなどの高山植物
- 紅葉と芽吹き

大町市から見た爺ヶ岳(左)、鹿島槍ヶ岳、五龍岳

鹿島槍ヶ岳から見た爺ヶ岳

遅くまで雪渓が残る奥ノ沢

柏原新道から遠望する春の種池山荘

針ノ木沢から見た爺ヶ岳

種蒔き爺さんの雪形が出る山

鹿島槍ヶ岳の南側に、北峰、中峰、南峰の三つのピークのある山が爺ヶ岳。早春、この山の南東側斜面には種蒔き爺さんと呼ばれる雪形が見られるが、この雪形が山名の由来となっている。稜線の両側には種池山荘と冷池山荘があるが、近頃の登山者はトレランでもないのに扇沢から爺ヶ岳では物足りず、鹿島槍北峰までの往復を日帰りでしているようだ。早出早帰りでのスピード登山だが、人それぞれ登山の目的が違うから一概にどうこう言えないが、なんとも忙しいことだ。そういう自分は、休日を利用して扇沢から爺ヶ岳まで柏原新道を往復する日帰り登山だが、天気がいいのでゆっくり歩くことにした。登山口の扇沢橋周辺の駐車場は夏山シーズンや土日には早くから満車になるから、満車の場合は700m程先の扇沢の駐車場を利用する。

地点の目安になるケルン

尾根に取り付き種池山荘を目指す

登山口からは扇沢の左岸を歩き堰堤を二つ越えて右の尾根の斜面に取り付く。急斜面をジグザグに高度を稼いで北斜面を巻きながら徐々に高度を上げていく。登山道は、登山者が多いせいか、よく踏み固められて歩き易い。大きな杉林の脇にあるケルンには、扇沢1.7km、40分、種池4.5km、3時間半とある。ほとんど左下がりの斜面を横切るように進むと、岩場に「一枚岩」、大きな石が並んだ「石畳」の標識がある。左上の遙か彼方の稜線上に種池山荘が小さく見えるが、まだかなり遠い。

落石等の危険場所を通過し種池山荘へ

左下がりの斜面の勾配が急になり崩落箇所が多くなる辺りでは、踏み外しと落石に注意が必要で「落石注意」の標識もある。雪が残る沢の斜面は、コース一の難所で時々滑落事故が起きる所だが、クサリやロープが張ってあるので早めに通過する。斜面にダケカンバの大木のある尾根を回り込んで、ジグザグに進み、ナナカマドの林を抜けるとようやく種池山荘が見えてくる。種池は小さい池だが、緑に囲まれた池面を見るとホッとするはずだ。

小屋から爺ヶ岳まではハイマツの他に高木がないので展望が開ける。砂礫や岩の登山道脇にはトウヤクリンドウが咲いている。南峰を制覇し一旦鞍部に下って三等三角点のある中峰に上がると、鹿島槍の他、立山、剱岳もよく見えるようになる。時間に余裕があったら冷池まで足を延ばしてもいい。帰りはゆっくり下ろうか。

春先イワカガミが群生

立ち寄り湯　湯けむり屋敷 薬師の湯　大町市平2811-41　☎0261-23-2834　営 7:00 (11〜6月は10:00) 〜 21:00　料 700円

北アルプス後立山連峰
"種蒔き爺さん"の柏原新道から登る
雪形が現れる好展望の山
爺ヶ岳
大町市
中峰 2,670m
コースタイム
登山口 3:50 2:30 種池山荘 1:00 0:40 爺ヶ岳南峰 1:00 1:30 冷乗越 0:10 0:10 冷池山荘
種まき爺さんの雪形が出現する
(南峰)
南側から
爺ヶ岳・中峰 2,670m
北峰 2,630m
頂上は通らずスルー
三等三角点
南峰 2,660m
鹿島槍ヶ岳へ (2:10)
0261-22-1263
冷池山荘
至大谷原
テント場
赤岩尾根分岐
石ゴロの道
ハイマツの斜面
南峰までまっすぐに
これより上部、立山、剣岳、鹿島槍の展望が良い。
ハイマツ帯
種池山荘
0261-22-1263
(公園のような平坦地)
種池平
種池
草地・お花畑
草地・お花畑
急登が続く
ナナカマド多い
整備された道が続く
尾根にカンバの大木
崩落斜面
落石・滑落に注意!
遅くまで雪渓が残る
以前にあった注意看板 現在でも有効デス。
ガラ場通過・注意事項
・この場所で一呼吸おき息を整えて下さい。
・落石注意、
・耳を澄まして足元上方に注意を払って下さい。
・雪面を転がり落ちる石はほとんど音がしません。
・サルやカモシカが上方にいる時は石が降ってくる事もあります
・前後の人と間隔をあけて静かに、すみやかに通過して下さい。
大町警察、種池山荘支配人
奥ノ沢
黄金岬
プレートが付いている
〈針ノ木岳を望む〉
黄金岬《こがねざき》
カンバの木
(雪渓上トラバース、スリップ注意!)
6月末まで雪渓が残る
雪渓
石ベンチ
包優岬
意味不明なるもプレートが多い。
水平岬
水平道
平坦で快適な道
石畳
石が敷かれたような道
変形したコメツガが目立つ
ナナカマドの斜面
コメツガの斜面
地点ごとに標識がある
水平岬
一枚岩
カンバの木が目立つ
岩が露出
(種池山荘見える)
駅見岬《えきみざき》
小崩落跡
シラネアオイ(6月)
(扇沢駅が見える)
種池山荘が見える
根が張り出したヒノキ
ケルン
茶色い岩場をトラバース
扇沢 1.7km 40分 種池 4.5km 3時間半
黒いプレート
スチールの階段
木段の先にカタツムリ形のヒノキ
八ッ見ベンチ
(休憩適地)
展望開ける
N
ホーイ
ヒノキの根の張り出し(露出)がすごい
根上がりのヒノキの大木が見事
根上がりのヒノキ「ん」の字形
ミズナラの大木が目立つ
木の階段が多数連続
もみじ坂
急斜面を上がる。
扇沢出合
大きなえん堤がある
〈満車時は扇沢ターミナル駐車場へ〉
登山者用駐車場
扇沢左岸 100m程 石畳の道
岩場の下に案内板、指導所がある。
大町アルペンライン扇沢橋下一号ロックシェッド
至扇沢駅 (約900m 15分)
扇沢橋
柏原新道登山口
標高1,350m

コースタイム

上り:6時間　下り:3時間40分

［上り］扇沢登山道入口（15分）→登山口（1時間15分）→大沢小屋（3時間30分）→針ノ木小屋（1時間）→針ノ木岳頂上

［下り］針ノ木岳頂上（40分）→針ノ木小屋（2時間）→大沢小屋（50分）→登山口（10分）→扇沢バスターミナル

参考地図

【2万5千分の1地形図】黒部湖

46

針ノ木岳

はりのきだけ

大町市

大雪渓コース

2,821m

グレーディング

体力度：1 2 3 **4** 5 6 7 8 9 10

技術的難易度：A **B** C D E

見どころ

- 頂上からの360度の展望（黒部湖が印象的）
- 針ノ木峠からの展望
- 針ノ木大雪渓

蓮華岳から針ノ木岳を望む

大雪渓の崩落

富士山を望む

大沢小屋前の百瀬慎太郎レリーフ

爺ヶ岳から針ノ木岳を望む

日本で2番目に標高が高い針ノ木峠

針ノ木岳、蓮華岳に登頂する際に、必ず通過する針ノ木峠（2154m）は、南アの三伏峠（2580m）に次いで日本で2番目に高い峠で、戦国時代の1584年（天正12年）佐々成政が冬に峠越えした（さらさら越え）という話は有名だが、1930年にはこの針ノ木峠に百瀬慎太郎氏が針ノ木小屋を建設している。また、この山の北面に残る針ノ木大雪渓は、白馬岳、剣岳とともに日本の三大雪渓の一つとして知られている。

観光客で賑わう扇沢が登山口

扇沢は、立山黒部アルペンルートの長野県側の玄関口に当たる。ちなみに扇沢―黒部ダム間を結ぶ関西電力のトロリーバスの利用者数は年間100万人前後のようだ。また映画「黒部の太陽」で知られる黒部ダムは日本有数のアーチ型ダムだが、扇沢の駐車場は黒部ダム目当ての観光客でいつも賑わっている。針ノ木岳の登山道入口は、扇沢駐車場の最奥にあって、左側の林に入り山道や関電の作業路を15分程歩くと標識の立つ登山口に着く。登山口の標識を見て林に入ると、すぐにブナ林になる。緩い傾斜の道をアップダウンし、右からの涸れ沢を3回渡ると1時間15分程で大沢小屋に着くが、秋には小屋は閉まっている。小屋前の岩場には、百瀬氏のレリーフなどがはめ込まれている。歌人でもあった慎太郎の「人を想えば山恋し山を想えば人恋し」の名句は多くの人に知られている。

雪の少ない針ノ木沢を詰める

毎年6月の第一日曜日には「針ノ木岳慎太郎祭」が開催されて夏山の安全祈願の神事が執り行われ、本格的な夏山シーズンが始まる。百瀬氏の功績はネットに譲るとして、大沢小屋からは、雪渓が残っていれば河原に出て雪渓上を歩く。秋口には大部分の雪渓が消失するので、左岸の林の中を歩き丸太橋で右岸に渡る。崩落斜面を詰めてノドの下で再度左岸に渡り急な岩場を高巻きする。最後は右岸に渡り、狭まった沢の上で急な砂礫地をジグザグに詰めると針ノ木峠に着く。正面に槍ヶ岳、左に富士山が迎えてくれる。鞍部に建つ針ノ木小屋から頂上までは1時間程、小屋の裏側の岩場を上がり、ほぼ稜線伝いに進んで、途中から長野県側の右下がりのガレ場をトラバースする。針ノ木岳は蓮華岳より22m高く、360度の展望があって、黒部ダム、立山、富士山や剱岳、白馬や槍まで見える。

頂上から黒四ダム、立山を望む

初秋の針ノ木沢

立ち寄り湯　湯けむり屋敷 薬師の湯　大町市平2811-41　☎0261-23-2834　営 7:00（11～6月は10:00）～21:00　料 700円

北アルプス
扇沢から針ノ木沢の秋道を歩いて
針ノ木岳
2,821M
天正12年(1584)冬、豊臣軍に囲まれ窮地に陥った富山城主佐々成政が小数の供を連れ、立山、黒部を越え、この峠を下って、浜松の家康に救援を頼んで再び峠を越えて帰城した話は有名。針ノ木峠は、信州と越中を結ぶ"間道"として古くから知られていた。
針ノ木峠
2536m
富士山、槍ヶ岳などの展望がすばらしい。
蓮華岳へ60分
頂上へ60分
お花畑
ガレ場が続くので、特に下り、石車、スリップに注意すること。
三等三角点
針ノ木岳頂上
2821m
360度の展望がすばらしい
岩場をスバリ岳へ
小さく乗越し稜線を歩く
急登のあと100mトラバース
急斜面をジグザグに
岩の下のガレた斜面を150m以上トラバースする
丸木の土留め
小さい岩場を上がる
テント場
針ノ木小屋
針ノ木小屋と大沢小屋は、日本で最初に山案内人組合を創った百瀬慎太郎が建てたもの。毎年6月の山開きの行事として「慎太郎祭り」が行われる。
急斜の砂れき地 最後の上り
大石3つが谷をふさぐ
カンバがきれい
※9月20日頃の大雪渓 残雪は僅かで、左岸の高巻きと沢のふちの歩行となる。
水のない涸れ沢の右岸を歩く
沢を渡る
沢が狭くなり、急斜面が続く
小崩落
大岩のすぐ上に、レンゲ沢が流れる
ヤブの中の急登
スリップ、石車に注意!!
左岸の岩場を上がる
岩場にクサリ、下山時スリップ、落石注意!
大雪渓のノドの部分
右岸をトラバース
こちら斜面からの落石に注意
わずか雪渓が残る
大きい茶色の岩に矢印あり
沢がだんだん狭くなる
沢
草地を通り左の沢に入る
沢の中央の簡易な丸木橋
10~15mの沢を渡る
岩場
夏の終り、秋の頃には雪渓消える
7~8m幅の崩れ
はしご
沢の対岸に滝が見える
曲ったダケカンバの大木を跨ぐ
※9月中旬で閉鎖
コースタイム
針ノ木岳頂上
1:00 0:40
針ノ木小屋
3:30 2:00
大沢小屋
1:15 0:50
登山口
0:15 0:10
扇沢バスターミナル 登山道入口
小屋の前の岩に、レリーフやプレートが埋め込まれている
大沢小屋
テント場
平坦
人を想えば山恋し 山を想えば人恋し 百瀬慎太郎
百瀬 慎太郎 1892-1949
大6 大町登山案内人組合を結成
大12 冬の立山初横断
大14 大沢小屋、昭5 針ノ木小屋開設
昭24.5 58才没 山岳家にして詩人
慎太郎祭30回記念 昭62.6 大町山岳会
幅20m程の沢 水 あり
緩く下り
100mトラバース
針ノ木岳自然遊歩道
針ノ木岳登山道入口
長野県大町市・中信森林管理署
入口にある案内板
針ノ木岳 蓮華岳に至る
右下へ→
湧き水
激しい浸食作用をしている赤沢や鳴沢等の篭川の支流は、風化され易い花崗岩の山肌を削り、それらを下流に押出し、たい積します。従って沢の水は大部分が伏流水となり、地下にしみこんだ水は、斜面のくぼ地などに湧き出します。そこは一年中水が枯れないので水の好きな植物や動物たちには楽天地です。
湧き水 飲用可
ブナの林
ブナ林の案内板
ゆたか
20m程下り
平坦と小さいアップダウン
小さくアップダウン
幅20m程のガレた斜面
幅15m程のガレた斜面(鳴沢)
ホーイ
ブナやサワグルミの林
水
登山口
左図から→
アクセス・マップ
広いヘリポート
登山口
登山口まで約15分
ここだけ岩石露出
壁のうしろを通る
100m
関電の舗装路
標高1433m
扇沢バスターミナル
駐車場の左奥の隅が入口
登山道入口
駐車場
案内所
至大町

コースタイム

上り:6時間　下り:3時間40分

［上り］扇沢登山道入口（15分）→登山口（1時間15分）→大沢小屋（3時間30分）→針ノ木小屋（1時間）→蓮華岳頂上

［下り］蓮華岳頂上（40分）→針ノ木小屋（2時間）→大沢小屋（50分）→登山口（10分）→扇沢バスターミナル

参考地図

【2万5千分の1地形図】**黒部湖**

※針ノ木峠までは「針ノ木岳」（143P）参照

47

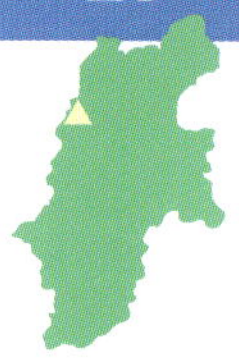

蓮華岳《れんげだけ》

大町市

2,799m

グレーディング

体力度　1 2 3 **4** 5 6 7 8 9 10

技術的難易度　A **B** C D E

見どころ

- 頂上からの360度の展望
- 夏場のコマクサの群生
- 砂利道を踏んで歩く音

ズッシリと重量感のある山

よくわからないが、周辺との山並みを蓮の花に見立て、その中心の山であることが蓮華岳の山名の由来らしい。小蓮華とか三俣蓮華とかもある山の蓮華とは蓮の花とのことだ。初めて登ったのはもう大分前のことで、針ノ木岳に登頂した後、時間があったので蓮華岳にも登ることにした。本当は7月中旬にコマクサの群生を見に行きたかったが、最近ようやく燕岳のコマクサを見に行けたくらいだから、蓮華岳のコマクサはいつになるやらわからない。蓮華岳は、東側から見るとズッシリとして大き過ぎるくらい重量感のある三角形の山だ。

高木がなく槍穂高、富士山、剣岳も

好天に恵まれて、針ノ木峠からは槍ヶ岳や左の方には富士山も遠望できる。蓮華岳に向かう登山道は、針ノ木岳から下る途中で、確認しておいたものの峠からの上りは急登できつい。左右に岩場を見ながら小砂利の道を上がっていくと、左右の砂利の間に干し草状態のコマクサが揺れている。夏場はきっと凄い群生なんだろうなと想像しながら、ザックザックと砂利音を立てて上がっていく。ハイマツの緑色と白い砂利のコントラストが鮮やかで目に眩しい。他の木々はほとんどなく、白色の砂利が敷き詰まった道が頂上に続いている。

頂上に続く砂利の登山道

頂上の展望も素晴らしい

正面の大きな岩場の左側を上がって稜線に出ると展望が開け、快適な稜線歩きになる。遮るものがないから景色もいいが、風当たりも良すぎる。丸く広い稜線をなだらかに上がっていくと、両側にコマクサの名残がびっしりとある。砂利は、同じように見えてもちがっていて、キンキンという甲高い音がする所があって不思議な感じがする。峠から頂上までは1時間程。若一王子神社奥宮の石祠の向こうに北葛岳、七倉岳への分岐の黄色い標識があるが、西に下る傾斜は、もの凄く急に見える。午後には風景が霞んでしまうが、三角点からは安曇野を隔てて富士山が望める。腰を下ろしてゆっくり休憩したら下山しよう。

奥宮から針ノ木岳方面を望む

頂上にて

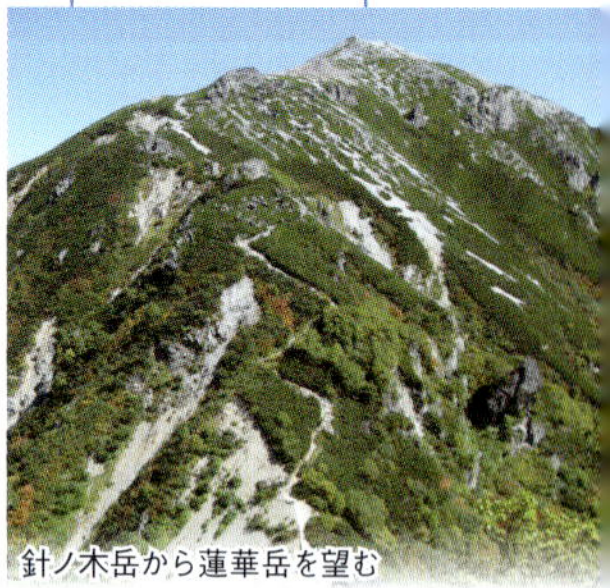

針ノ木岳から蓮華岳を望む

大町市街地から蓮華岳を望む（中央左）

頂上から大町市街地を望む

北アルプス後立山連峰
針ノ木峠から
蓮華岳 2799m
重量感あるビッグな山容
七月にはコマクサが群生
安曇野ほか360度の大展望が見られる
蓮華岳頂上 2,799m
分岐にある黄色い標識
蓮華岳
若一王子神社奥宮
頂上手前に奥宮の石祠がある
石祠のうしろに針ノ木岳が見える。360度の展望あり
三角点のある岩のピーク
峠から1時間
分岐
奥宮石祠のピーク
蓮華の大下りから北葛岳、七倉岳へ
頂上まで100m
頂上と間違いやすいピーク
稜線の砂礫地を緩く上がる
ホーイ
所々にハイマツが残る
左斜面のハイマツの間を通る
こちら側崩落斜面
砂礫地コマクサ群生
頂上に向かって100m緩く下る
広く平坦な地形、緩く下る。
二重稜線、真ん中が凹んでいる
コマクサ群生地
頂上と間違いやすいピーク
板状の小さい礫、踏むと金属音がする。
峠から約30分
なだらかで広い地形、ハイマツが島状に
ハイマツが島状に残る
稜線に出ると展望が開ける
稜線まで100m、丸木の階段、ジグザグに
大きい岩場の左側を上がる。
白い崩落斜面
15mの岩場
少し下って鞍部、ハイマツの間を歩く
右に尖った岩
一面緑のハイマツ帯
10mの岩場
ハイマツ
岩の前を右に回り込む
斜面に岩が突出している
槍ヶ岳
奥穂高岳
前穂高岳
西岳
大天井岳
七倉岳
小屋からの展望
白い崩落斜面
ハイマツ
急斜面を斜めに上がる
針ノ木小屋
2536m
針ノ木峠
富士山、北岳、奥穂高岳と標高一位～三位の山が見える
扇沢へ (3:00)
ゆた

コースタイム

上り:3時間40分　下り:2時間50分

［上り］仏崎登山口（10分）→鐘撞堂（1時間40分）→中間点（1時間50分）→鍬ノ峰頂上

［下り］鍬ノ峰頂上（1時間20分）→中間点（1時間30分）→仏崎登山口

参考地図

【2万5千分の1地形図】大町南部

部員に混じって草刈り中

48-1

鍬ノ峰

くわのみね

大町市

仏崎コース

1,623m

グレーディング

●対象外

初級

見どころ

▲初夏のシャクナゲ、ササユリの花、秋の紅葉

▲頂上からの北アルプスと安曇野の展望

▲ヒノキやミズナラなどの大木

常盤富士と呼ばれる山

この山も方向によって大きく形が違って見える。東の山麓からだと後方のアルプスの峰々を遮る衝立のように見えるが、南側の安曇野IC付近からや松川村方面から見ると、鋭いピラミッド型に目立って見えることから、地元では常盤という地区名を冠して「常盤富士《ときわふじ》」とも呼んでいる。また山名は、麓から見える稜線の様子が農具の鍬の歯形に似ているところから付けられたともいわれているが、山の形や山名ともに登高意欲をそそる山でもある。

仏崎から歩くロングコース

初めて仏崎から登山したのは、2015年7月、中条山岳会の広岡さんと二人で大町高校（現大町岳陽高校）山岳部の登山道整備に同行したときだ。鍬ノ峰は西側の鉄塔巡視路から上がる親沢コースが距離も時間も短くて済むので一般向きだが、それに引き替え北側の仏崎ルートは、佛崎山観音寺から上がる全長約4.9km、標高差858mに及ぶややロングコースで「ゴジラの背中」などの急斜面もある。そもそも猟師道の他にはっきりした登路がなかったが、大町高校の山岳部員が中心となって切り開き、山岳部の伝統として部員達が毎年登山道整備をしているそうだ。当時は、山岳部員の底知れぬパワーに圧倒され、まともについて行けなかった記憶がある。

ゴジラの背中の斜面

鍬ノ峰の草刈り

鐘突堂

2015年大町高校山岳部員と登山道整備登山

アルプスの展望台

この山は、シャクナゲが咲く6月と、斜面が燃えるような秋の紅葉のころが旬といえる。シャクナゲが見事に咲くのは2～3年に一度だと言われるが、年によって当たり外れがあるものの、その群生は見事だ。また、紅葉は、点在する鮮やかな赤や黄色のカエデと鍬ノ峰から見える周囲の山の斜面の色合いが良い。また、山頂からの展望も素晴らしく、餓鬼岳、針ノ木岳、爺ヶ岳、鹿島槍ヶ岳などが間近に眺められる。近年、シャクナゲが群生する北アルプス展望の山として訪れる登山者が増えている。

立ち寄り湯　心笑館こまどめの湯　大町市平高瀬入2112-316　☎0261-85-2615　営 7:00～20:30　料 500円

信濃大町 鍬ノ峰

高校山岳部員が守り続ける登山道から後立山連峰を望む絶景のピークへ

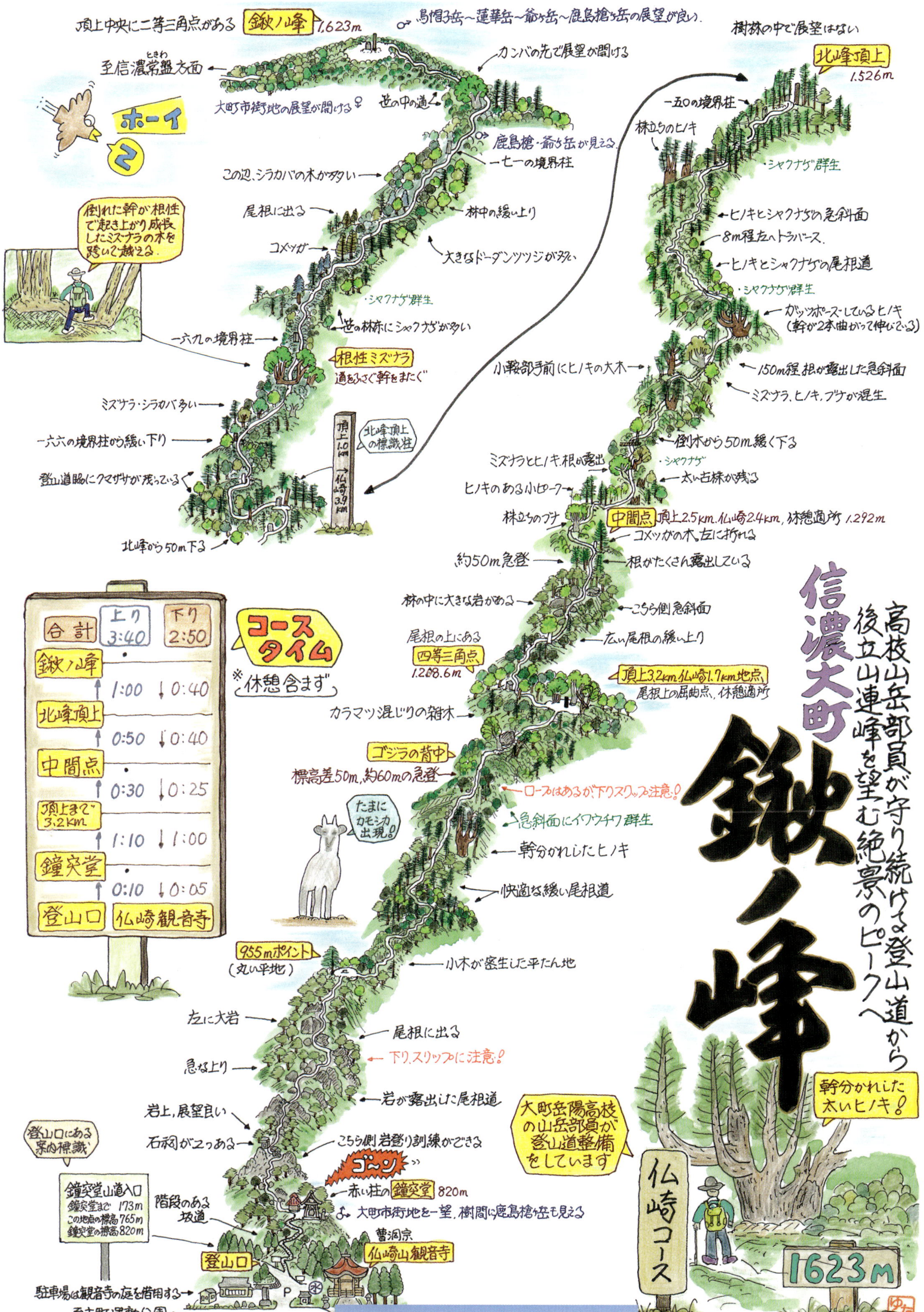

鷹狩山から望む鍬ノ峰
（中央手前、左奥は餓鬼岳）

コースタイム

上り:1時間40分　下り:1時間

［上り］登山口（No18鉄塔巡視路入口）（20分）→No18鉄塔（30分）→稜線（50分）→鍬ノ峰頂上

［下り］鍬ノ峰頂上（1時間）→登山口

参考地図

【2万5千分の1地形図】**大町南部**

登山口の様子

48-2

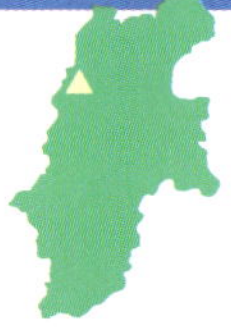

鍬ノ峰

くわのみね　大町市

常盤コース

1,623m

グレーディング

●対象外　初級

見どころ

- 春先の新緑、シャクナゲやミツバツツジ
- 頂上からの安曇野やアルプスの展望
- 山全体が茶色に変わる紅葉

形が農具の鍬の様に見える山

鍬ノ峰は大町市の西部にあって南北に長く連なり、南側からだと幅狭く形の良い三角形に見える。山名は、山の形が農作業に使う鍬のように見えることに由来するという。登山道は、北側に仏崎コースがあり、西側に常盤コースがある。常盤コースの登山口は、信濃常磐駅から約8km、国営アルプスあずみ野公園の北側道路を山側に上がり、餓鬼岳登山口を左に見てさらに1.5km程進む。駐車場は路肩に2カ所あって10台分程の広さがある。

シャクナゲが満開

5月連休最終日、初めてシャクナゲの花を見に行った。登山口の「No.18の送電線鉄塔巡視路」の標識を見て、ヒノキ林の急な尾根に取り付くが、鉄塔までプラスティック製の階段が連続している。4月に夏日を記録する日があったせいか2週間程季節が先行しているようで、鉄塔手前から花が咲き始めていて、中に真っ白い花を2房付けた木がある。シャクナゲの当たり年は3年に1度と言われるが、どうやら当たったようだ。木の数は思ったより多くないが、色濃い蕾から満開のピンク色の花が美しい。その上、ミツバツツジや、西斜面に群生するリョウブの新緑もキラキラして爽やかだ。

この年は5月初旬で満開状態のシャクナゲ

安曇野の田園風景が広がる

膝高の笹の中を上がって右にトラバースし、稜線に出ると東・南方向に安曇野の田園風景が広がる。ロープのある大きな花崗岩の岩場2カ所の右側を巻くと右斜面には、シャクナゲや薄黄色のヒカゲツツジが見える。胸突き八丁の急斜面を上がり、シャクナゲの木の間を縫うようにして若干下って上り返すと左側に七倉ダムや裏銀座の稜線が見え、小ピークを過ぎると二等三角形の頂上に付く。眼下に安曇野の田園風景、遠くに浅間山が見える。

頂上から七倉ダムと烏帽子岳方面を展望

展望が素晴らしい頂上

白花のシャクナゲを一つ見つけた

松川町から望む（中央の丸い山）

頂上から大町市街地を望む

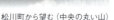

信濃大町
鍬ノ峰
くわのみね
安曇野を見おろす絶景のピーク
シャクナゲと紅葉が見事な里山
1,623M
ホーイ
烏帽子岳
北葛岳
針ノ木岳
蓮華岳
爺ケ岳
鹿島槍ケ岳
五竜岳
360度の大パノラマ
鍬ノ峰
鍬の峰
(1,623M)
後立山連峰の展望がすばらしい。
西側には七倉ダムが見える
シャクナゲ
頂上手前の丸いピーク
西側の緩い斜面を歩く
肩からヒザ高の笹
クマ笹のコル
平らな小ピーク。東側にはシャクナゲが群生
安曇野の展望良好。紅葉が美しい
ロープのある急登
稜線上を頂上まで
(約50分)
ちょっとした岩場左を巻く
尖った5m程の三角の岩
コルまで10m下り、
30m上がる
小ピーク、まっすぐ上がらず右にトラバース
右下へ下って左へ回り込む
コースの核心部
右下がケの難所
通行注意!!
岩場、松の木などがある。岩場にはロープ展張
稜線
この先は稜線伝いに
安曇野の展望あり
鉄塔～稜線(約30分)
上りは、右にトラバースして尾根に出て「く」の字に左へ曲がる
やや急な、ひざ高の笹の斜面
やせ尾根で少し岩がある。右に崩落箇所あり、注意!
NO18鉄塔
谷を隔てた南側にも鉄塔が見える
登山口～NO18鉄塔
(約20分)
小尾根伝いに巡視路を歩く
ヒノキと、途中から北側にシャクナゲ
駐車スペース
3～4台
整備された鉄塔巡視路が登山道(擬木《プラスチック》の階段)
NO18鉄塔の標識柱が目印
登山口
登山口はガードレールのある橋を渡ってすぐの所
至JR信濃常盤駅へ約7.7km
アクセスマップ
鍬ノ峰
登山口
車はここへ
ガードレールの橋
餓鬼岳
白沢口
餓鬼岳登山口
幅員狭く通行注意!
乳川
国営アルプスあづみの公園
キャンプ場
親沢橋
ホーイ
至松本
信濃ときわ駅
JR大糸線
至大町市街地
常盤信号
R147号

コースタイム

上り:6時間15分　下り:5時間

［上り］白沢登山道入口（15分）→登山口（40分）→紅葉ノ滝（30分）→魚止ノ滝（30分）→最終水場（1時間40分）→大凪山（1時間20分）→百曲り（1時間10分）→餓鬼岳小屋（10分）→餓鬼岳頂上

［下り］餓鬼岳頂上（2時間5分）→大凪山（1時間45分）→魚止ノ滝（1時間）→登山道入口（10分）→白沢登山道入口（駐車場）

参考地図

【2万5千分の1地形図】**烏帽子岳・大町南部**

49 餓鬼岳

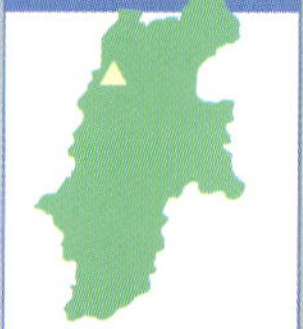

がきだけ

大町市

白沢コース

2,647m

グレーディング

体力度 5

技術的難易度 C

見どころ

梯子や橋が連続する沢筋の登山道、紅葉や新緑の様子

紅葉の滝、魚止ノ滝と白沢の流れ

頂上からの展望、山小屋の雰囲気

餓鬼岳山頂にて

日帰りで餓鬼に登る

若い頃、中房から合戦尾根を上り、燕山荘に泊って東沢乗越から剣ズリ経由で餓鬼岳小屋に泊、翌日は東沢乗越から中房温泉に下山した。2泊3日の行程だったが、若かったせいか疲れた記憶は残っていない。黒く熟したクロマメノキの実と、小屋のちらし寿司、そして大町温泉郷の花火を見下ろしたことが今でも思い出される。もう30年以上も前のことだ。餓鬼岳は、登山者には、「餓鬼《がき》」と呼び捨てにされているが、その山名からか、ハシゴやクサリが連続して厳しく時間がかかる山だとの先入観もあって、足が遠のいていた。きっと他の登山者の中にもそう思っている人が多いと思う。しかし、最近では普通の山に飽きた登山者や日帰りのトレラン愛好者が結構増えている。できれば1泊して、ゆっくり楽しみたい山と山小屋なのだが。

沢に架かる橋

岩場に架かる橋

餓鬼岳小屋前から頂上を望む

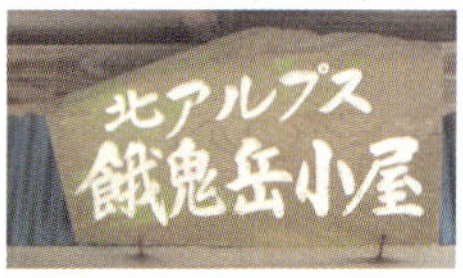

小屋の看板

初めて白沢登山口から上がる

登山口に3カ所の駐車スペースがあるが朝5時というのに既に15台ほどが止まっている。登山口は車道幅の作業道を終点まで15分程上がった所にある。白沢コースは、白沢に沿って右岸を高巻きしたり、河原に降りたりして詰めていくルートだが、高巻きは、急な右下がりの、しかも幅狭い道が続くので、油断して踏み外さないように注意が必要だ。登山道には、木橋やハシゴが連続しているが、橋やハシゴがなんとも芸術的。途中の「紅葉の滝」は木々が茂っていてよく見えない。「魚止ノ滝」は、岩場が朝日に映えて金色に光って見える。岩が白系統のせいか写真的にはコントラストに欠けるがこれはこれで見事な滝だ。

落石危険箇所に注意

岩壁を上るような場所は無く、急斜面でも滑落の危険は少ないが、途中の「落石注意」の標識から先で、正面に大きな崩落斜面が見えたら、左上部の岩場からの崩落と、正面、右上部からの落石に注意が必要だ。斜面の草地が筋のようになぎ倒されているのは、明らかに大きな落石によるものだとわかる。さらに先行者の人工落石も心配になる。ここは上部左右の様子に気をつけながら早足で通過した方がいい。休憩は絶対禁物だ。

小屋泊まりして楽しみたい山

夏のこの時期、見所はあまりないが、7月なら頂上直下にコマクサが、秋には燃えるような紅葉が見られるはずだ。頂上からは剣ズリの向こうに槍ヶ岳が、祠の背後には平に続く裏銀の稜線が見える。白沢コースは変化に富みすぎていて、登山地図を描くには大変な山だった。詳細まで記載できなかったが、是非とも自分の目で確かめていただきたい。ヘルメットを着用し、天気の良い日に、小屋泊まりで楽しみたい、長丁場の山だ。

魚止ノ滝

立ち寄り湯　すずむし荘　北安曇郡松川村3363-1082　☎0261-62-8500　営 10:00（第1〜3木曜日は16:00）〜21:00　休 第4木曜日　料 500円

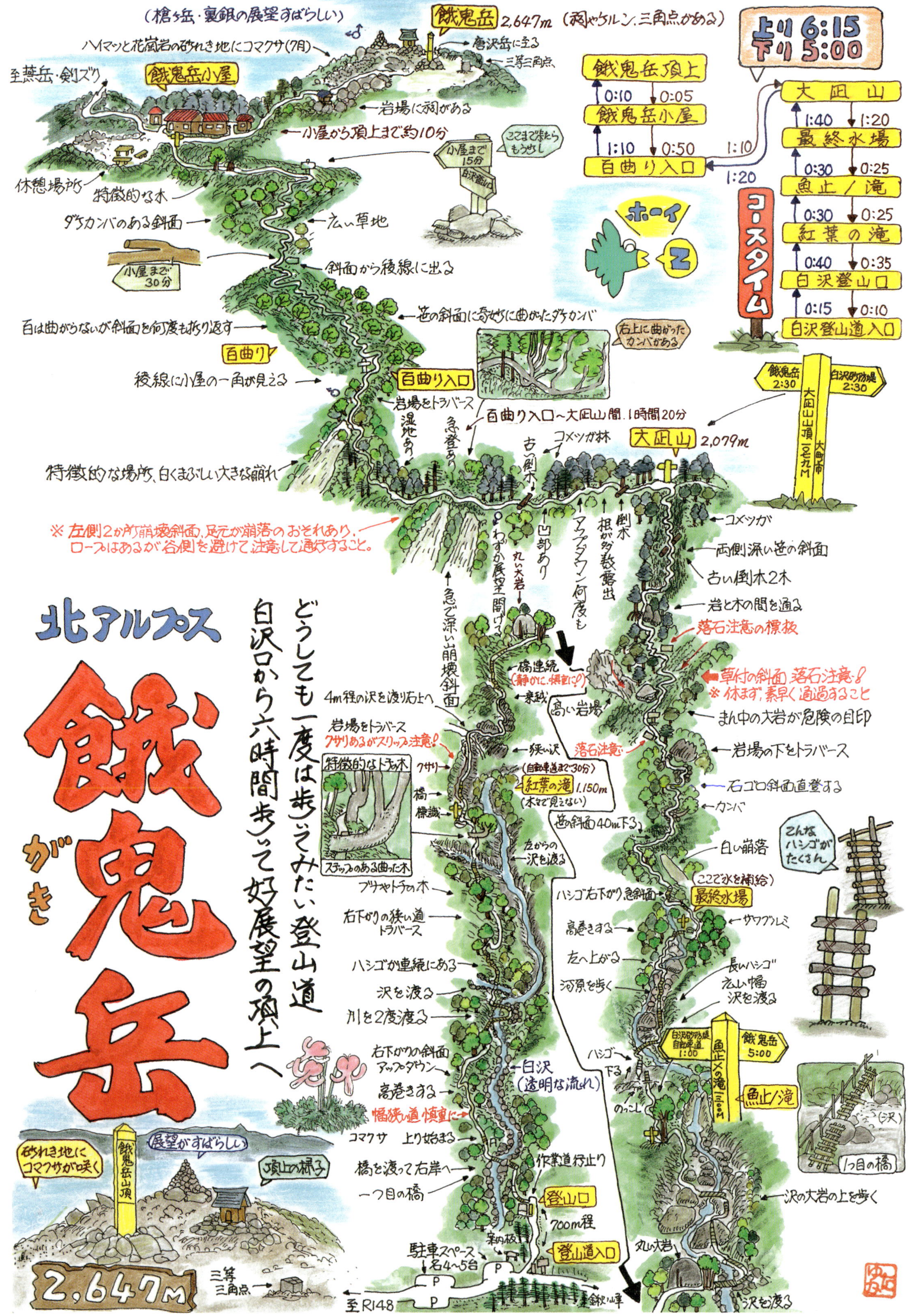

北アルプス
餓鬼《がき》岳
どうしても一度は歩いてみたい登山道
白沢口から六時間歩いて好展望の頂上へ
(槍ヶ岳・裏銀の展望すばらしい)
餓鬼岳 2,647m (祠やケルン、三角点がある)
ハイマツと花崗岩の砂れき地にコマクサ(7月)
至燕岳・剣ズリ
餓鬼岳小屋
唐沢岳に至る
三等三角点
岩場に祠がある
小屋から頂上まで約10分
ここまで来たらもうすこし
小屋まで15分
白沢登山口
休憩場所
特徴的な木
ダケカンバのある斜面
広い草地
小屋まで30分
斜面から稜線に出る
笹の斜面に奇妙に曲がったダケカンバ
百は曲がらないが斜面を何度も折り返す
右上に曲がったカンバがある
百曲り
稜線に小屋の一角が見える
百曲り入口
岩場をトラバース
湿地あり
急登あり
百曲り入口~大凪山間 1時間20分
古い倒木
コメツガ林
大凪山 2,079m
特徴的な場所、白くまぶしい大きな崩れ
※ 左側2か所崩壊斜面、足元が崩落のおそれあり。ロープはあるが谷側を避けて注意して通過すること。
わずか展望開ける
丸い大岩
凹部あり
アップダウン何度も
根が多数露出
倒木
コメツガ
両側深い笹の斜面
古い倒木2本
岩と木の間を通る
落石注意の標識
草付の斜面、落石注意!
※ 休まず、素早く通過すること
まん中の大岩が危険の目印
岩場の下をトラバース
石ゴロ斜面直登する
カンバ
白い崩落
急で深い崩壊斜面
橋連続(静かに、慎重に)
乗越
高い岩場
4m程の沢を渡り右上へ
岩場をトラバース
クサリあるがスリップ注意!
狭い沢
落石注意
特徴的なトチの木
ステップのある曲がった木
クサリ
橋
標識
(自動車道まで30分)
紅葉の滝 1,150m
(木々で見えない)
笹の斜面40m下る
左からの沢を渡る
ブナやトチの木
右下がりの狭い道トラバース
ハシゴが連続にある
沢を渡る
川を2度渡る
右下がりの斜面アップダウン
高巻きする
幅狭い道慎重に
コマクサ
上り始まる
橋を渡って右岸へ
一つ目の橋
白沢(透明な流れ)
作業道行止り
登山口
700m程
案内板
駐車スペース 各4~5台
登山道入口
至R148
至鍬ノ平
ハシゴ右下がり急斜面
(ここで水を補給)
最終水場
サワグルミ
高巻きする
左へ上がる
河原を歩く
長いハシゴ
広い幅沢を渡る
ハシゴ下る
のっこし
白沢砂防堰堤 自動車道 1:00
魚止メの滝 一二〇〇M
餓鬼岳 5:00
魚止ノ滝
こんなハシゴがたくさん
(沢)
1つ目の橋
沢の大岩の上を歩く
丸い大岩
沢を渡る
餓鬼岳 2:30
白沢砂防堰堤 2:30
大凪山山頂 二〇七九M 大町市
上り 6:15
下り 5:00
コースタイム
餓鬼岳頂上
0:10 0:05
餓鬼岳小屋
1:10 0:50
百曲り入口
1:10
1:20
大凪山
1:40 1:20
最終水場
0:30 0:25
魚止ノ滝
0:30 0:25
紅葉の滝
0:40 0:35
白沢登山口
0:15 0:10
白沢登山道入口
ホーイ
砂れき地にコマクサが咲く
展望がすばらしい
頂上の様子
餓鬼岳山頂
2,647M
三等三角点

コースタイム

上り:3時間20分　下り:2時間20分

［上り］有明荘裏登山口（3時間）→北岳頂上（20分）→南岳頂上

［下り］南岳頂上（20分）→北岳頂上（2時間）→有明荘裏登山口

参考地図

【2万5千分の1地形図】有明

日陰に見られるギンリョウソウ

50 有明山

ありあけやま

安曇野市

中房コース

2,268m

グレーディング

体力度　1 2 **3** 4 5 6 7 8 9 10

技術的難易度　A B **C** D E

見どころ

- 頂上の3つの祠
- わずかばかりの頂上からの展望
- 急峻な岩場の登山道

山容も厳しく登山道も急峻な山

安曇野の一角にある、黒くて大きな台形をした有明山。常念岳や大天井岳、燕岳などに人気を奪われている感はあるが、この山は、常念岳とともに安曇野の風景になくてはならない存在で、その形の良さから信濃富士とか安曇富士とも呼ばれている。有明山は日帰りが十分可能だが全体が岩山で、標高の割に斜度が厳しいことから体力の無い人や小さな子供には不向き、残雪期や荒天時の登山も滑落の危険があるのでお薦めしない。有明山を目指す登山者は、燕岳の100分の1程度しかなく人気薄だが下山後の達成感は格別なものがある。

徐々に登山者が増えている

以前に登った時に出会った男性が、「松川側から登ったがこんな厳しい山は二度とごめんだ」と下っていった。そのときは頂上にあと1時間という所で雨に降られ撤退を余儀なくされたが次週にリベンジ登山した。有明山に初めて登ったのは、もう20年近く前、中房から入山し、登頂後に松川に下山したときだが、下山ルートがもの凄く急で距離も長かったのを覚えている。今そのコースを逆に歩くなんてとんでもない気がする。そんな有明山だが、最近は徐々に登山者が増えたのか、以前に比べて笹も幅広く刈られたり、登山道もはっきりしている。

最近は見る山に変わった有明山

登山道は全体的に山の北西側にあって、土や露出した根が滑り易いので注意が必要だ。大きくアップダウンして最後の上りに取り付き、八合目の石碑を過ぎ、きれいなコメツガやシラビソの林を横切って笹藪と大岩を越えると鳥居がある北岳頂上に着く。ステンレス製の鳥居は避雷針を兼ねている。台形の山容の上辺にあたる頂上部には、北、中と南岳に三つの祠が祀られているが、どれも古く朽ちそうなものもある。頂上部からの展望はほとんどない。安曇野の風景の中で常に右隅に陣取っている有明山の存在からすると登頂の喜びは格別なものがあるが、私には見る山に変わりつつある。

安曇野から見える有明山

雨宿りの岩

コメツガの根が露出

頂上の鳥居と祠

シャクナゲの群生地を上がる

道無き急斜面を上がる

頂上に有明山神社を祀る信仰の山
信濃富士
有明山
中房コース
2,268m
ホーイ
Z
有明山頂上(北岳) 2.268m
(あずみ野を展望)
※祠は、すべて東向きに建っている
祠
二等三角点、
中岳祠
奥社
穴あり、注意!
大岩が重なる、北岳、中岳200m
松川コースの下クロ
道に突き出た岩が目印になる
所々に小さい標板がある
有明山神社登山道
山頂 中房
ここで稜線に出る
大岩がある、最後の上り。
わずかに笹ヤブあり
八合目標柱
九合目
丸木橋
大岩
気持ち良い林の斜面
八合目のすぐ下、すごい根が露出
倒木
下り20m
1mのカラマツと一枚岩
高度感がある
クサリ
ハシゴ場、急登
鞍部まで急に下って上り返す
倒木にステップを刻んである
快適にトラバース
5mのクサリの岩場、縦の板状節理の岩
コース第一の核心部《十分慎重に!》
ここで初めて左側が開ける
雨宿りの岩 ひさしのようにかぶさっている特徴的な岩
アドバイス
○急斜面が多く体力が必要。
○岩場・崩落か所が多い!
○岩や根が露出していてスリップしやすい。
○雨天、融雪時は、登山道がぬかり、滑りやすい。
急斜面、根や岩が露出、スリップ注意
岩場
六合目
岩場の間の狭い急坂を上がる。
大きな15m程の平たい岩
崩落し木が倒れた幅20m程の沢
古い倒木、シャクナゲの中の急な上り
コース左上部、見上げるような岩場
6~7cmのピン3本が打ってある岩。
木か頭上に倒れてきている急登
コース核心部の岩場
岩場のトラバース、スリップ、落石に注意!
ここで右へ直角に曲がる
太いコメツガ、根が露出している
小さくアップダウンし右へ進み左へ上がる
四合目標柱
大きい岩が出ている
右からの小尾根に出る
この辺りからシャクナゲが多くなる
裏側(北側)の左下がりの斜面を斜めに上がる。
根が露出して滑り易いので注意が必要!《足元に注意》
15m程、根が網のように露出している
5m上下し橋がある
太いカラマツとヒノキがある急斜面
湿気が多い薄暗いイメージ
急坂が連続する
丸木のハシゴ
下山時、スリップに注意!
5m下ると三段の滝分岐がある
至三段の滝
両側に太いカラマツと、ヒノキ林がある
夏場は満車になる。
登山者駐車場
笹が刈られ整備された登山道を緩く上がる。
白いしぶきを上げて流れる中房川の清流
P
有明山
小さい標識
登山口
駐車場とヘクポートがある
有明荘 日帰り入浴可、露天風呂あり
至中房温泉 燕岳登山口
至安曇野市穂高
コースタイム
(中岳へ0:10弱)
北岳頂上
0:20
0:15
八合目
0:40
0:40
雨宿りの岩
1:10
1:00
四合目
1:15
1:00
登山口
信濃なる
有明山を
西に見て
心細野の
道を行くなり
西行法師

付1 しがやま 山ノ内町

志賀山 Shigayama 2,036m　裏志賀山 Urashigayama 2,037m

グレーディング ●対象外 初級

見どころ……
- 四十八池湿原の草花やモウセンゴケ
- 裏志賀山から望む大沼池や浅間山などの展望
- 渋池、ひょうたん池などの池のある風景

コースタイム　上り:1時間40分　下り:1時間15分

［上り］硯川登山口(20分+リフト利用5分)→リフト終点前山湿原(25分)→志賀山分岐(30分)→志賀山頂上(20分)→裏志賀山頂上

［下り］裏志賀山頂上(20分)→四十八池湿原(20分)→志賀山分岐(20分)→前山湿原(15分)→硯川登山口（参考:四十八池湿原(20分)→鉢山頂上(15分)〜四十八池湿原）

参考地図　【2万5千分の1地形図】岩菅山

裏志賀山から大沼池を望む（後方は赤石山）

志賀山頂上

登山口の標識

裏志賀山頂上にある志賀山神社

裏志賀山から四十八池湿原を望む

モウセンゴケが群生する渋池

四十八池湿原と裏志賀山

ゲレンデを登って渋池へ

硯川から一段上の前山湿原にはサマーリフトを利用してもいいが、足慣らしに右のゲレンデ脇の道を上がっても20分程で湿原に着く。湿原から5分程で渋池に着くが、池面には横手山が写り、池畔には食虫植物のモウセンゴケの群生が見られる。

地味すぎる志賀山頂上

志賀山は四十八池湿原への途中にある分岐から一旦左に下り、草薮の湿地帯の板道を抜けて左の急斜面に取り付くが、このところの集中豪雨の影響で、登山道は深く削られて、残った岩石がゴロゴロしていて歩きにくい。眼下の樹林帯の小池を見ながら上がると難なく頂上に着くが、頂上には方位盤やベンチがあるが展望はほとんど無い。展望は、僅か先の三等三角点のある所で開ける。

大沼池の色が美しい

三角点から一旦急に下り、正面の裏志賀山に上り返して、分岐を左に入ると南側半分の展望が開け、浅間山、横手山、眼下に四十八池湿地が一望できる。ぬかるんだ道を進んだ先が頂上で、志賀山神社の石祠がある。志賀山より1m高い頂上だが、僅か先で展望が大きく開けエメラルドグリーンの大沼池や赤石山方面が望める。分岐に戻って急斜面を下り、四十八池湿原に向かう。湿原は尾瀬沼の一角を切り取ったような雰囲気があり、山中の楽園としては十分すぎる程の広さがある。

ハイキングコースを選んで歩く

志賀高原にはいくつものハイキングコースがあるが、四十八池湿原からは、鉢山、さらに横手山を歩くコース、渋池からひょうたん池を見て、木戸池に下るコース、四十八池湿原から大沼池を経由して平穏に下るコースもある。交通手段があれば硯川から大沼池入口まで抜けるのもおすすめだ。この後登った笠ヶ岳から見える志賀山と裏志賀山の山容は、ふくよかな女性の胸の膨らみのように見えた。

立ち寄り湯　ほたる温泉 志賀喜楽ホテル　下高井郡山ノ内町平穏7148　☎0269-34-2905　営 10:00〜17:00　休 無休　料 600円

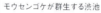

志賀山頂上
2,036m
方位盤やベンチはあるが展望はない
裏志賀山
2037m
志賀山神宮の石祠あり。展望良好
展望良い
三等三角点
5分
大沼池見える
展望ベンチ。景色が良い。
裏志賀山分岐
N
ホーイ
急な下り100m 根などが滑る スリップ注意
スリップ転落注意!
石のある急な下り落石注意!
平坦湿地
10分
10分
木の根が露出（林の中を上がる）
小池が見える
急登
石ゴロの急な下り50m
凹部に湿地 ハイマツ
↓正面に四十八池湿原が見える
岩場あり
三角点からの下りで右下に小池が見える
尾根から東側に赤石山が見える
30分
20分
赤土の崩れ
岩石露出
お釜池
黒姫池
尾根から林に入る
元池
階段
山内町
志賀高原
下山時は石車に注意!
標識あり
板道がある
大沼池分岐
大沼池へ50分
志賀山神社の鳥居
掘れた石ゴロの道
ベンチのある休憩所
きもちいい
急登
快適な散歩道
四十八池湿原
小さい尾瀬沼の感じ
40分
30分
急登
ワタスゲ モウセンゴケ
あずま屋 休憩適地
板道の散歩も最高!!
板道ここまで
四十八池分岐
長い板敷
静寂な志賀高原を満喫
志賀山
裏志賀山
2,037M・2,036M
カンバの大木
階段連続
急登20分
石や根の出た凸凹道
幅広い快適な道
至赤石山
笹が深い
ザリの斜面
新道
板敷あり
30分
忠右衛門新道分岐
分岐にベンチ休憩適地
緩い上り
橋
標識あり
深い笹の中の道
左下に沢音
志賀山登山口分岐
志賀山の案内板
20分
15分
直径1m 太いコメツガ
巾2〜3m平坦な道
丸太の急階段が続く
カンバ
木の橋、ジャリ道
鉢山
20分
渋池から横手山見える。池畔にモウセンゴケ群生
湿地・倒木
ひょうたん池 木戸池 分岐
渋池
シラビソ・コメツガの原生林
コース1周 約4:00
至横手山 1:30〜1:50
5分
前山湿原
前山
木が茂り展望なし。ベンチあり、休憩適地
前山スキー場 リフト運行
ゲレンデ
国定公園 隠れ岩
ゲレンデを300m程歩く
20分
登山口
鉢山
はちやま
2,041M
中野
硯川バス停
横手山・渋峠
硯川ホテル
(注)コースタイムは●〜●まで。

付2 よこてやま 山ノ内町

横手山 Yokoteyama 2,305m

グレーディング ●対象外 初級

見どころ……
- 頂上からの展望
- スカイレーター・リフトの乗車
- 日本一標高の高い所にあるパン屋さんが人気

コースタイム 上り:50分 下り:45分

［上り］のぞき登山口（50分）→横手山頂上
［下り］横手山頂上から（45分）→のぞき登山口

参考地図 【2万5千分の1地形図】岩菅山・上野草津

笠ヶ岳から横手山を望む

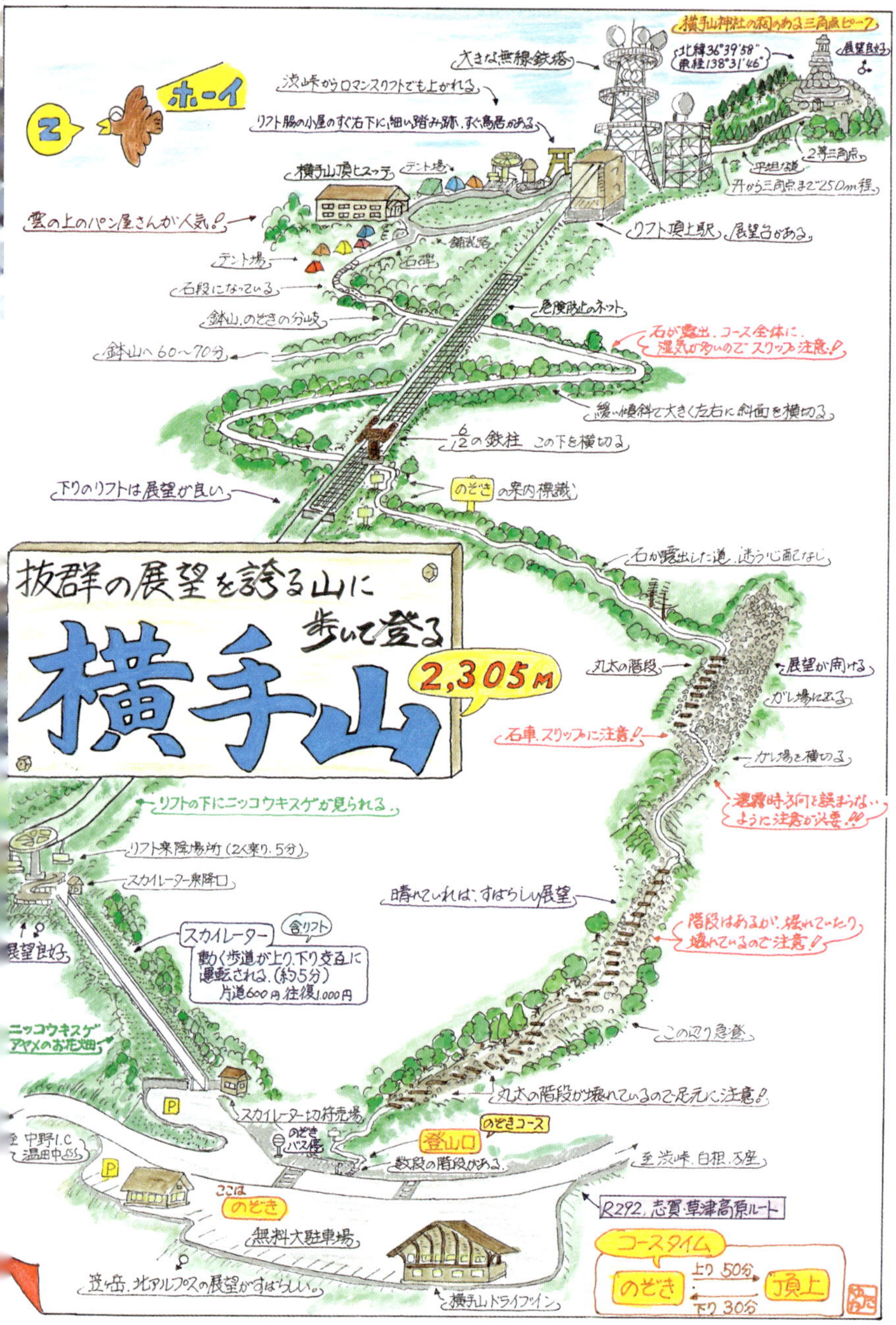

歩かずに頂上部へ

信州百名山の名付け親、清水栄一氏が登山した頃の横手山は、今のようにリフトなどは無く、熊ノ湯からシールを付けて登ったそうだが、昨今、歩いて登頂する人が何人いるだろうか。今では「のぞき」からスカイレーター（動く歩道）とスカイリフト（営業：6月上旬～10月下旬）を乗り継げば、それこそ歩かずに頂上部に着いてしまう。しかし、頂上部に上がっても、南方向にある横手山三角点（2305m）まで行く人が何人いるだろうか。何度登っても登山者に出会ったことがない。

横手山も古い火山だった

頂上の広場にある横手山の案内板には、「長野県と群馬県の県境になっており、岩菅山や笠ヶ岳などと共に旧志賀湖の壁を成していた古い火山です。志賀高原では2番目に高く、シャクナゲやハイマツも生えていますが、オオシラビソは厳しい気象に伸び悩んでいます。」とある。今では火山だったことなど想像もできないが、ただ周辺には、最近（平成30年1月23日）突然水蒸気爆発した本白根山や熊ノ湯、硯川といった温泉場があることなどで、火山だったとの事実を計り知ることができる。

訪れる人もなく静かな頂上

横手山の登山口は、「のぞき」という地名の駐車場の向かい側にある。スカイレーターを利用する人がほとんどで、多くは登山口の存在すら知らないだろうし、歩いて登る人は1000人に1人もいないかも知れない。踏み跡がついた斜面を上がるのだが、雨水で土が深く浸食され、残った岩石がゴロゴロしていて、かなり荒れている。途中で斜面を横切り、スカイリフトの下を通ってジグザグに上がると横手山頂ヒュッテの前に出る。案の定観光客で賑わいを見せているが、大きな電波用の鉄塔を右に見て、南東側の二等三角点（2305m）のある頂上を目指す。傍らに石碑がある頂上からは笠ヶ岳や本白根山などの展望が広がる。

渋池から横手山を望む

立ち寄り湯 硯川ホテル 山ノ内町志賀高原熊ノ湯硯川温泉 ☎0269-34-2921 営13:00～17:00 休不定休 料800円

付3

かさがたけ　高山村

笠ヶ岳

Kasagatake

2,076m

グレーディング
●対象外
初級

見どころ……
- 頂上からの北アルプス、横手山の展望
- 連続する組木の階段
- 大岩の上にある石祠など頂上の雰囲気

コースタイム　上り:40分　下り30分

［上り］笠峠（峠の茶屋）（40分）→笠ヶ岳頂上
［下り］笠ヶ岳頂上（30分）→笠峠（峠の茶屋）

参考地図
【2万5千分の1地形図】
中野東部

笠岳頂上の石祠（後方は浅間山）

方向によって異なる山容

笠ヶ岳は、長野市側からは山並から突出して槍ヶ岳のように見え、横手山からは鋭く尖った三角峰に、やや北側の硯川辺りからは釣り鐘型に見える。峠の茶屋の左手に登山口があるが、南向きの斜面は一面笹が茂り、登山道は雨水に浸食されて、雨樋の形になっている。登山道は右方に斜めに進み、左、右、左とジグザグに曲がっているが、途中からは丸太の階段や太いロープが続いている。

湿っぽい岩場を過ぎて北側に回り込み、岩の露出した急斜面を僅か上がると輝石安山岩の大岩がある頂上に着く。大岩の上と下は笠獄神社の祠がある。足元を覗くとかなりの急斜面で風が吹き上がってくる。

笠ヶ岳は山菜の宝庫

上信越高原国立公園の一角、南志賀高原にある笠ヶ岳の山名は、国土地理院の地形図には笠ヶ岳とあるものの、長野縣町村誌などによると別に笠嶽山、笠トリ山、笠岳、笠嶽などと呼ばれ、地元では「かさだけ」が一般的のようである。この山の周辺は根曲がり竹「通称ネマガリ」の宝庫として知られ、毎年6月ころにはネマガリ採りの人達で賑わう。ネマガリは正しくは「チシマザサ」といい、ビン詰めしたり、料理店や食堂では旬の山菜として重宝されるが、一般的には、皮付のまま焼いたり、天ぷら、タケノコ御飯や鯖缶を使ったタケノコ汁などで食べられている。また、毎年タケノコ採りの道迷いや滑落事故などが発生するのもこの周辺だ。

360度に広がる展望が素晴らしい

笠ヶ岳は、須坂市、高山村経由で車で一時間余り、山田牧場から通称パノラマコースを上るか、または北側の志賀高原の平床、熊ノ湯側からも車で上がれる。熊ノ湯からの登山道もあるが、笠岳峠からの方が短時間で登頂できる。展望が素晴らしいので歩いた時間に関係なく満足感はある。信州百名山の中でも聖山、美ヶ原、横手山などと並んで容易に登れる山だが、頂上からは槍穂高、北信五岳や浅間山、遠く富士山まで眺望が広がる。

笠岳峠から頂上を望む

笠岳を望む

立ち寄り湯　松川渓谷温泉 滝の湯　上高井郡高山村奥山田3681-377　☎026-242-2212　営 10:00〜18:00　休 不定休　料 500円

ひじりやま　麻績村

聖山　三和峠コース

Hijiriyama 1,447m

グレーディング
●対象外
初級

見どころ……
- 頂上とゲレンデ上部からの展望
- 頂上手前のブナなどの紅葉
- 聖湖のヘラブナ釣りの様子

コースタイム　上り:1時間10分　下り:55分

［上り］三和峠登山口(50分)→聖峠(20分)→聖山頂上

［下り］聖山頂上(15分)→聖峠(40分)→三和峠登山口

参考地図

【2万5千分の1地形図】麻績

頂上の様子

里山の部類に入る山

頂上部に放送局や無線などの中継アンテナが林立している聖山は、美ヶ原同様、通信関係の重要ポイントでもあり、また一等三角点のピークだけあって北アルプスなどの展望が大きく開ける。東西に稜線を伸ばした大きな山容だが、標高とか植生などからすると里山の部類に入るのかも知れない。

三和峠から上がる

三和《みわ》峠から歩いたのはもう大分前のことで、当時は踏み跡程度の道しかなく聖峠辺りまではほとんど藪こぎ状態だった。国道403号の聖湖畔から標識に従って県道501号に入り、大岡・聖山頂方面へ4.9km程進んだ先に三和峠がある。やや広い路肩に駐車し、幅広い山道に入り緩く上がって行く。上部に水道施設があるせいか、道は良く整備されている。尾根伝いに上り、なだらかな膨らみを越えると前方に送電線の鉄塔があり、左側に麻績村と四阿屋山が見える。右側下に別荘を見て、ほぼ平坦の道を進むと右側に水道施設がある聖峠に着く。

春や紅葉の秋がお薦め

聖峠からは、尾根のやや北側を巻きながら上がる。秋には紅葉のきれいな所だ。東屋を左上に見て進んだ先には、曲がったブナの木々が見られる。大きなアンテナ施設の脇を上がった頂上は、北アルプス方向の木々が成長し展望が悪くなっているが、作業道を真北に僅か下り、以前のスキー場のゲレンデに出ると、後立山連峰を一望できる。頂上ではどちらを向いても電波塔が目に入る。このコースは、半日あれば十分で、春や紅葉の秋がお薦めだが、鈴を持参したほうが安心だと思う。

四阿屋山より聖山を望む

立ち寄り湯　みたらし温泉
麻績村福祉センター　東筑摩郡麻績村宮本4335-1　☎0263-67-3212　営 10:00～22:00　休 月曜日　料 300円

付5 おおなぎやま 小谷村

大渚山

Oonagiyama 1,566m

グレーディング
体力度 1 2 3 4 5 6 7 8 9 10
技術的難易度 A B C D E

見どころ……
- 雨飾山の展望、西峰からのアルプス展望
- 小谷温泉の温泉
- ブナ林の新緑と紅葉

コースタイム 上り:1時間30分 下り:1時間
[上り] 湯峠登山口(1時間30分)→大渚山頂上
[下り] 大渚山頂上(1時間)→湯峠登山口

参考地図
【2万5千分の1地形図】雨飾山

2000年4月

雨飾山を望む

秋には初めての山

初めての登山は5月で、大渚山の頂上付近にはあちこちに雪渓が残る頃。標高は低いが「雨飾山」を望む絶好の場所に位置する大渚山だが、二度目の登山は、天狗原山、金山に登った後立ち寄った。両山の登山口は車で30分程の所にある。秋の日が短いのは承知だが、上手くすれば夕焼けや雨飾山の焼けるところが見られるかも知れない。

林道横川鎌池線の湯峠が登山口

小谷温泉から鎌池を過ぎ、林道を湯峠まで上がる。峠の空き地に駐車して登山道に入るが、頂上までは1.5km程で途中に距離を書いた案内板があって分かり易い。木段を上がるとすぐ先でブナの大木が迎えてくれる。小尾根に沿って上がった先の右下の斜面にはブナ林があって紅葉が始まっている。ベンチ脇で一旦緩くなった傾斜が、東峰手前でもう一度きつくなる。西峰への分岐から右にわずかで東峰に出るが、崖の上からは、怖くて真下を見る気にならない程急に落ち込んでいる。そんなせいもあってか、前沢を隔てて望む雨飾山前沢奥壁は高度感も加わって雄大に見える。稜線を左下にたどると糸魚川市街地の向こうに日本海が見える。300m程平坦な台状を進むと頂上には木造の展望台があって、360度の展望が広がる。

登山の後は、鎌池の散歩と温泉で満足の一日…

大渚山は雨飾山の人気に押されて、あまり知られていない山だが、芽吹きの新緑や夏の高山植物、紅葉、そして山スキーと、四季を通して楽しめる穴場でもある。この山だけというのは、少し時間に余裕があるので、帰りには「鎌池」を周回するのがおすすめ。ブナの大木もあって、ホッとするひと時が過ごせると思う。帰りには、温泉好きには最高の小谷温泉。道路脇の露天風呂に立ち寄ってみてはいかがだろう。

麓の鎌池の様子

頂上にて

ブナの林を抜ける

立ち寄り湯
雨飾高原 露天風呂 北安曇郡小谷村雨飾高原 ☎0261-85-1607 営10:00〜21:00 休11月下旬〜4月上・中旬 料寸志
深山の湯 北安曇郡小谷村小谷1861-1(道の駅 小谷) ☎0261-71-6000 営10:00〜21:00 休水曜日 料660円

霧ヶ峰（車山）　1,925m

Kirigamine

グレーディング　●対象外　初級

見どころ……
- ニッコウキスゲやレンゲツツジなど花咲く高原
- 広々とした湿原や高原の雰囲気と展望
- コナシ咲く八島ヶ原湿原

コースタイム　周回:3時間45分

[右回り]車山肩登山口(40分)→車山頂上(35分)→蝶々深山(20分)→物見岩(50分)→八島湿原(50分)→沢渡(30分)車山肩登山口

[左回り]車山肩登山口(20分)→沢渡(50分)→八島湿原(1時間)→物見岩(25分)→蝶々深山(40分)→車山頂上(30分)→車山肩登山口

参考地図

【2万5千分の1地形図】 霧ヶ峰

2本のリフトで頂上へ

霧ヶ峰高原は、1500mから1650m程の標高にあるが、これほど開発が進んでしまった霧ヶ峰を山ということ自体疑問視せざるを得ず、登山というよりハイキングの方が適切な感じがする。ほとんど高木が無く遮るものがないため展望が広がる、まさに高原そのものである。その景観は、春先の芽吹き、夏には鹿の食害で減少してきたとはいえニッコウキスゲの黄色い絨毯や、レンゲツツジ、秋の草紅葉は高原の色を一変する。そんな高原には多くの観光客が訪れ、休日には縦断するビーナスラインは長蛇の列で渋滞する。霧ヶ峰の中心は車山だが、2本のリフトを乗り継げば、さほど歩かず登頂できるので、観光客が普段着のまま続々と上がっていく。頂上には丸い大きな気象レーダー観測所があるが、この建物が目印になって遠くからでも車山の位置が確認できる。

爽やかな霧ヶ峰高原を満喫

霧ヶ峰は、車山から車山湿原、八島ヶ原湿原などを含めた一帯で、ハイキングコースが整備されている。北端の八島ヶ原は1時間半程で湿原を周回できるが、春先のコナシの花や紅葉が見物だ。高原の爽やかな雰囲気を満喫したいなら、車山から山彦尾根を歩いて北の耳まで行き、物見の岩、蝶々深山のコースを周回してもいいし、八島ヶ原湿原を一望したいなら鷲ヶ峰に登るのもいい。ただ、遊歩道は板道や階段が設置されているものの、ぬかるみも多いので履き物や服装に配慮が必要だ。

約40分歩いて車山へ

霧ヶ峰の最高峰車山には、リフトで楽に上がりたいところだが、できれば歩いて上りたい。登山口はリフト乗り場脇と山の反対側の車山肩にあるが、いずれも40分程度で登頂が可能だ。日本百名山に名を連ねる霧ヶ峰は、頂上からの展望が素晴らしく、北アルプスをはじめ県内の主立った山や、富士山も見える。鹿の食害から復活しつつある霧ヶ峰。高原の爽やかな雰囲気とニッコウキスゲの絨毯は一見に値する。

立ち寄り湯

白樺湖池の平温泉（池の平ホテル）　茅野市北山白樺湖　☎0266-68-2100　営12:00～20:00　料1,000円（特別期間：1,200円）

白樺湖温泉　すずらんの湯　茅野市北山白樺湖3419-84　☎0266-68-3424　営10:00～21:00　料700円

リフトで歩かず頂上へ

遠くからも見える気象レーダー観測所

レンゲツツジ群生地

ニッコウキスゲ満開の斜面

※マップに記した時間は目安です。

北側から車山を望む

頂上にて

付7 しらすなやま 群馬県中之条町・栄村

白砂山（八間山） Shirasunayama 2,140m

グレーディング ●対象外 中級

見どころ…… 頂上からの展望／稜線に続くササの斜面の様子／八間山に続く稜線の登山道

コースタイム 上り:3時間45分 下り:3時間

［上り］野反湖登山口（15分）→ハンノキ沢（1時間）→地蔵峠（1時間）→堂岩山（1時間）→猟師の頭（30分）→白砂山頂上

［下り］白砂山頂上（1時間）→分岐（1時間）→八間山（1時間）→野反湖登山口

参考地図 【2万5千分の1地形図】野反湖

登山口は旧六合村の野反湖畔に

信州百名山でもあり群馬百名山でもある白砂山は、長野、群馬、新潟の県境に接し、日本海に下る新潟の清津川、長野から新潟に流れる中津川、太平洋に下る白砂川の源頭にあたる。このうち群馬へ流れる沢の名をとって白砂山と言うらしいが、登山口が群馬県中之条町にあることからしても群馬の山というイメージが強い。長野市内からは野反湖畔まで車で2時間以上かかるなど交通の便は極めて悪い。初めての登山は、厚い雲に覆われ周囲の展望は効かなかったが、鮮やかな緑の笹の斜面と、稜線の爽やかな雰囲気を満喫できた。白砂山の山名から白い砂地が見られるのかと勝手に想像していたが、そうではなかった。この山は、平成4年に皇太子殿下が登られている。

頂上は大きく展望が開ける

野反湖駐車場から一段上がって、一旦ハンノキ沢まで大きく下ってからジグザグに上がると秋山郷への分岐がある地蔵峠に着く。すぐ右奥には地蔵仏の座像が祀ってある。石ゴロの斜面を上がり稜線伝いに堂岩山を過ぎてわずかに下って八間山への分岐に出たら、分岐を左に折れ、ほぼ稜線伝いに気持ちの良いアップダウンを繰り返して、猟師の頭から150m程急に下る。金沢レリーフの遭難碑のある岩場を過ぎて急斜面をしばらく直登すると頂上に着く。天気に恵まれれば大きく展望が開ける。

高山植物も多く見られる

白砂山や八間山では、4〜5月にはムラサキヤシオツツジ、イワナシ、6〜8月にはミツバオウレン、ツマトリソウ、7月になると、シラネアオイ、イワカガミなど多くの花が見られる。頂上から快適な稜線を堂岩山手前の分岐に戻り八間山に向かう。八間山までの登山道は、笹が幅広く刈られていて、中尾根の頭から黒渋の頭などへアップダウンする稜線は、快適なトレッキングが楽しめる。笹の急斜面と稜線からの展望を楽しみながら下ると壊れた小屋のある八間山の頂上に着く。一息入れたら野反湖までしっかり1時間下り、野反湖畔に出て登山口に戻れば一周の山歩きが終了だ。

「猟師の頭」標柱

皇太子様も登山した山

頂上で記念に

野反湖の展望

シャクナゲのある登山道

分岐の標識

ウメバチソウ

鮮やかな緑の笹に覆われた
北信最東端の山に野反湖
から登る、
信州百名山
白砂《しらすな》山《やま》
白砂山 二三三九・七米
白砂山
白砂山
↑1:30 ↓1:30
堂岩山
↑2:00 ↓1:30
地蔵峠
↑0:55 ↓0:50
登山口駐車場
ガイドマップによる参考コースタイム！
（上信越の山々が一望できる）
白砂山
2,139.7m
中央に三角点、高木のない頂上
小さく上下のトラバース
コメツガとサワラの木
急な下り、下山時スリップ注意
まっすぐ苦しく、きつい上り150m程
露岩のある斜面、斜めに上がる
緩い稜線のアップダウン
金沢レリーフ
右の岩にプレートがある
急に下り、右へ
笹の斜面
幹の裂けたカンバの木
猟師の頭
2,042m
急な下り150m、帰りは上りで苦しい
ずっと展望が開ける
1つ目の小ピーク、一旦下って稜線を歩く
稜線の左右を歩いて、小ピークを越える
笹の斜面
標高2,051m
どういわやま 堂岩山
池塘
白砂山2.1km、登山口4.3km
シャクナゲとハイマツの間の道を下ると月形の池塘がある。
堂岩分岐
頂上から5分弱で笹の原の分岐
笹が刈ってある急登
枯木の間を通る
こちら側、ずっときれいな笹の斜面が続く
100m程、左に入った沢（水場）
V字に削れた道
中尾根ノ頭
1,944m
分岐0.9km、八間山2.8km
ここまでの間で最も急坂
水場分岐
休憩適地
登山口3.6km、堂岩山0.7km
稜線上に標識あり
下り
稜線部を緩く下る
笹のきれいな斜面
シラビソ尾根
根が露出、石ゴロの道
登山口2.3km、堂岩山2.0km
鞍部に下り、アップダウン
下って、アップダウンくり返す
幅広く笹が刈られた稜線のハイキングコース
黒渋の頭
1,895m
根が露出
尾根道を小さく曲がって、
まっすぐに急な上りが続く
緩く上がる
ホーイ
幅広く笹が刈られ、整備されている
登山口1.5km
堂岩山2.8km
地蔵峠
20m先に地蔵仏
稜線の気持の良い道をアップダウン
笹の斜面
秋山郷
壊れたトタン製の小屋
Uの字の木
岩露出
北沢取水分岐
登山口1.2km、堂岩山3.1km
急な下り、下山時スリップ注意！
カンバ
林中、日陰の広場、休憩適地
壊れた小屋
八間山
登山口1.0km、1.3km
展望が良い
八間山
1,934.5m
野反湖見晴
登山口0.3km
八間山2.0km
木を縫う感じ
涸れ沢を渡る
ハンノキ沢
登山口0.7km；白砂山5.7km
茅の尾根
土の道、スリップ注意！
増水時徒渉注意！
きれいなシラカバ林
駐車場
10×5m程の池塘
ハンノキ沢まで大きく下る
まっすぐに
魚野川本流へ
笹が刈ってある
至富士見峠
長野原方面
八間山登山口（車道出合）
R405号
30段の丸木の階段
皇太子殿下行啓登山記念碑
（平成4年8月12日）
・白砂山 6.4km
・堂岩山 4.3km
登山口
登山者駐車場
野反湖
2,000m級の山々に囲まれたダム湖、周囲10km、標高1,513m。湖水は魚野川を経て、日本海へ
至野反湖畔
ビジターセンター
トイレ
登山口売店
堂岩分岐
↑2:00 ↓2:00
八間山
↑1:15 ↓0:50
車道出合
↑0:15 ↓0:10
登山口駐車場
至富士見峠
1:00
ゆかた

信州 山のグレーディング　一覧表

○ルート定数……コースタイム(時間)×1.8＋ルート全長(km)×0.3＋累計登り標高差(km)×10.0＋累計下り標高差(km)×0.6
○そのルートを登山する場合の消費エネルギー（kcal）……ルート定数×（自分の体重(kg)＋ザックの重量(kg)）
○体力度レベルはルート定数を基礎として設定しています

作成：長野県山岳総合センター（鹿屋体育大学 山本正嘉教授の研究成果をもとに作成しました）
監修：長野県山岳遭難防止対策協会

(注) ※1当該ルートは体力度4(1泊以上が適当)ですが、ルート中に宿泊できる小屋やテント場がありませんので、登山者によっては日没までに下山できなくなる恐れがありますのでご注意ください。
※2当該ルートは体力度3(日帰りが可能)ですが、登山口までのアクセスに時間を要するため、日帰りが困難な場合があります。宿泊を前提にした計画をお勧めします。
※3当該ルートは火山またはその周辺の山です。登山前に火山情報を確認しその指示にしたがってください。

北アルプス

	ルート名称	体力度レベル	難易度レベル	スタート地点 地名	標高(m)	ルート中の最高地点 地名	標高(m)	終了地点 地名	標高(m)	合計コースタイム	ルート長(km)	累積登り標高差(km)	累積下り標高差(km)	ルート定数	マーキング欄
1	有明山（中房）	3	C	有明荘	1,393	有明山	2,268	有明荘	1,393	7.0	5.3	0.98	0.98	24.5	
2	[縦]裏銀座（高瀬ダム・上高地）	10	C	高瀬ダム	1,271	槍ヶ岳	3,180	上高地	1,504	32.3	47.8	3.84	3.60	113.1	
3	烏帽子岳（高瀬ダム）<ブナ立尾根>	4	C	高瀬ダム	1,271	烏帽子岳	2,628	高瀬ダム	1,271	9.8	12.1	1.55	1.55	37.8	
4	奥穂高岳（上高地）<涸沢>	7	C	上高地	1,504	奥穂高岳	3,190	上高地	1,504	17.7	36.6	2.08	2.08	64.8	
5	[縦]表銀座（中房温泉・上高地）	9	C	燕岳登山口	1,455	槍ヶ岳	3,180	上高地	1,504	25.3	37.5	3.07	3.02	89.2	
6	[縦]不帰キレット（猿倉・八方池山荘）	6	D	猿倉	1,242	唐松岳	2,696	八方池山荘	1,835	16.1	18.5	2.21	1.62	57.6	
7	餓鬼岳（白沢登山口）	5	C	白沢登山口	994	餓鬼岳	2,647	白沢登山口	994	11.0	13.6	1.78	1.78	42.7	
8	風吹岳（風吹登山口）	3	B	風吹登山口	1,090	風吹岳	1,888	風吹登山口	1,090	6.5	6.9	0.82	0.82	22.4	
9	[縦]鹿島・爺（大谷原・扇沢）	6	C	大谷原	1,084	鹿島槍ヶ岳（南峰）	2,889	扇沢	1,338	15.1	19.8	2.40	2.14	58.3	
10	鹿島槍ヶ岳（大谷原）	6	C	大谷原	1,084	鹿島槍ヶ岳（南峰）	2,889	大谷原	1,084	14.2	18.4	2.05	2.05	52.7	
11	鹿島槍ヶ岳（扇沢）	6	B	扇沢	1,338	鹿島槍ヶ岳（南峰）	2,889	扇沢	1,338	14.8	21.2	2.44	2.44	58.8	
12	霞沢岳（上高地）	5	C	上高地	1,504	霞沢岳	2,645	上高地	1,504	13.1	23.1	1.81	1.81	49.7	
13	涸沢（上高地）	5	B	上高地	1,504	涸沢	2,250	上高地	1,504	11.3	30.6	1.17	1.17	42.0	
14	[縦]唐松・五竜（八方池山荘・アルプス平駅）	5	C	八方池山荘	1,835	五竜岳	2,814	アルプス平駅	1,530	12.1	17.1	1.66	1.97	44.7	
15	唐松岳（八方池山荘）	3	B	八方池山荘	1,835	唐松岳	2,696	八方池山荘	1,835	7.1	10.5	0.95	0.95	26.0	
16	北葛岳（七倉）	5	B	七倉	1,063	北葛岳	2,551	七倉	1,063	14.0	13.1	1.88	1.88	49.1	
17	北穂高岳（上高地）<涸沢>	7	D	上高地	1,504	北穂高岳	3,106	上高地	1,504	16.0	34.7	1.97	1.97	60.1	
18	五竜岳（アルプス平駅）	5	C	アルプス平駅	1,532	五竜岳	2,814	アルプス平駅	1,532	11.4	15.4	1.62	1.62	42.4	
19	小蓮華岳（栂池）	4	B	栂池自然園	1,842	小蓮華岳	2,766	栂池自然園	1,842	9.3	13.3	1.14	1.14	32.8	
20	爺ヶ岳（扇沢）	4	B	扇沢	1,338	爺ヶ岳	2,670	扇沢	1,338	8.3	12.3	1.57	1.57	35.1	
21	常念岳（一ノ沢）	4	B	一ノ沢	1,329	常念岳	2,857	一ノ沢	1,329	10.0	12.1	1.53	1.53	37.9	
22	常念岳（三股）	5	B	三股	1,359	常念岳	2,857	三股	1,359	13.7	10.5	1.53	1.53	44.0	
23	[縦]白馬→朝日（猿倉・蓮華温泉）	8	C	猿倉	1,242	白馬岳	2,932	蓮華温泉	1,470	19.7	28.6	2.91	2.68	74.6	
24	白馬岳（猿倉）	4	C	猿倉	1,242	白馬岳	2,932	猿倉	1,242	9.8	13.2	1.72	1.72	39.9	
25	白馬岳（栂池）	5	B	栂池自然園	1,842	白馬岳	2,932	栂池自然園	1,842	12.0	17.7	1.50	1.50	42.8	
26	[周]大キレット（上高地）<北穂→槍>	9	E	上高地	1,504	槍ヶ岳	3,180	上高地	1,504	25.2	41.7	2.65	2.65	86.0	
27	[縦]蝶ケ岳・常念（上高地・一ノ沢）<長塀尾根>	6	B	上高地	1,504	常念岳	2,857	一ノ沢	1,329	15.0	22.8	1.90	2.07	54.0	
28	[縦]蝶ケ岳・常念（三股・一ノ沢）	5	B	三股	1,359	常念岳	2,857	一ノ沢	1,329	11.8	15.8	1.96	1.99	46.7	
29	蝶ケ岳（三股）	4	B	三股	1,359	蝶ケ岳	2,664	三股	1,359	7.7	9.7	1.33	1.33	30.8	
30	[縦]燕→常念（中房温泉・一ノ沢）	7	B	燕岳登山口	1,455	常念岳	2,857	一ノ沢	1,329	16.5	23.0	2.39	2.52	62.0	
31	燕岳（中房温泉）	4	B	燕岳登山口	1,455	燕岳	2,763	燕岳登山口	1,455	7.8	9.8	1.42	1.42	31.9	
32	[周]鳴沢岳・スバリ岳・針ノ木岳（扇沢）	7	B	扇沢駅	1,418	針ノ木岳	2,821	扇沢駅	1,418	14.8	21.3	2.56	2.56	60.2	
33	西穂高岳（上高地）	5	D	上高地	1,504	西穂高岳	2,909	上高地	1,504	12.2	13.2	1.45	1.45	41.2	
34	[縦]乗鞍岳（鈴蘭橋・畳平）	4	B	鈴蘭橋	1,570	剣ヶ峰	3,025	畳平	2,700	7.0	10.8	1.52	0.39	31.2	
35	白馬大池（栂池）	3	B	栂池自然園	1,842	白馬乗鞍岳	2,469	栂池自然園	1,842	5.8	7.9	0.78	0.78	21.2	
36	白馬乗鞍岳（栂池）	2	B	栂池自然園	1,842	白馬乗鞍岳	2,469	栂池自然園	1,842	5.0	5.7	0.63	0.63	17.4	
37	[縦]八峰キレット（アルプス平駅・大谷原）	7	D	アルプス平駅	1,532	鹿島槍ヶ岳（南峰）	2,889	大谷原	1,084	19.3	21.3	2.14	2.58	64.0	
38	針ノ木岳（扇沢）	4	B	扇沢駅	1,418	針ノ木岳	2,821	扇沢駅	1,418	9.5	12.3	1.51	1.51	36.8	
39	船窪岳（七倉）	6	B	七倉	1,064	船窪岳	2,459	七倉	1,064	14.5	13.8	2.15	2.15	53.0	
40	[周]穂高縦走（上高地）<北穂→前穂>	7	E	上高地	1,504	奥穂高岳	3,190	上高地	1,504	19.2	27.1	2.37	2.37	67.8	
41	前穂高岳（上高地）<重太郎新道>	4	D	上高地	1,504	前穂高岳	3,090	上高地	1,504	10.3	12.5	1.62	1.62	39.5	
42	真砂岳（高瀬ダム）<湯俣>	7	B	高瀬ダム	1,271	野口五郎岳	2,924	高瀬ダム	1,271	17.3	32.0	2.11	2.11	63.0	
43	焼岳（新中ノ湯登山口）　※3	2	B	新中ノ湯登山口	1,600	焼岳（北峰）	2,444	新中ノ湯登山口	1,600	5.0	6.4	0.86	0.86	20.0	
44	槍ヶ岳（上高地）	8	C	上高地	1,504	槍ヶ岳	3,180	上高地	1,504	20.0	39.1	2.13	2.13	70.3	
45	鑓ヶ岳（猿倉）<鑓温泉>	6	C	猿倉	1,242	鑓ヶ岳	2,903	猿倉	1,242	14.7	16.9	1.96	1.96	52.3	
46	蓮華岳（扇沢）	4	B	扇沢駅	1,418	蓮華岳	2,799	扇沢駅	1,418	10.0	13.5	1.54	1.54	38.4	

中央アルプス

	ルート名称	体力度レベル	難易度レベル	スタート地点 地名	標高(m)	ルート中の最高地点 地名	標高(m)	終了地点 地名	標高(m)	合計コースタイム	ルート長(km)	累積登り標高差(km)	累積下り標高差(km)	ルート定数	マーキング欄
47	空木岳（駒ヶ根高原）	6	C	駒ヶ根高原	860	空木岳	2,864	駒ヶ根高原	860	12.8	19.7	2.05	2.05	50.8	
48	[周]空木→越百（今朝沢橋）	7	D	今朝沢橋	1,080	空木岳	2,864	今朝沢橋	1,080	17.7	25.0	2.50	2.50	65.8	
49	恵那山（峰越林道ゲート）<広河原登山口>	3	B	峰越林道ゲート	1,135	恵那山	2,191	峰越林道ゲート	1,135	6.0	11.8	1.17	1.17	26.7	
50	木曽駒ヶ岳（アルプス山荘）<上松A>	5	C	アルプス山荘	1,080	木曽駒ヶ岳	2,956	アルプス山荘	1,080	11.6	17.5	2.25	2.25	49.9	
51	木曽駒ヶ岳（伊那スキーリゾート）	7	B	伊那スキーリゾート	890	木曽駒ヶ岳	2,956	伊那スキーリゾート	890	18.3	24.9	2.33	2.33	65.2	
52	木曽駒ヶ岳（桂小場）	5	B	桂小場	1,280	木曽駒ヶ岳	2,956	桂小場	1,280	11.6	19.9	1.87	1.87	46.7	
53	木曽駒ヶ岳（コガラ）<木曽福島B>	5	B	コガラ	1,360	木曽駒ヶ岳	2,956	コガラ	1,360	11.8	13.1	1.78	1.78	44.1	
54	木曽駒ヶ岳（千畳敷）	2	B	千畳敷	2,650	木曽駒ヶ岳	2,956	千畳敷	2,650	3.7	3.8	0.43	0.43	12.3	
55	[縦]木曽駒→空木（千畳敷・駒ヶ根高原）	6	C	千畳敷	2,650	木曽駒ヶ岳	2,956	駒ヶ根高原	860	16.2	21.3	1.36	3.15	51.0	
56	経ヶ岳（仲仙寺）	4	A	仲仙寺	950	経ヶ岳	2,296	仲仙寺	950	8.7	13.0	1.43	1.43	34.6	
57	三ノ沢岳（千畳敷）	3	B	千畳敷	2,650	三ノ沢岳	2,847	千畳敷	2,650	6.3	6.4	0.76	0.76	21.3	
58	[縦]将棋頭→空木（桂小場・駒ヶ根高原）	8	C	桂小場	1,280	木曽駒ヶ岳	2,956	駒ヶ根高原	860	20.9	29.4	2.79	3.21	76.3	
59	南駒ヶ岳（今朝沢橋）	6	D	今朝沢橋	1,080	南駒ヶ岳	2,841	今朝沢橋	1,080	15.8	19.1	1.87	1.87	53.9	

南アルプス

	ルート名称	体力度レベル	難易度レベル	スタート地点 地名	スタート地点 標高(m)	ルート中の最高地点 地名	ルート中の最高地点 標高(m)	終了地点 地名	終了地点 標高(m)	合計コースタイム	ルート長(km)	累積登り標高差(km)	累積下り標高差(km)	ルート定数	マーキング欄
60	[縦]荒川岳(前岳)→荒川岳(東岳)(鳥倉・椹島)	9	D	越路	1,630	荒川岳(東岳)	3,141	椹島ロッジ	1,120	20.5	32.4	3.20	3.71	80.8	
61	奥茶臼山(しらびそ峠) ※1	4	B	しらびそ峠	1,833	奥茶臼山	2,473	しらびそ峠	1,833	8.1	14.8	1.14	1.14	31.0	
62	甲斐駒ヶ岳(北沢峠) ※2	3	C	北沢峠	2,030	甲斐駒ヶ岳	2,967	北沢峠	2,030	7.2	6.8	1.11	1.11	26.7	
63	[縦]塩見岳→北岳(鳥倉・広河原)	9	D	越路	1,630	北岳	3,193	広河原	1,520	23.3	31.8	3.21	3.32	85.7	
64	塩見岳(鳥倉)	7	D	越路	1,630	塩見岳(東峰)	3,052	越路	1,630	16.3	25.7	2.51	2.51	63.5	
65	仙丈ヶ岳(北沢峠) ※2	3	C	北沢峠	2,030	仙丈ヶ岳	3,033	北沢峠	2,030	7.6	9.5	1.12	1.12	28.3	
66	茶臼岳(易老渡)	6	B	易老渡	880	茶臼岳	2,604	易老渡	880	13.6	15.8	2.01	2.01	50.5	
67	光岳(易老渡)	6	B	易老渡	880	光岳	2,591	易老渡	880	13.8	16.4	2.07	2.07	51.6	
68	[縦]聖岳→赤石岳(聖光小屋・椹島)<兎岳・大沢岳・小赤石岳往復>	10	D	聖光小屋	970	赤石岳	3,120	椹島ロッジ	1,120	24.2	29.8	4.17	4.02	96.5	
69	聖岳(聖光小屋)	6	C	聖光小屋	970	聖岳	3,013	聖光小屋	970	12.9	18.3	2.37	2.37	53.8	

八ヶ岳

	ルート名称	体力度レベル	難易度レベル	スタート地点 地名	スタート地点 標高(m)	ルート中の最高地点 地名	ルート中の最高地点 標高(m)	終了地点 地名	終了地点 標高(m)	合計コースタイム	ルート長(km)	累積登り標高差(km)	累積下り標高差(km)	ルート定数	マーキング欄
70	赤岳(県界登山口)	4	D	県界登山口	1,650	赤岳	2,899	県界登山口	1,650	8.1	11.1	1.28	1.28	31.4	
71	赤岳(美濃戸)<北沢・地蔵尾根>	4	C	美濃戸	1,690	赤岳	2,899	美濃戸	1,690	8.6	13.4	1.29	1.29	33.1	
72	赤岳(杣添登山口)	4	C	杣添登山口	1,760	赤岳	2,899	杣添登山口	1,760	8.2	11.5	1.45	1.45	33.5	
73	赤岳(美濃戸)<南沢・文三郎>	3	C	美濃戸	1,690	赤岳	2,899	美濃戸	1,690	7.3	10.6	1.23	1.23	29.4	
74	[周]赤岳・横岳・硫黄(美濃戸)	4	C	美濃戸	1,690	赤岳	2,899	美濃戸	1,690	9.8	15.3	1.48	1.48	37.9	
75	阿弥陀岳(美濃戸)<南沢>	3	C	美濃戸	1,690	阿弥陀岳	2,805	美濃戸	1,690	6.8	11.1	1.14	1.14	27.6	
76	阿弥陀岳(舟山十字路)	4	C	舟山十字路	1,617	阿弥陀岳	2,805	舟山十字路	1,617	9.2	10.4	1.29	1.29	33.3	
77	硫黄岳(桜平)	3	B	桜平	1,890	硫黄岳	2,760	桜平	1,890	4.4	9.4	0.94	0.94	20.7	
78	硫黄岳(本沢温泉)	4	B	本沢入口	1,603	硫黄岳	2,760	本沢入口	1,603	7.3	15.0	1.46	1.46	33.2	
79	硫黄岳(美濃戸)<北沢>	3	B	美濃戸	1,690	硫黄岳	2,760	美濃戸	1,690	7.3	13.0	1.16	1.16	29.3	
80	硫黄岳(麦草峠)	5	B	麦草峠	2,094	硫黄岳	2,760	麦草峠	2,094	11.5	17.4	1.50	1.50	41.8	
81	北横岳(ロープウェイ)	1	A	山頂駅	2,230	北横岳	2,480	山頂駅	2,230	2.2	4.2	0.30	0.30	8.4	
82	[縦]権現→赤岳(観音平・美濃戸)	5	D	観音平	1,565	赤岳	2,889	美濃戸	1,690	10.7	13.6	1.69	1.56	41.1	
83	権現岳(観音平)	4	C	観音平	1,565	権現岳	2,715	観音平	1,565	8.0	10.7	1.25	1.25	30.8	
84	蓼科山(大河原峠)	2	B	大河原峠	2,090	蓼科山	2,530	大河原峠	2,090	4.0	5.4	0.51	0.51	14.2	
85	蓼科山(七合目登山口)	2	B	七合目登山口	1,900	蓼科山	2,530	七合目登山口	1,900	3.8	4.9	0.63	0.63	14.9	
86	蓼科山(女神茶屋)	2	B	女神茶屋	1,720	蓼科山	2,530	女神茶屋	1,720	5.0	6.0	0.81	0.81	19.4	
87	天狗岳(唐沢鉱泉)<西尾根>	3	B	唐沢鉱泉	1,860	西天狗岳	2,646	唐沢鉱泉	1,860	5.2	6.7	0.95	0.95	21.4	
88	天狗岳(渋ノ湯)	3	B	渋ノ湯	1,840	東天狗岳	2,640	渋ノ湯	1,840	6.4	9.1	0.83	0.83	23.1	
89	天狗岳(本沢温泉)	4	C	本沢入口	1,603	西天狗岳	2,646	本沢入口	1,603	8.3	14.6	1.41	1.41	34.3	
90	[周]双子山・大岳・北横岳・縞枯山・茶臼山(大河原峠)	5	A	大河原峠	2,090	北横岳	2,480	大河原峠	2,090	11.3	17.5	1.45	1.45	40.9	
91	横岳(稲子湯)	5	C	稲子湯	1,500	横岳	2,829	稲子湯	1,500	11.8	19.3	1.79	1.79	46.1	

その他

	ルート名称	体力度レベル	難易度レベル	スタート地点 地名	スタート地点 標高(m)	ルート中の最高地点 地名	ルート中の最高地点 標高(m)	終了地点 地名	終了地点 標高(m)	合計コースタイム	ルート長(km)	累積登り標高差(km)	累積下り標高差(km)	ルート定数	マーキング欄
92	四阿山(菅平牧場)<根子岳>	3	B	菅平牧場	1,590	四阿山	2,354	菅平牧場	1,590	7.3	9.5	1.10	1.10	27.7	
93	四阿山(鳥居峠)	3	B	鳥居峠	1,362	四阿山	2,354	鳥居峠	1,362	6.7	13.9	1.06	1.06	27.4	
94	四阿山(峰の原)	3	B	峰の原	1,510	四阿山	2,354	峰の原	1,510	7.0	12.6	1.18	1.18	28.9	
95	雨飾山(小谷温泉)	3	C	雨飾高原キャンプ場	1,150	雨飾山	1,963	雨飾高原キャンプ場	1,150	7.0	8.0	1.04	1.04	26.0	
96	[周]荒船山(荒船不動)<艫岩往復>	2	A	荒船不動	1,040	経塚山	1,422	荒船不動	1,040	2.9	7.6	0.51	0.51	12.9	
97	飯縄山(一ノ鳥居苑地)	2	B	一ノ鳥居苑地	1,130	飯縄山	1,917	一ノ鳥居苑地	1,130	4.8	7.9	0.83	0.83	19.8	
98	岩菅山(岩菅山登山口)	3	B	岩菅山登山口	1,580	裏岩菅山	2,341	岩菅山登山口	1,580	7.0	12.4	0.95	0.95	26.4	
99	[周]美ヶ原(三城牧場)<ダテ河原→塩くれ場・広小場>	2	B	三城牧場	1,420	王ケ頭	2,034	三城牧場	1,420	4.4	8.3	0.66	0.66	17.5	
100	烏帽子岳(地蔵峠)	2	A	地蔵峠	1,732	烏帽子岳	2,066	地蔵峠	1,732	3.8	8.2	0.44	0.44	14.0	
101	大渚山(湯峠)	1	A	湯峠	1,285	大渚山	1,566	湯峠	1,285	2.3	3.3	0.32	0.32	8.6	
102	御座山(栗生登山口)	2	B	栗生登山口	1,425	御座山	2,112	栗生登山口	1,425	4.0	4.5	0.77	0.77	16.7	
103	御嶽山(飯森高原駅) ※3	3	B	飯森高原駅	2,120	御嶽山	3,067	飯森高原駅	2,120	4.5	7.7	0.95	0.95	20.4	
104	御嶽山(田の原) ※3	3	B	田の原	2,200	御嶽山	3,067	田の原	2,200	5.0	7.2	0.93	0.93	21.0	
105	金山(金山登山口)	3	C	金山登山口	1,230	金山	2,245	金山登山口	1,230	8.1	10.3	1.15	1.15	29.9	
106	[周]霧ヶ峰(八島湿原)<鷲ヶ峰→蝶々深山・車山肩>	3	A	八島湿原	1,640	車山	1,925	八島湿原	1,640	6.2	13.3	0.62	0.62	21.7	
107	[縦]金峰山・甲武信ヶ岳(廻り目平・毛木平)<十文字峠>	7	B	廻り目平	1,567	北奥千丈岳	2,601	毛木平	1,433	17.1	28.3	2.39	2.52	64.6	
108	金峰山(廻り目平)	3	B	廻り目平	1,567	金峰山	2,599	廻り目平	1,567	6.0	12.0	1.08	1.08	25.9	
109	黒姫山(大橋登山口)	3	B	大橋登山口	1,140	黒姫山	2,053	大橋登山口	1,140	7.0	13.8	1.01	1.01	27.4	
110	黒斑山(車坂峠) ※3	2	A	車坂峠	1,973	黒斑山	2,404	車坂峠	1,973	3.6	5.2	0.51	0.51	13.4	
111	[周]甲武信ヶ岳(毛木平)<甲武信ヶ岳→十文字峠>	4	B	毛木平	1,433	三宝山	2,483	毛木平	1,433	8.9	15.4	1.37	1.37	35.2	
112	佐武流山(ドロノ木平)	5	C	ドロノ木平	1,070	佐武流山	2,191	ドロノ木平	1,070	9.8	20.2	2.01	2.01	44.9	
113	高妻山(戸隠キャンプ場) ※1	4	D	戸隠キャンプ場	1,171	高妻山	2,353	戸隠キャンプ場	1,171	8.8	13.4	1.42	1.42	34.9	
114	[周]高妻山(戸隠キャンプ場) ※1	4	D	戸隠キャンプ場	1,171	高妻山	2,353	戸隠キャンプ場	1,171	8.5	13.6	1.37	1.37	33.9	
115	[縦]戸隠山(奥社駐車場・戸隠キャンプ場)	3	D	奥社駐車場	1,215	戸隠山	1,904	戸隠キャンプ場	1,171	6.6	9.0	0.87	0.91	23.7	
116	戸隠山(奥社駐車場)	3	D	奥社駐車場	1,215	戸隠山	1,904	奥社駐車場	1,215	6.0	7.0	0.76	0.76	20.9	
117	[縦]鳥甲山(ムジナ平・屋敷)	4	D	ムジナ平	1,023	鳥甲山	2,037	屋敷	865	8.4	8.6	1.20	1.36	30.6	
118	苗場山(小赤沢三合目)	3	B	小赤沢三合目	1,310	苗場山	2,145	小赤沢三合目	1,310	6.2	9.4	0.84	0.84	22.9	
119	根子岳(菅平牧場)	2	A	菅平牧場	1,590	根子岳	2,207	菅平牧場	1,590	3.7	5.1	0.62	0.62	14.7	
120	根子岳(峰の原)	2	B	峰の原	1,510	根子岳	2,207	峰の原	1,510	3.3	8.3	0.71	0.71	16.0	
121	前掛山(浅間登山口)※1 ※3	4	B	浅間登山口	1,200	前掛山	2,524	浅間登山口	1,200	9.3	21.8	1.48	1.48	39.0	
122	前掛山(車坂峠)※1 ※3	4	B	車坂峠	1,973	前掛山	2,524	車坂峠	1,973	8.7	12.1	1.30	1.30	33.0	
123	湯ノ丸山(地蔵峠)	1	A	地蔵峠	1,732	湯ノ丸山	2,101	地蔵峠	1,732	2.3	4.2	0.41	0.41	9.8	

県　外

	ルート名称	体力度レベル	難易度レベル	スタート地点 地名	スタート地点 標高(m)	ルート中の最高地点 地名	ルート中の最高地点 標高(m)	終了地点 地名	終了地点 標高(m)	合計コースタイム	ルート長(km)	累積登り標高差(km)	累積下り標高差(km)	ルート定数	マーキング欄
124	高尾山(表参道)	2	A	高尾山口	190	高尾山	599	高尾山口	190	3.8	7.7	0.46	0.46	13.9	
125	高尾山(琵琶滝)	2	A	高尾山口	190	高尾山	599	高尾山口	190	2.4	6.9	0.55	0.55	12.3	

中嶋　豊（なかじま・ゆたか）

1952年生まれ。長野県南佐久郡佐久穂町出身
76年長野県警察山岳遭難救助隊員に指名、遭難救助に多数出動。
80年オーストリアなどで救助技術研修。
81～82年、87～90年の二度、県警航空隊でレスキュー担当。
96～98年県警山岳遭難救助隊第九代隊長。
2013年退職。
80年長谷川恒男氏と北穂高岳滝谷ドーム中央稜、P2フランケ等登攀。
休日には県内の里山歩き、山城歩きを楽しむ。山歩き等の講演多数。

- 長野県山岳遭難防止対策協会
  山岳遭難防止アドバイザー
- 信州山の達人
- 長野県自然保護レンジャー
- 長野県希少野生動植物保護監視員
- 日山協自然保護指導員
- 北ア南部地区遭対協救助隊員
- 中条山岳会員
- 風越山を愛する会会員

◆これまで手がけた案内地図等
大判イラストマップ（太郎山、立科町全図、鬼面山、傘山、風越山、秋葉街道小川路峠、梨子野峠、大姥山、木曽駒ヶ岳、涸沢ヒュッテカレンダー・パンフ）など
蓼科山登山案内板（大河原峠）、飯縄山山頂方位盤（監修）

◆著書　「信州山歩き地図」I～IV（信濃毎日新聞社）

◆ホームページ
「信州山歩き地図」http://w1.avis.ne.jp/~nakajima/

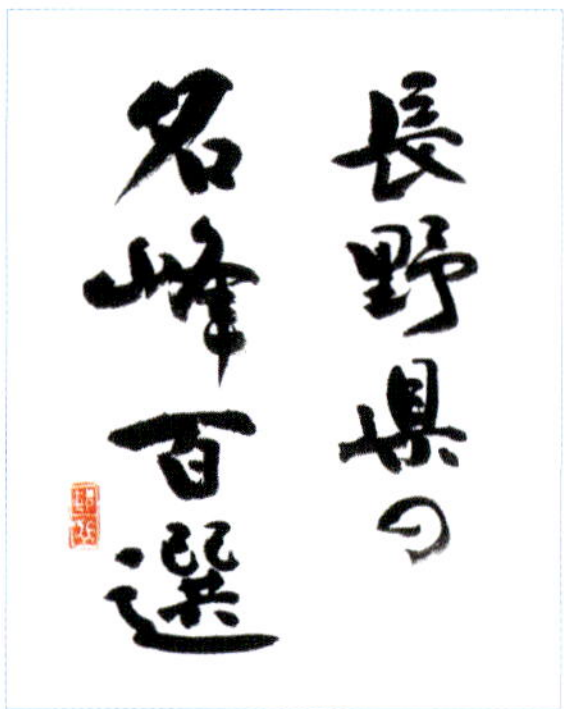

題字
驥山館 館長
川村龍洲氏

◆写真提供
小林貞幸　中村 理

・ブックデザイン　NOEL
・編集　菊池正則

イラスト地図で登る
長野県の名峰百選 上

2018年 7月30日　初版発行

／著　者　中嶋 豊
／発　行　信濃毎日新聞社
〒380-8546　長野市南県町657
電話　026-236-3377
ホームページ　https://shop.shinmai.co.jp/books/
／印刷所　信毎書籍印刷株式会社
／製本所　株式会社渋谷文泉閣

ISBN　978-4-7840-7332-0　C0026